世界の
伝説と不思議の
図鑑

Sarah Bartlett
GUIDE TO THE WORLD'S SUPERNATURAL PLACES

◀ハイゲイト墓地の墓石たち（ロンドン）

▼夜明けのバガン寺院群（ミャンマー）

世界の
伝説と不思議の
図鑑

― Sarah Bartlett ―
GUIDE TO THE WORLD'S SUPERNATURAL PLACES
サラ・バートレット著

翻訳:岩井木綿子
翻訳協力:夏井幸子
株式会社トランネット

X-Knowledge

目次

まえがき　　8

幽霊の出る場所　　12

吸血鬼の巣窟　　54

魔女と妖術使いの影がさす場所　　84

聖地　　120

UFOホットスポット　　178

神話と伝説の舞台　　210

索引　　252

◀ポルトープランスの国立墓地にあるブードゥーの祭壇（ハイチ）

▼インカ帝国の遺跡マチュ・ピチュ（ペルー）

まえがき
サラ・バートレット

何世紀ものあいだ、私たち人類は、破壊をもたらし、恐怖を醸成し、驚きと畏怖の念を呼びさます神秘的な力と向き合ってきた。それは、ペルー南部の不毛の砂漠から中欧の昼なお暗い谷間まで、世界中いたるところに存在する。何千年も昔から、幽霊を見た、悪霊に取り憑かれた、神聖な力を授かった、と言う人たちが絶えない。安らかな眠りにつくことのできない魂の物語や禍々しい言い伝えは、どんなに恐ろしくても聞きたいという欲求に抗えない。失われた都市や古代の遺跡は私たちの想像力を掻き立て、霊的な財産も与えてくれる。英雄たちの活躍する神話や伝説は古代ギリシャだけのものではない。現代の南米でも同じような英雄譚や伝説が数多く生まれている。同様に、魔力を秘めた場所も世界中にある。オーストラリアのエアーズロックのように心奪われるような美しい大自然に出会える場所がいくつもあるし、フランスのブルターニュ地方にあるカルナック列石のように、いったいこれにはどんな目的があったのだろう、と私たちの首をかしげさせる不思議な建造物にも事欠かない。自然界の法則を超え、科学的な説明を拒む超自然的な事物は私たちを戸惑わせる。だが同じくらい強い力で私たちを惹きつけてきた。マリのドゴン族の人々や北米先住民、ペルーのアマゾン盆地で活躍するシャーマンたちのように、現在も昔ながらの生活を営む人々にとって、精神世界は、「現実」と呼ばれる世界のすぐそばに共存するものだ。

> 何千年も昔から、幽霊を見たり悪霊に取り憑かれたりしたという人は絶えない。

超自然的な存在は、世界中あらゆる文化で信じられている。人を餌食にする吸血鬼は、崩れかけた城や荒れはてた礼拝堂だけにいるとはかぎらない。平和な村にも、ジャングルの奥地にも、それどころかにぎやかな都会にすら潜んでいる。グレナダのルー・ガルーやインドネシアのポンティアナック、経帷子を食い破って出てくるヴェネツィアの吸血鬼も、ルーマニアの串刺し公ヴラドやロードアイランドの墓場をさまよう血に飢えた少女マーシー・ブラウンに恐ろしさではひけをとらない。幽霊もまたヨーロッパの中世の城の廃墟だけのものではない。アメリカの墓地に出没し、南アフリカの砂漠をさまよい、ゴーストタウンや古戦場、打ち棄てられた精神病院、小さな島にも住みついている。UFOの目撃情報がいちばん多いのはアメリカ南西部だが、そこから遠く離れたオーストラリアのバラゴラン谷やチリのサン・クレメンテといった場所でもUFOは空を飛んでいる。

▶ボレスワフ・ビエガス画『ヴァンパイアの接吻』

ロンドン塔やヴェルサイユ宮殿、スリーピー・ホロウといった幽霊の出る場所について考えてみよう。幽霊が出るのは邪悪な場所ばかりではない。悲劇が起こった場所、大切なものが失われた場所、恐ろしい事件に見舞われた場所。そこになにか形容しがたい痕跡が残る。そんな場所に幽霊たちは現れる。物質界と精神世界の隙間に囚われている肉体を失った魂。地上でやり残したことを成就するまでは安らかに眠ることもかなわない。眠れない霊たちは悪意に満ちているかもしれない。生きている者をからかおうとするかもしれない。あるいは単に悲しみに沈んでいるかもしれない。いずれにせよ彼らの負のエネルギーを、私たちはふとした拍子に感じたり、目や耳にしたりするのだ。幽霊たちが現れる場所の雰囲気を精一杯に盛り上げるのが、悪魔崇拝者、地獄に通じる通路、悪鬼、霊媒師、魔術師、魔女などだ。チェコ共和国のホウスカ城やインドのバーンガル砦のように魅力的な歴史遺跡がある場所や、ストーンヘンジ、イースター島、グアテマラのティカルのような聖地は皆、この世のものとは思われない神秘的な雰囲気をたたえている。カリフォルニアのシャスタ山や日本の富士山のような場所は、それ自体が神の力の根源であるかのように見える。

肉体を失った魂は、この世でやり残したことのある場所に取り憑いている。

シェイクスピアの悲劇に登場するハムレットが、疑い深い友人に向けて言う有名な台詞がある。「なあ、ホレイショーよ、天と地の間には君の哲学などでは夢にも思い描けぬことがあるのだよ」。宇宙の謎を解きたい方にとっても、幽霊を見つけだしてやろうと思っている方にとっても、あるいはUFO目撃情報がはたして宇宙人の存在を証明する証拠になるかどうか確かめようとしている方にとっても、本書はきっと役に立つはずだ。皆さんが旅しようとしている領域は、地図もなく迷い道ばかりの場所だからだ。超自然的なものの王国は、訪れる者の好奇心をそそり、眩惑し、魅了して止まない。『世界の伝説と不思議の図鑑』が皆さんを誘うのは、背筋をぞくぞくさせる、奇妙な、謎めいた、神秘的な、選りすぐりの300地点。ぜひ訪れて、探って、体感していただきたい。幽霊城、吸血鬼の巣窟、魔女の館、聖地、UFOホットスポット、圧倒的なスピリチュアルパワーに満ちた伝説の地──すべてがこの一風変わった本の中に網羅されている。これらの場所について知ることが、世界の超自然遺産をあらためて理解するためのヒントになると信じている。

◀先史時代の遺跡ストーンヘンジの環状列石（イングランド・イギリス）

▲幽霊の出る森をそぞろ歩く男女（19世紀の版画）

幽霊の出る場所

エディンバラ城　　イギリス・スコットランド

胸壁にとどろく太鼓の音は錯覚なのか。もの悲しいバグパイプの音が秘密の抜け穴に響きわたる。

▲キャッスルロックの上に立つエディンバラ城。黄昏とともにその輪郭はしだいにぼやけていく

訪れるなら
冬の午後、日没の直前にぜひ訪れたい。長い影が不吉な雰囲気を演出する。

スコットランド、エディンバラの市街地を見下ろす岩山の上に、この要塞は禍々しい表情でそびえ立っている。エディンバラ城と言って思い起こされる超自然的存在は数多い。正面玄関の上には光輪を背負った犬がいて、城を守護していると信じられている。一方、暗い地下牢には囚人たちの亡霊がぼんやりと現れ、胸壁の上では首のない鼓手の幽霊が陰鬱にリズムを刻んでいる。1296年、城はイングランド王エドワード1世に3日間包囲された末に攻め落とされた。伝説によると、この鼓手は、3日目にイングランド軍が総攻撃を開始したことをスコットランドの人々に知らせるも、頭を耳から耳まですぱりと斬り落とされてしまったのだという。イングランド人の剣にかかって死んだ最初の犠牲者だったと言われている。

　17世紀、城から市の中心部を結ぶ秘密のトンネルが発見された。言い伝えでは、若いバグパイプ吹きがこのトンネルの調査を命じられたという。バグパイプを吹きながらトンネルの中を進み、その音をたどって地上の人々がトンネルの進路を探ろうというのだ。だがバグパイプ吹きは跡形もなく姿を消してしまう。その幽霊が今でも地下通路をさまよい歩いており、城ではそのバグパイプの音が聞こえると言う人もいる。

　城と町を隔てる広場では、16世紀初頭、何百人もの魔女と呼ばれた人々が火あぶりの刑に処せられた。グラームズ城の城主夫人ジャネット・ダグラスもその1人だ。彼女は、魔術を使ってスコットランド王ジェームズ5世殺害を謀ったとされた。広場を囲む通路で炎に包まれ泣き叫ぶ彼女を見たと主張する人がいる。また、実際に自分が火に焼かれるような感覚を覚えたという人もいる。

グラームズ城　　アンガス・イギリス・スコットランド

独特のたたずまいを持つスコットランドの城。ここに住まう亡霊たちのなかには、悪魔と賭け事をする伯爵がいる。

冬の寒さの最も厳しいころ、屋根から吹き下ろす氷のように冷たい風がグラームズ城の中庭でうなり声をあげる。晴れた冬の昼間にはカラスが集まり、夜になれば、どこからかメンフクロウの鳴き声がギャアギャアと聞こえてくる。14世紀、ここがボーズ＝ライアン家の居城であったことは歴史上よく知られている。エリザベス2世の母、エリザベス王太后はこの家の出身である。噂によれば、この城のあちこちの部屋や庭に無数の幽霊がうろついているという。

あまり人に害をなさない亡霊たちは、自身の冷え切った魂を温めたくて見学者の背後にそっと忍び寄ってくると言われている。ジャネット・ダグラス夫人（14ページ参照）の霊と考えられている「灰色の貴婦人」は礼拝堂と時計台の上に現れる。永遠に息子を探し求める彼女は、まるで燃える経帷子のような姿で石の階段を駆け上っていったかと思うと姿を消す。その足跡を追うように灰が点々と残っているという。

庭園では舌のない女が走り回り、舌を切り取られ恐怖に歪んだ自分の顔を指さしてみせるという話が伝わっている。

> 息子を探して石の階段を駆け上る彼女の姿は、まるで燃えさかる経帷子のようだ。

また、幼い少年の幽霊が女王の寝室の入口そばにある石の腰かけに座っている。18世紀に虐待された黒人の召使いの霊だという。

最も悪名高いのは、ひげ伯爵ことクローフォード伯の幽霊だろう。伯爵は客としてこの城に招かれていた。鯨飲して部屋に戻った彼は、すっかり酔っぱらい、誰かトランプの相手をしろと騒ぎ立てた。そして、もし誰もやらないのなら悪魔相手にでも勝負をしてやると言う。するとずきんをかぶった黒ずくめの男がやってきて城の扉をノックし、ひげ伯爵のお相手をしようと申し出た。真偽のほどはさだかではないが、勝負の行われている部屋を鍵穴から覗いた詮索好きな召使いは、強烈な光で片眼の視力を失ったらしい。そして翌朝、ひげ伯爵の姿が消えていた。彼の幽霊は今もどこかの隠し部屋に潜んでいると言われている。彼は、永遠に賭け事をやり続けるという契約を悪魔と結んだのだ。

▲黒いずきんをかぶった男がグラームズ城にやってくる。そしてひげ伯爵はいなくなった

ロンドン塔　イギリス・イングランド

歴史を象徴するこの建造物には、現世にやり残したことのある王家の人々の霊が数多くさまよっている。

　ロンドン塔には、ここで死んだ人々、ここで生きた人々と同じ数だけの幽霊がいるのではないだろうか。陰気な胸壁に囲まれた塔や小部屋には、けっして安らかに眠ることのない魂たちが数多く彷徨しているという。1078年、征服王ウィリアム1世によって建設が始められて以来、ロンドン塔は、イングランドで最も多くの幽霊に取り憑かれた建物だと言われている。

　ビーチャム・タワーでは、ギルフォード・ダドリー卿が、1554年に死刑執行人と向き合ったときと同じ姿で涙をとうとうと流し続けているという。その妻レディ・ジェーン・グレーの蒼白い亡霊はタワー・グリーンの壁ぎわにひざまずいている。夫ダドリーに続いて処刑されたときとそっくり同じ姿勢のままだ。

　ひざまずくのを断固として拒否したのがマーガレット・ポールである。彼女は1541年5月27日に斬首された。その命日には、彼女の幽霊が絶叫しながらタワー・グリーンを走り抜けていくという。カンタベリーの大司教ポールは、国王をイングランド教会の「唯一最高の首長」と規定したヘンリー8世を批判して不興を買い、王の追っ手から逃れてフランスに脱出した。彼の母親、68歳のマーガレットは、その腹いせに処刑されたのである。タワー・グリーンを走って横切り、傲然と首切り役人につばを吐きかけたマーガレットは、その場で斧で斬り

> 塔のあちこちに、迷えるアン・ブーリンの魂の足跡が残っている。

あわせて読みたい：22ページ「ヴェルサイユ宮殿の庭園」

▼ロンドン塔では多くの王族が処刑され幽閉されてきた

ENTRY TO THE TRAITORS' GATE

幽霊の出る場所

塔の王子たち 暗いブラッディー・タワーには、白いナイトガウンを着た2人の子どもの幽霊が取り憑いていると言われている。恐怖におののき、しっかりと抱き合っているこの子どもたちは、エドワード4世の息子の王子たちだ。エドワード王が1483年4月に亡くなったときには、12歳の息子、エドワード王子が世継ぎと決められていた。だが、戴冠式が行われる前に、議会が、エドワードと弟のリチャードは非嫡出子であると宣言し、彼らの叔父がリチャード3世として王位に就いてしまう。少年たちは、エドワードの戴冠に備えてロンドン塔にとどまる。2人はよく敷地内で遊んでいるところを目撃されていた。ところが2カ月後、彼らは忽然と姿を消す。多くの人々が、リチャード3世の指示で殺害されたのだと考えている。

▲サー・ジョン・エヴァレット・ミレーが1878年に描いた2人の王子。1674年にロンドン塔のある階段の下から発見された2組の骨は、彼らの遺骨と考えられ、ウェストミンスター寺院に埋葬された

殺された。もう1人、斧で命を奪われたのが、ヘンリー8世の2番目の妃アン・ブーリンだ。魔術の使用と姦通の罪を問われた。噂では、この年若い女王の魂は、生前と変わらず生気にあふれ妖艶だという。その魂が、永遠の救いを求めて塔の中をさまよい歩いている。

一方、陰気なヘンリー6世の幻影は、ウェイクフィールド・タワーの中を絶え間なく行ったり来たりしていると言われている。彼は1471年5月21日の真夜中直前に殺された。犯人はグロスター公だという説もある。その日の時計が12時に近づくころになると、悲しみに沈む彼の幽霊が現れる。だが、秒針が12を指した瞬間にすっと石の壁に吸い込まれるようにして消える。そして、1年後再び姿を現すまで安らかに眠るのだ。

ロンドン塔の中で最も古いのはホワイト・タワーだ。1970年代、ある小学生のグループがここで不可解な出来事を目撃している。子どもたちが悪名高い「血の塔」ブラッディー・タワー（上の囲み参照）を見学しているときに、鐘の音が聞こえた。1人の女の子がふと中庭越しにホワイト・タワーの方に目をやると、細い縦長の窓から、白いベールを肩のあたりになびかせた女の姿が見えた。女はすすり泣いているようだった。女の子がほかの子どもたちを呼び寄せると、女は、さよならとでも言うように子どもたちに向かって手を振り、そして、すっと姿を消した。

あわせて読みたい：42ページ［チェイス家の地下墓所］

バックファストリー教会墓地

デヴォン州・イギリス・イングランド

イングランドにあるこの荒れ果てた墓地では、ある薄暗い墓から妖しい赤い光が発せられるという。

▲バックファストリー教会墓地のツタにおおわれた墓。ここにリチャード・キャベルの墓所がある

訪れるなら

日没後。キャベルの墓のおどろおどろしい雰囲気を体験できる。

1992年の火災で廃墟となったバックファストリー教会に人々が集うことはもうない。昼はカラス、夜はフクロウの群れだけがやってくる。だが、地元の人々の背筋を凍らせているのは誰にも顧みられない廃屋となった教会ではない。むしろ、ツタにおおわれた墓地のほうである。通路から少し奥まったところに小さい奇妙な建物がある。中にあるのは頑丈な金属の柵で囲われた墓だ。地元の人々が地下墓所と呼ぶキャベル家の墓である。

なぜかその墓石を白い石板がびっしりとおおっている。墓の中にあるのは、リチャード・キャベルの遺体。17世紀の地主で極悪非道な人物だった。噂では、妻を殺し悪魔に魂を売ったという。1677年7月、亡くなったキャベルの遺体が地下墓所に安置される。伝えられるところによると、その晩、不気味な猟犬の群れが荒野を越えてやってきて、キャベルの墓のまわりで遠吠えをした。するとキャベルの幽霊が起き上がって墓所を抜け出し、幻の猟犬どもを率いて一晩中狩りをしたのだという。行く手に現れたあらゆる生き物を手当たり次第に捕らえ、ばらばらに引き裂いた。キャベルの魂を鎮めるため、村人たちは墓所のまわりに鉄の柵をめぐらし、墓の上に平石を載せた。その柵の杭の間から赤い光が射しているを見たと言う人もいる。言い伝えによれば、その墓のまわりを7回まわって柵のすきまから手を差し込むと、キャベル殿本人か悪魔のどちらかに指を咬まれるのだそうだ。

ジャマイカ亭　コーンウォール州・イギリス・イングランド

寒々とした荒れ野に立つ有名なパブは密輸業者のたまり場だった。そこに謎めいた男の幽霊が夜な夜な現れる。

　荒涼としたボドミン・ムーアは意外な危険に満ちた荒野である。その中央部にあるジャマイカ亭は駅馬車の宿駅だったが、18世紀には密輸業者たちが落ち合う場所として利用されていた。ダフネ・デュ・モーリアの有名な同名小説（邦題『埋もれた青春』）の舞台にもなった。この宿は、密輸業者の亡霊やムーアの悪霊といった超自然現象の目撃例が多いことでよく知られている。

　恐ろしい話はいくつも伝わっている。ある物語には粗野な服装をした外国人が登場する。バーに陣取りふた付き大ジョッキでビールを飲んでいた男を、やはり見知らぬ男が外から手招きをして呼んだ。呼ばれた男は飲みかけのジョッキを置いたまま、強風の吹き荒れる夜の闇に出ていったきり戻らなかった。翌日、はらわたを抜かれてムーアに倒れていたその男の死体を地元の人々が発見する。誰になぜ殺されたのかは謎のままだった。だが、19世紀末になって、この物語の超自然的な後日談が生まれる。1月のある夜、店じまいの時間になったとき、宿の外壁に寄りかかって座る見知らぬ男がいた。宿の亭主は、鍵を取り出しながら男におやすみなさいと挨拶をした。すると男は立ち上がり、ふた付き大ジョッキを掲げると、亭主の脇をすり抜けてバーに向かって走っていく。慌てて追いかける亭主が見たものは、がぶがぶとビールをあおるはらわたを抜かれた男だった。男はビールを飲み干すと、煙の立ちこめる薄暗がりの中に溶けるように消えたという。それ以降、代々の亭主や客たちが、残したビールを飲むために戻ってきた、身の毛もよだつ幽霊の足音を聞いている。

　一方宿の外からは、ときおり馬のひづめと馬車の車輪の音が聞こえてくる。密輸業者の亡霊たちが戦利品をロンドンに運んでいくのだ。伝説によれば、鉄の車輪の発するガラガラという音を耳にした者は誰であれ、呪われて破産する運命にあるのだという。

> バーへと続く廊下に響く足音を、代々のパブの亭主が耳にしている。

▼コーンウォール地方には、人目につかず、陸路からは到達できない湾がいくつもある。18世紀の密輸業者たちはそんな場所を好んだ。ジョージ・モーランドによる1793年の版画もそのような情景を描いたものだ

ニューステッド・アビー

ノッティンガム・イギリス・イングランド

歴史あるこの修道院では、「ゴブリン修道士」と名づけられた「黒いかたまり」の出現が破滅の予兆と考えられている。

かつてロマン派の詩人バイロンの住居であったこともあるニューステッド・アビーは、ゆるやかな起伏が連なりところどころに木立のある緑豊かな草原の中にひっそりと立っている。だがそこには暗い秘密が隠されている。訪問客すべてに目を光らせているという幽霊は、バイロン自身も目撃している。彼はその体験をもとに不朽の名作叙事詩『ドン・ジュアン』をものにした。その中でバイロンは、形の定まらない黒いかたまりが寝台から床に転げ落ちて消えた、と語っている。

「黒い修道士」と呼ばれていたその化け物を、バイロンは『ドン・ジュアン』の中で「ゴブリン修道士」と名づけている。彼によれば、この化け物は、なにか良くないことが起こる前兆としてバイロン家の人間のところに現れるのだという。実際彼がこの化け物を見たのも、アン・ミルバンクとの悲惨な結婚の直前だった。アメリカ人の作家、ワシントン・アーヴィングも、19世紀末にニューステッドに滞在した際に幽霊を目撃するという体験をした。あごひげをもじゃもじゃに生やしたバイロンの先祖の幽霊が、真夜中になると客間の暖炉の上に掛けてある絵から飛び出してきて建物の中を忍び歩き、滞在している人間を誰彼構わず恐怖に陥れる、とアーヴィングは書いている。彼の書いた物語はおおいに世間の注目を集めた。また、「白いレディ」が本を読みながら庭を散策しているところを目撃した、と何度も報告されている。バイロンの大ファンとしてアビーを訪れていたソフィア・ハイアットという親のない耳の不自由な娘の亡霊だと言われている。

> 真夜中に寺院を忍び歩き、滞在している人間を誰彼構わず恐怖に陥れる幽霊がいる。

▼1836年に描かれたニューステッドの情景。詩人バイロンとその娘エイダ、飼い犬の姿が想像で描き加えられている。銅版画に手で彩色されたもの

ロフタスホール　ウェックスフォード州・アイルランド

人里離れた場所にぽつんと立つ豪邸。悪魔と、それに恋い焦がれる娘が永遠に終わらないかくれんぼをしている。

ウェックスフォード州のはずれにあるヘッド半島に、ぽつりと1軒の館が立っている。背景に見えるのは空ばかり。建物の輪郭がくっきりと際だっている。現在の建物は、19世紀末、トッテナム家の住居だった屋敷を壊して新たに建てられたものだ。地元に伝えられる話によると、18世紀後半にトッテナム家の令嬢アンが、ロフタスホールにやってきた若い男に惚れて夢中になってしまったという。嵐で難破したところを助けられた素性の知れない男だった。

ある晩、アンはこの客人とトランプをしていた。床に落ちたカードを拾おうとかがみ込んだ彼女は、男の足に割れたひづめがあることに気づいてしまう。アンはその場で気を失い、男は燃えさかる炎をまとって天井を抜け、姿を消した。

それからというもの、アンはいっさいの飲食を拒否するようになった。膝を抱えて座り込んだまま、愛する客人の帰りを待ってぼんやりと海を眺める日々が続く。

1775年に亡くなると、アンは座ったままの姿勢で埋葬された。脚を折りでもしなければ、曲がった膝を伸ばすことができなかったのだ。彼女の死とともに屋敷の中でポルターガイスト現象が始まり、たくさんの司祭が悪魔祓いに呼ばれている。アンの霊とその恋人の悪魔は、現在も、館の誰もいない廊下を歩いて相手を探し回り、永遠に終わることのないかくれんぼを続けていると信じられている。

◀民間伝承では、割れたひづめは悪魔のものと考えられている。1879年のこの版画にもそんな姿が描かれている

リープ城　オファリー州・アイルランド

アイルランドの城に潜む陰惨なパワー。その源は串刺しにされた人々の骸なのか。

リープ城にはなにか恐ろしいものが取り憑いていると考えられている。この城は、何世紀にもわたって、血で血を洗う氏族間の報復劇の舞台となってきた。ここに潜む悪意あるパワーの発生源は、秘密の土牢だと言われている。床に取り付けられたはね上げ戸しか入口のない深い地下牢だ。

城が建設されて間もないころ、捕虜はこの土牢に投げ落とされ、下の鉄杭に身体を刺し貫かれた。そして串刺しにされたまま、じわじわと苦悶に満ちた死を迎えた。15世紀、「隻眼のテイグ」は、敵の氏族に属する40人ほどの捕虜を連れてきて、1人ずつ地下牢の鉄杭の上に放り投げていったという。

20世紀に入り、建設作業員がこの土牢で150人分の遺骸を発見した。恨みを抱く犠牲者の霊は、おどろおどろしい力場を生み出したと言われている。「四大の霊力」と呼ばれるパワーである。城を訪れる人々のなかには、この不可思議なエネルギーを感じ取る人もいる。彼らは、極度の不安や恐怖を感じたと言う。また、地下牢に自ら飛び込みたいという抗いがたい衝動に駆られたとも言っている。この穴蔵で犠牲になって安らかな眠りを得られずにいる人々のために、我が身を生け贄に捧げたい気持ちになったというのである。

▲「血の礼拝堂」と呼ばれる部屋。土牢に続くはね上げ戸がある

ヴェルサイユ宮殿の庭園　フランス

フランス革命で命を落とした人々が、妖しい楽の音に伴われてこの庭園をそぞろ歩いている。

オックスフォード大学の2人の学者、アン・モーバリーとエレノア・ジョーダンは、1901年、ヴェルサイユ宮殿の庭園で迷子になったときに、なにか得体の知れないものの存在を感じたと主張している。彼女たちは、びくびくとおびえた人々や物憂げな人々に出会う。彼らは皆18世紀の衣装を身につけていた。

3カ月後、アンは、自分が池のそばでスケッチをしている女性を見たことを打ち明ける。それぞれが見たものを突き合わせていくうちに、2人は自分たちが幽霊に囲まれていたか、タイムスリップをしたかどちらかだったに違いないと確信する。スケッチをしていた女性がマリー・アントワネットであったことを信じる彼女たちは、不思議な体験を1冊の本にまとめた。この本は出版と同時に一大センセーションを巻き起こす。マリー・アントワネットは、今でも、ヴェルサイユの敷地内につくられた小さな離宮、小トリアノンの裏手にある庭園を逍遥したり、「王妃の洞窟」に籠もって世界に思いをめぐらしたりしていると言われている。生前の彼女も、ここで絵を描いたり文章を書いたりしながら、人生についてさまざまな空想をしていたのだ。1793年にギロチンで処刑されたマリー・アントワネットの魂は、この世にとどまって、我が子を探し回り、フランス革命以前の生活を再び送れるような静かな場所を求めてそわそわとさまよっていると言う人もいる。1人「見晴らし台」に座っていたり、「愛の殿堂」の柱に寄りかかって物思いにふけっていたりすることもある。この世のものとは思われない室内楽の調べや笑いさざめき、洞窟の中や噴水のそばでくすくす笑い合う恋人たちの声を耳にした、と言う見学者も多い。

ほかにもヴェルサイユ宮殿に現れる亡霊がいる。ルイ15世の霊もその1つだ。愛人のポンパドゥール夫人と「オランジュリー」でダンスをしているのがよく目にされている。やはりルイ15世の愛人で、恐怖に泣き叫び命乞いをしながらギロチンで処刑されたデュ・バリー夫人も、宮殿の鏡の回廊から庭園を眺めているところを目撃される。

物思いに沈むマリー・アントワネットの幽霊が、「愛の殿堂」の柱に寄りかかっている。

▼マリー・アントワネットの霊は、ヴェルサイユ宮殿の庭園の中にある「王妃の家」に面した池のほとりに現れるという

モルトメール修道院 ウール県・フランス

「死んだ池」という名前のついた薄気味の悪い修道院。女王の幽霊、狼人間、修道僧の亡霊たちが住みついている。

1134年にイングランドのヘンリー1世によって建造されたこの修道院は、フランス語でmorte mare（死んだ池）と呼ばれる湿地帯に囲まれているところからこの名前がついた。霧の深い冬の朝、葉を落とした裸の木から木へとワタリガラスが飛び交い、亡霊のようなかたちをしたものが修道院の庭から湧き上がってくる。

イングランドのヘンリー1世は、自分の娘マティルダをこの場所に幽閉した。彼女の夫であるドイツ皇帝の死後、彼女が反乱に加わるのを防ぐためである。マティルダの霊は、月明かりの廃墟を漂っていると言われている。もしその霊が白い手袋をしていれば吉兆。黒の手袋は破滅のしるしだ。

16世紀初頭、その土地に住むある女が狼に取り憑かれたと近くの村人たちが訴えた。修道院の修道士たちが悪霊祓いを行うが、女から追い出された狼は、今度は地元の密猟者の女房を取り殺し、その魂を住処にして意趣返しをする。満月の夜になると、このけだものはあたりをうろつきまわり、夫を求めて遠吠えをするのだと言われている。

フランス革命のときには、修道院に残っていた数名の修道士が脱出を図るも捕らえられて虐殺された。革命家たちは彼らの首をはね、遺体をワイン蔵に投げ込むと、神に捧げるためのワインに修道士たちの血を混ぜて飲んだという。この修道士たちの魂が、夜になると修道院の中を歩き回り、日が昇ると門から逃げていくと言われている。

▲モルトメール修道院の廃墟。まるで骸骨のようだ

恐怖時代　1789年7月14日、パリのバスティーユ牢獄を暴徒が襲撃した。フランス革命の始まりである。1793年5月から1794年7月まで、ロベスピエールによって行われた恐怖政治では、フランス全土で4万人の「革命の敵」が、ギロチンその他の処刑方法で命を奪われた。貴族と教会の権力はこれにより完全に崩壊した。

ポヴェーリア島　ヴェネツィアの潟湖・イタリア

かつてサディスティックな精神科医が取り仕切る精神病院があったこの島は、現在立ち入り禁止になっている。

▲第2次世界大戦前に建てられた精神病院の内部には、当時の家具がそのまま残っている。鉄製のベッドには精神を病んだ人々が鎖でつながれていた

訪れるなら
公式には非公開だが、島まで船を出してくれる船頭もいる。ただし相当な額の料金を吹きかけられる。

ヴェネツィアの潟湖の中央部海寄りに浮かぶポヴェーリア島は、優美なヴェネツィアの街とは正反対の気味の悪い場所だ。住む人はなく、草木がぼうぼうと生い茂り、一般の人々の立ち入りは禁止されている。この島には忌まわしい歴史がある。18世紀に、腺ペストに罹患している恐れのある旅行者を隔離しておく検疫所が置かれたのが始まりだった。だが、すぐに島全体が疫病による犠牲者の巨大な死体置き場と化す。18世紀末、ペストはイタリア全土で猛威をふるった。16万人を超える人々の遺体が、ポヴェーリア島の浜辺に山のように積みあげられて火葬されたり、大きな穴にまとめて放り込まれて埋められたりした。島の土壌の50パーセントは人間の遺灰なのではないかと考えられている。1920年代になると、公立の精神病院が建設された。地元の人々のあいだに伝わる話によると、病院の責任者だった精神科医は患者を拷問したり殺したりしていたが、ついにはその罪悪感から発狂し、鐘楼から身を投げたという。地面に落ちたとき、医師にはまだ息があったが、たちまち大地から立ち上る妖しい霧に包まれて窒息死したと言われている。建物は、崩落防止のための足場のおかげで辛うじて形をとどめているが、窓には雑草がはびこり、下のほうの階にはまったく日が射さない。鐘楼のてっぺんにある、医師が身を投げた小塔からは、潟湖を見渡すすばらしい眺望がひらけている。幽霊見たさに訪れる人々は、塔の中でこだまする医師の悲鳴を聞いた、病室で遺体を焼く臭いがした、心を病んだ人々がベッドに縛りつけられ、ぞっとするような叫び声を上げているのを見た、などと主張している。

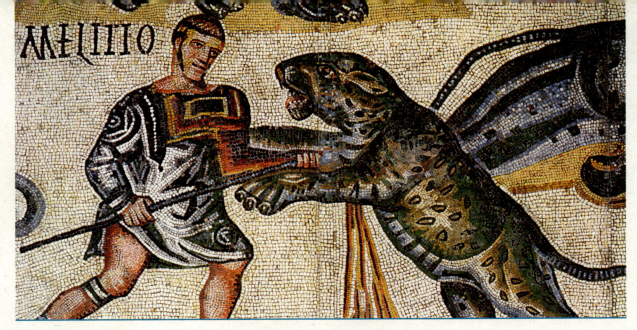

コロセウム　ローマ・イタリア

この名高い闘技場に斃れた剣闘士たちが血にまみれた姿で最後の闘いを繰り返している。

肉体を失ったたくさんの魂たちが、この有名な世界遺産の地に住まっている。殺された剣闘士が、人生最後となった試合を繰り返すという話は数限りなくある。目には見えない戦車が、砂を蹴立ててがらがらと疾走しているという話もある。ラテン語の話し声が聞こえたとか、空を背景にローマ人の護衛のシルエットが見えた、という見学者もいる。数えきれないほどの宗教弾圧の犠牲者が、ここでライオンやトラの牙にかかって最期を迎えた。だが、傷がもとで死んでいった囚人たちが入れられていた地下室に満ちている恐怖も、猛獣に殺された人々の感じた恐怖にひけをとらない。奴隷たちのすすり泣き、剣と剣とがぶつかり合う音、野獣の咆哮。競技場につめかけて歓声を上げる人々の姿を見た、あるいは地面から幻の死体が立ち上がるのを見た、と言う見学者もいる。紀元1世紀に、キリスト教会の創始者の1人で、アンティオキアの司教であった聖イグナティオスが、ライオンに身体を引き裂かれ、ここで殉教している。彼の幽霊は、食いちぎられた両手を探して毎夜競技場をさまよい歩くと言われている。手がなくては、ローマ人に宛てて書いていた未完の書簡を書きあげることができないからだ。西暦404年には、キリスト教の修道士聖テーレマコスが、ある剣闘士の闘いを止めさせようと間に入るが、群衆に石を投げつけられて殺されてしまう。この蛮行に立腹した時の皇帝は、ローマでは剣闘士の登場する娯楽はすべて廃止した。競技場を訪れた人の多くが、聖人らしい姿をした人物が助けを求めて叫んでいるのを見た。聖テーレマコスや彼にまつわる恐ろしい話を知らない人でも、生身の身体に石を投げつけられるような感覚を覚えるそうだ。

▲野蛮で血なまぐさい娯楽

> **女剣闘士**　コロセウムで傷を負ったり死んだりしたのは男だけではない。紀元1世紀にエチオピア出身の女剣闘士が登場している。皇帝ネロが、アルメニア王ティリダテス1世を感心させようとして始めたものだ。勇敢な女たちは男の剣闘士とまったく同じ訓練をこなさなければならなかった。そして、胸をあらわにして槍を手に、相手の命を奪うまで闘ったり、イノシシを殺したりした。

幽霊の出る場所

ドイツ
5大幽霊城

ドイツには見るからに気味の悪い城が実に数多くある。森におおわれた谷や川の湾曲部を守護するために建てられた、小塔のたくさんある要塞だ。当然ながら超自然現象もふんだんにある。

① **ヴォルフゼーク城（レーゲンスブルク）**：この中世の城の地下には鍾乳洞がひっそりと隠されている。噂では、穏やかな眠りを許されない幽霊たちが、夜になるとこの洞窟から這い上ってきて城内を歩き回るという。白い衣装をまとった女の亡霊は、キアラという名で、中世の騎士の妻だったと信じられている。彼女は地元のある貴族と不義をはたらいた。それを知った夫は、2人を殺して死体を洞窟に放り込めと命じたという。

② **ストッケンフェルス城（バイエルン州）**：この城には、生前、薄めたビールを出して客を欺いた酒場の主人たちの霊魂が囚われていると言われている。彼らは底なし井戸に魔王が下ろしたはしごを降りていき、井戸のてっぺんに座っている魔王にバケツで汲んだ水を届けなければいけない。真夜中になると、魔王は、彼らが汲んできた水を全部下の川に捨ててしまう。多くの人が、あるはずのない水がざあざあと流れる音と悪魔の高笑いを耳にしている。

▼ごつごつとした輪郭のエルツ城。武勇の誉れ高いレディ・アグネスの霊が住まっている

❸ **ノルトキルヒェン城（ヴェストファーレン地方）**：16世紀に建造されたこの城に住んでいた強欲な貸し金取り立て業者は、死んでも恐ろしげな亡者となって城に戻り、居すわってしまった。土地の人々は悪霊を祓い給えと祈った。すると、ある晩、1台の馬車がやってきて門の前にしばらく止まっていたかと思うと、がたがたと走って闇の中に消えていった。以後、幽霊は二度と現れなかった。しかし、月夜の晩には、真っ黒い馬車が猛スピードで城の入口を通りすぎていくという。

❹ **プラッセンブルク城（バイエルン州クルムバッハ）**：15世紀、カタリナという名の未亡人がある王子に恋をした。王子は「もし私たちのことを知る者の目が4つなければ」結婚しようと誓う。4つの目とは彼の両親のことを指していたのだが、誤解したカタリナは自分の2人の子どもを殺してしまう。それを知った恋人は恐れをなして逃げ出し、カタリナ自身は間もなく遺体で発見された。彼女の幽霊は子どもたちを探し求めて城を歩き回っているが、子どもたちは彼女を恐れて逃げ惑っていると言われている。

❺ **エルツ城（ミュンスターマイフェルト）**：豊かに木の茂った谷の中にそびえる岩山の上にエルツ城がある。城の警護に当たるのは中世の騎士たちの霊だ。中庭や塔の中には、笑い声、酒杯をかちんと合わせる音、がしゃがしゃとよろいが鳴る音がこだましている。「伯爵夫人の間」の壁に飾られたよろいと戦斧は、レディ・アグネスが実際に使っていたものだ。彼女は敵の侵略から城を守ろうとして戦死した。彼女の霊は、今もその部屋の中をゆっくりと行きつ戻りつしていると言われている。

幽霊の出る場所

ドラグスホルム城　シェラン島・デンマーク

あわせて読みたい・16ページ［ロンドン塔］

10年間鎖で柱につながれていた貴族が幽霊となり、このデンマークの城の中庭に現れる。

　かつて身分の高い国事犯を収監しておく場所だったドラグスホルム城は、北海とバルト海の境に浮かぶ島の1つにある。「白の貴婦人」とボスウェル伯の亡霊が、寒々とした北欧の空気をまとって城の階段や中庭をひっそりと歩き回っているという。

　「白の貴婦人」は、恋に悩む城主の娘だと考えられている。父は非常に厳格な人で、娘が平民に恋をしていると知ると、家名を汚されたとして激怒し、娘の喉をかき切って殺してしまったという。遺体は城のレンガの壁の中に埋め込まれたと言い伝えられていた。1930年代に壁の補修を行っていた作業員が、ずたずたに裂けた白いドレスに包まれた1体の骸骨が中に埋まっているのを発見している。さめざめと泣きながら夜の城を歩き回る「白の貴婦人」の目撃証言は多い。また、昼間、城壁のそばで恋人を待ちながら花びらを数えている彼女を見かけたという人もいる。

　デンマーク王フレデリク2世は、スコットランド女王メアリーの夫ダーンリー卿を殺害した疑いを持たれていた、厄介者のボスウェル伯を捕らえる。ダーンリー卿が死んでいくらも経たないうちにメアリーと結婚したボスウェル伯には、自らスコットランド王になろうという野望があったと考えられている。

　ボスウェル伯の処遇に迷ったフレデリク王は、処刑はせずに生かしておくことにしたが、ボスウェル伯の置かれた環境は劣悪だった。柱に鎖でつながれていたのだ。柱のまわりには円形の溝が掘られ、排泄物を流すようになっていた。10年間そうして拘束されたボスウェル伯は精神に異常をきたし、44歳で世を去った。多くの人が、馬に乗って中庭を行く影のような彼の姿を目撃している。スコットランドの王冠を手に入れたいという夢を今でも見ているのだ。

▲ボスウェル伯の遺体を掘り起こしてみると、ミイラ化していた

▼ドラグスホルム城を描いたペン画。こののんびりとした雰囲気にだまされてはいけない

リナーレス宮殿　マドリード・スペイン

このスペインの宮殿の壮麗な表の顔の陰には、神の救いを求める悲劇の夫婦の魂がいる。

▲リナーレス宮殿に幽霊が出るという噂の陰には、近親相姦と殺人の物語がある

この洗練された宮殿が建設されたのは19世紀なかば。建物の美しさや大きく優美な曲線を描く階段がよく知られているが、同時に、苦しみにもだえる夫婦の幽霊がいることでも有名である。リナーレス宮殿を訪れた人の多くが、19世紀の衣装を身につけた亡霊——男の場合と女の場合、それに両方の場合もある——を見たと言っている。

リナーレス侯爵のホセ・デ・ムルガは裕福な貴族の子息だった。彼が貧しいタバコ屋の娘ライムンダと恋仲になったため、父は、恋を忘れさせるために息子をイギリスにやってしまう。だが父が亡くなると、侯爵はマドリードに舞い戻り、愛する人と結婚した。数カ月後、彼は父親が書いた手紙を発見する。それには恐ろしい真実が明かされていた。ライムンダはホセの腹違いの妹だったのだ。ホセの父がタバコ屋の妻と密通してできた子である。

罪深い近親相姦を犯したことを知った夫婦は、一生純潔を守って生きていくことを教会に誓う。だが、2人は激しい情熱に抗えなかった。そして数年後女の子が生まれる。夫婦の罪悪感はあまりにも大きかった。醜聞を避けるため、彼らはその赤ん坊を殺して、宮殿の廊下の壁の中に死体を埋め込み、レンガで封じた。その数カ月後侯爵は自殺。妻も良心の呵責に耐えきれずに命を落とした。

殺された子の幽霊が、子守歌を口ずさみながら宮殿の広壮な部屋部屋を歩き回り、両親を探しているという噂がある。罪悪感にうちひしがれた侯爵夫妻も宮殿の中をさまよい、永遠の罪から解放されることを乞い願っているという。

> **訪れるなら**
> ガイドツアーに参加するならぜひその日最初の回を。小声でささやく子どもたちの声が聞こえる。

スリーピー・ホロウ　ニューヨーク州・アメリカ

悪名高い「首なし騎士」を生み出した古風な町は、アメリカ文学の中で不動の地位を占めている。

マンハッタンから北へ50kmほどのところにスリーピー・ホロウという小さな村がある。もともとはノース・タリータウンと呼ばれていた。ワシントン・アーヴィングが地元に伝わる「首なし騎士」の伝説からヒントを得て書いた超自然的な物語「スリーピー・ホロウの伝説」にちなんで、1996年に村名が変更された。スリーピー・ホロウの共同墓地に葬られた著者のアーヴィングも、愛想の良い幽霊となってそぞろ歩いていると言われている。アーヴィングの発想の源となった伝説にはもとになった事件がある。オールドダッチ教会の共同墓地で実際に首なし死体が発見されたのだ。伝説では、夜になると「首なし騎士」の幽霊が現れ、なにも知らない旅人を恐怖に陥れるという。アーヴィングの物語の中心は、1人の娘をめぐる3人の男の愛だ。

求婚者の1人学校教師のイカボットが、沼地でマントをまとい馬に乗った男と出会う。霧が晴れ、男の姿が明瞭に見えるようになって、イカボットは男の頭が肩の上ではなく鞍の上に置いてあることに気づく。ほうほうの体で逃げ出したイカボットは共同墓地に向かって馬を走らせた。言い伝えでは、首なし騎士はそこで消えるはずだった。ところがイカボットの場合は伝説通りにならなかった。騎士はそのまま彼を追いかけ、その顔目がけて首を投げつけてきた。翌朝、イカボットは行方知れずになっていた。彼の魂は、二度と会えない愛しい人を求めて沼地を徘徊しているという。

▲1867年当時のオールドダッチ教会を描いた石版画

首なし騎士　ケルト神話には「デュラハン（黒い男）」という首のない妖精が登場する。黒い馬に乗り、自分の頭を脇に抱えている。永久に夜の闇の中を疾駆し続けるデュラハンが立ち止まると、誰かが死ぬことになる。デュラハンは、死ぬことになる人間の名前を大声で呼ばわる。ケルト神話には、ほかにも、「ガン・キャウン」と呼ばれる首のない騎士がいる。金を身につけるか、金製品を通り道に投げつければ追い払うことができるという。

ビロップ家邸宅　ニューヨーク州・アメリカ

殺された少女と英国兵の亡霊が、この屋敷の中で独立戦争時代の出来事を繰り返している。

　1770年代、スタッテン島にある「カンファランス・ハウス（会議の家）」には、ビロップ大佐という人物が住んでいた。アメリカ独立戦争のさなかの1776年、この館で和平協議が開かれた。植民地軍の敗戦は近いと考えたイギリスのハウ提督は、植民地側がイギリスに忠誠を誓えば戦争は終結させようと提案する。しかし、ベンジャミン・フランクリンはこれを拒絶。和平交渉は決裂し、戦争はさらに激しくなっていく。この時以来、ビロップ家はイギリス軍兵士の秘密の隠れ家となった。台所は、負傷したイギリス兵を治療するための仮設の病院として使われていた。
　命を落とした者は、敷地内の墓標のない墓に大急ぎで埋葬された。植民地側の人々は、ビロップがイギリス人を助けているのではないかという疑いを持っていた。イギリス軍に通じていたという容疑で多くの逮捕者が出るに至り、ビロップは屋敷の中に密告者がいることを確信する。使用人の15歳の少女が窓際にランプを置いていることに気づいたビロップは、少女が近くのセントピーター教会にいる愛国者たちに合図を送っているに違いないと考える。激高したビロップは少女を階段から突き落として殺し、遺体を庭に埋めて逃走した。あとには、疑いを持たれて殺された少女の霊が残され、ビロップの旧宅にひっそりと取り憑いている。ここを訪れた多くの人々が、男の怒鳴り声、少女の悲鳴、人が階段を転げ落ちる音を聞いたと言っている。その階段に背を向けて立つと、足を引っ掻く人の手を感じることすらあるという。一方、イギリス兵の亡霊たちも、カンファランス・ハウスの庭や台所を落ち着かなげに歩き回っていると言われている。

> 階段に背を向けると、断末魔の苦しみの中であなたの足を引っ掻いてくる彼女の手を感じるかもしれない。

▲屋敷の階段には、石油ランプを持った少女の幽霊が出ると言われている

ゲティスバーグ　ペンシルヴェニア州・アメリカ

南北戦争の激戦地には、何千人もの戦死した兵士たちの霊が取り憑いている。

ゲティスバーグの国立軍事公園では、この数十年間に何百もの人々が幽霊を目撃してきた。超自然現象の調査は何度となく行われている。訪れた人の多くが報告するのが、聞こえるはずのない負傷した兵士のうめき声と恐ろしげな幽鬼たちだ。ぞくぞくとする不気味な雰囲気が漂っていることは否定のしようがない。ゲティスバーグの戦いはアメリカ独立戦争の転換点となった。激しい戦闘は3日間続き、1863年7月3日、戦いが終わったとき、戦場に横たわる戦死者の数は、合衆国軍、連合国軍合わせて数千人にのぼった。さらに、それを上回る何万人もの負傷者がいた。3日間に及ぶこの大量殺戮がアメリカの歴史を変えた。大砲の硝煙がおさまると、北軍の兵士は勝利に酔いしれたが、戦場には、何千人もの兵士や軍馬が絶命し、あるいは瀕死の状態で倒れていたのである。

南軍の兵士の多くは、まともに弔われることもなく埋められた。彼らの霊は穏やかに眠ることもできず、いまだにゲティスバーグを彷徨しているとささやかれている。彼らは古戦場に現れることもあれば、町中に出現することもある。幽霊兵士たちが、攻撃の機会を窺って草むらに身を潜めたり、敵に見つからないように木立に身を隠しながら行軍したりしている。なにかの曲を奏でる口笛が聞こえたり、タバコのにおいが漂ってきたりすることもある。進軍する力も尽きてあてもなく歩き回る者や断末魔の苦しみに悶絶する者の姿が見えることもある。

古戦場の近くにあるダニエル・レディ農場は、南軍兵士のための野戦病院として使われていた。ここで元気になった者もいるが、多くは死んでいった。南軍のアイザック・ユーエル将軍と1万人を超える兵士の幽霊がこの農場に取り憑いていると言われている。一方、市街地にあるゲティスバーグ・ホテルにもたくさんの亡霊がいるという。ホテルのダンスホールでダンスを踊っている女性の幽霊もその1つだ。戦争に行った恋人が帰ってくるのを待ち焦がれているという。恋人が致命傷を負って助からないことを知った彼女は、大量に酒を飲んで死んだと伝えられている。

▲南軍ワシントン砲兵隊の二等兵、アンドリュー・ブレイクリーの肖像

▼ゲティスバーグの戦い後、戦場に横たわる南軍兵士の死体。1863年

ハルハウス　　イリノイ州シカゴ・アメリカ

この屋敷の屋根裏部屋に取り憑いているという邪悪な存在から、『ローズマリーの赤ちゃん』の発想は生まれた。

ハルハウスの最初の所有者、チャールズ・ハルの妻が1860年にここで亡くなった。その後、家中の部屋に彼女の幽霊が現れるようになった。だが、それよりもっと悪い力を持った霊もここには潜んでいると言われている。この不気味な存在からヒントを得たアイラ・レヴィンは、有名な小説『ローズマリーの赤ちゃん』を書いた。

1889年、ジェーン・アダムズとエレン・ゲイツ・スターがこの建物を買い取り、ヨーロッパからの移民のための避難所に改装した。その直後からアダムズは、超自然的なものの存在を感じている。長年、数多くの幽霊話が語り継がれてきた。例えば、1913年、地元のシカゴの酒場で、ある酔っぱらいが、妊娠した妻が壁に飾った聖母マリアの顔を拝むくらいなら悪魔と同居したほうがましだ、と騒いだ。この出来事にはたくさんの証人がいる。まもなく生まれた子どもは、耳がとがり、肌はうろこのようで、足には2つに割れたひづめがあったという。母親はその悪魔の子をハルハウスに預けた。子どもは屋根裏部屋に閉じ込められ、やがて死んだと言われている。そんな事実はないとアダムズは否定したが、この話を信じている人は少なくない。床を歩くひづめの音が聞こえ、赤ん坊の凶悪な目が部屋の隅の暗がりからこちらをにらんでいるという。現在も、この悪魔の赤ん坊の声を聞いた者にはたたりがあると言っている人がいる。

◀「反キリスト」の誕生を描いた中世後期の木版画

独立記念館　　フィラデルフィア・アメリカ

数々の妖しい物語が伝わるフィラデルフィアは、アメリカで最も幽霊の多い都市だと考えられている。

フィラデルフィアの独立記念館では、ベンジャミン・フランクリンその人の幽霊がふわふわと漂っている。少なくともそうだと言われている。ある冬の晩、警備員が施錠をしている最中に時計塔で非常ベルが鳴る。警備員がそちらに向かって角を曲がると、18世紀風の衣装を身につけた男がすっと壁の中に消えるのを見た、という話が地元には伝わっている。ほかにもこの建造物の中で霊を見たという報告はたくさんある。よほど現世に未練があるのか、フランクリンの霊はフィラデルフィアのほかの場所でも目撃されている。彼が埋葬されているクライスト教会の墓地もそんな場所の1つだ。フランクリン以外では、作家のエドガー・アラン・ポーの亡霊の話もある。この怪奇小説の大家はフィラデルフィアに住んでいたことがある。彼の不可思議な幽霊は、北5丁目にある彼の家の片隅に潜んで、訪れる人々の背筋をぞくぞくと凍らせているという。ペンシルヴェニア病院の前には、ペンシルヴェニア植民地の創設者、ウィリアム・ペンの銅像が建っているが、この像から彼の霊が出てきて、周囲の庭や建物のまわりを歩き回っているのが目撃されている。また、アカデミー・オブ・ミュージック歌劇場では、空の客席の椅子がまるで人が座っているかのようにへこんでいた、天井桟敷席に座っていたら誰もいないはずなのに後ろからつねられたり髪の毛を引っ張られたりしたという。

▲建国の父フランクリンの幽霊がいる独立記念館

ベル・ウィッチの洞穴　テネシー州・アメリカ

この洞穴では、説明のつかない物音や何者かが不明瞭にささやく声が聞こえたり、物が勝手に動いたりする。

▲ベル・ウィッチの洞穴の入口。異世界への入口だと信じている人もいる

テネシー州アダムズの、レッド川を見下ろすアメリカ先住民の埋葬塚。その頂上にあるベル・ウィッチの洞穴は奇妙な場所だ。もともとは、19世紀に農場を経営していたベル家が所有する土地の中にあった。一家の人々は、ベル家の魔女（ウィッチ）と呼ばれる悪霊に悩まされていた。

この農場に悪霊が現れ始めたのは1817年。誰もいないのにドアをノックしたり引っ掻いたりする音が聞こえる、鎖をずるずる引きずる音がする、木の床の上に石が落ちてくる、といった現象が起こりだす。一家は、ごくごく喉を鳴らす音やむせるような音も耳にした。ベル家の人々は、恐怖に震えながらも、最初は誰にもこのことを話さなかった。しかし、ついに耐えられなくなって、近隣の人々を家に招き、これらの怪現象が本当に起こっているという証人になってもらうことにする。いったい何が起こっているのかを調査する委員会がまもなく組織され、ベル家の人々を恐怖に陥れているパワーを自ら体験しようという人々が、かなり遠くからもやってくるようになった。そしてついに、悪霊はひそひそとしゃべり始め、自分は、魔女ではないかという疑いをかけられて死んだケイト・バッツである、と名乗った。それから3年間、ベル・ウィッチは、毎日のようにベル家の人々を悩ませたと言われている。魔女は、つねる、引っ掻く、あるいはたたいたり針を刺したりして娘のベッツィを苦しめた。また父親のジョン・ベルに呪いをかけた。彼は、理由もなくどんどんやせて弱っていた。そして1820年12月にジョンは亡くなる。彼の死後、魔女の霊はすぐに農場から去って洞穴に戻っていったらしい。

訪れるなら
夏の見学ツアーの最終回（午後4時45分）がおすすめ。妖しい現象はこの時刻に始まると言われている。

チャールストン　サウスカロライナ州・アメリカ

アメリカ南部のうだるように暑いこの都市には、広壮な古い建物や庭園にまつわる気味の悪い物語が数多く伝わっている。

チャールストンの歴史地区には幽霊の出る場所がたくさんある。最もよく知られているのがクーパー川に架かる橋だ。ある家族を巻き込んだ悲劇的な事故が起こった現場である。1946年、船が橋脚に衝突して橋が崩落した。5人家族を乗せた車が川に真っ逆さまに転落し、全員が溺れ死んだ。2005年、古い橋は取り壊され、新しくアーサー・ラヴェネル橋ができたが、この悲劇との関わりが消えることはなかった。1940年代の自動車に乗った家族の幽霊を見たと語る人がときどき現れる。亡霊たちは川をじっと見つめ、それから悲鳴をあげて姿を消す。チャールストンのバッテリーキャリッジハウスインというホテルにもいくつか幽霊がいるという。首のない亡霊を見て飛び降り自殺をした屋根職人がいたという話があるほか、10号室に泊まった女性客が、上等な服を着た若い男に髪を触られたが、男は煙のように消えてしまったこともあるという。これは、自分を捨てた恋人が自分の大親友と結婚してしまったという若い男の霊だと考えられている。絶望した若者は自殺し、その魂はこのホテルに取り憑いて永遠に「理想の女性」を探し求め続けるのだという。ジョゼフ・ブラウン博士という、1780年代にチャールストンでたいへん評判の高い診療所を開いた人物に関する話もある。ラルフ・アイザックスという男と知り合って間もなく、ブラウンはその男の下宿に引っ越した。チャーチ・ストリート59番地。家を所有していたのは年配の2人姉妹だった。姉妹は新しい下宿人を崇拝し、弾むように階段を上っていきながらブラウンが吹く楽しげな口笛にうっとりと聞き惚れるようになった。ところがラルフは嫉妬し、それがついに決闘騒ぎにまで発展してしまう。ブラウンは友人を傷つけることのないように銃を上に向かって発射したが、アイザックスはブラウンの膝のすぐ下を狙って撃った。数週間後ブラウンは死んだ。今でも彼が口笛で吹くメロディーと足音を聞いたという人がいる。

> 自動車でその橋を渡っているときに、1940年代の古い自動車を見かけたと言う人々がいる。車の中には、蒼白い顔をした生気のない家族の幽霊が座っているという。

▲サルオガセモドキが木から垂れ下がり、崩れかけた石の墓標が並ぶ。チャールストンには幽霊話にぴったりの雰囲気がある

マートルズ・プランテーション ルイジアナ州・アメリカ

建物の中を落ち着かなげに幽霊たちが歩き回り、オークの木には縛り首になった死体の幻がぶら下がっている。

このプランテーションの優雅な建物には、嫉妬、恐怖、殺人をめぐる暗い秘密が隠されている。最初の住人は判事を務めていたウッドラフ。女たらしとして悪名の高かったウッドラフは、クロエという奴隷を誘惑して情婦にする。判事の愛を失うことを恐れたクロエは、彼がほかの奴隷に目をかけることがないようにと、四六時中主人の様子に聞き耳を立てていた。ある日、ウッドラフは、クロエが鍵穴に耳を当てて盗み聞きしているのを見つけ、彼女の片耳を切り落とす。その日から、クロエは緑色のターバンを巻くようになった。クロエは、ある誕生パーティーで判事の妻と娘たちに弱い毒を盛っておき、具合の悪くなった彼女たちを奇跡的に治療してみせたら判事の愛を取り戻せるのではないか、と考えた。だが彼女は妻と娘たちを死なせてしまう。とばっちりを恐れたほかの奴隷たちは、クロエを1本のオークの木に吊して縛り首にし、死体はミシシッピ川に流した。その場所には、緑色のターバンをした女とすすり泣く子どもたちの幽霊が出ると言われている。太陽が顔を出し、クロエが縛り首になったという木の枝に朝日が当たるころ、クロエの死体が、吸血コウモリのように逆さまにぶら下がっているのが見えたという報告もある。クロエの死体は見つけた者をおびき寄せ、魂を乗っ取るのだという。

◀縛り首の木は幽霊が出ると言われる事が多い

ウィンチェスター・ミステリー・ハウス カリフォルニア州サンノゼ・アメリカ

秘密の通路が迷路のように入り組み、いたるところに行き止まりがある。取り憑く相手を求める悪霊を欺くためだ。

銃製造業界の重鎮だったウィリアム・ワート・ウィンチェスターの未亡人サラ・ウィンチェスターの住まいだった広大な屋敷。サラは、この家がウィンチェスター銃の犠牲者となった人々の霊に呪われていると信じた。彼女は、霊たちが家に取り憑いてしまうのを防ぐには永遠に増築や改築を続けるしかないと考える。1884年から彼女が亡くなる年の1922年まで、工事は絶え間なく続けられた。

サラは、霊たちを罠にかけたり混乱させたりするためにさまざまな仕掛けを取り入れた。どこにも通じていないドア、開けても屋外ではなく家の中が見える窓、秘密の通路が隠されたくねくねと曲がりくねる廊下。悪さをしかけようとしてついてくる幽霊をまごつかせるために、サラはそのような通路にすっと身を隠すのだ。彼女は、降霊会を行うための専用の部屋まで持っていた。亡くなった夫や生後わずか6週間で死んだ娘の霊魂と交信するためである。と同時に、善意の霊と心を通じておき、よく働いてもらうためでもあった。サラにとって13という数字には霊的な意味があった。この家のいたるところに13という数が潜んでいる。腕木が12本あったシャンデリアを、彼女は、13本のロウソクを灯せるようにつくり替えさせた。台所の流しは排水口の穴の数まで13になっている。彼女のこだわりに敬意を表して、13日の金曜日には大きな鐘を必ず13回鳴らすことになっている。

▲サラ・ウィンチェスターの肖像。彼女は、完成していない家には霊が居着かないと信じていた

ボディ　カリフォルニア州・アメリカ

幽霊の出る場所

ゴーストタウンと化した金鉱町のほこりっぽい通りには、19世紀の住人の霊が何人もたむろしている。

1859年、ウィリアム・S・ボディが金を発見したこの場所は、まもなくボディ・ブラフと呼ばれるようになった。19世紀末には、一発当ててやろうと狙う人間や賞金稼ぎ、山師、商店主、強盗、売春婦が世界中から集まってきてこの町に住みついていた。売春宿、賭博場、阿片窟も含めて酒を飲ませる店が65軒もあった時期もある。ボディはありとあらゆる悪徳の巣窟だった。

20世紀中ごろになると、ボディは急速に廃れていった。わずかに残っていた住人も、がたの来た家を見捨てて出ていくと、幽霊が出るという噂が広まり始める。あばら屋に盗みに入った者は悪運や悲劇につきまとわれると言われた。

幽霊話にはさまざまなパターンがある。町の墓地を訪れたある男は、娘が誰か姿の見えない相手とクスクス笑いながら遊んでいるのに気づく。「ボディの天使」と呼ばれる子どもの霊だ。1897年に誤ってつるはしで殺されてしまった子だという。

グリーン通りとパーク通りの角に立つ家に関する話もある。この家を建てたケイン氏という人物は、中国人の女中を雇っていたが、2人は「できて」いるという噂が広まる。ケイン氏の妻は即座に女中に暇を出す。次の仕事が見つからず、独りぼっちで一文無しになった娘は自らの命を断った。この女中が今でもこの場所に取り憑いているという。亡霊が建物の2階にある寝室を掃除していた、家の中に不可思議な楽の音が流れていた、女中とケイン氏の霊が麻雀をする音が聞こえた、と証言する人もいる。

> 幽霊になった女中とケイン氏が麻雀をしている。牌がガラガラいう音を聞いたと主張する証人もいる。

▼カリフォルニアのゴールドラッシュの終焉とともに金鉱で働いていた人々が去り、たくさんのゴーストタウンが残された

ハリウッドの五大幽霊スポット

ハリウッドの映画スタジオや墓地、スター御用達のホテルには、華やかで魅力的な幽霊たちが住みついていると言われる。お気に入りの場所をたびたび訪れ、栄光と名声の日々を思い起こしているのだ。

1. **ルーズベルト・ホテル**：1953年の映画『地上より永遠に』のリハーサル中、モンゴメリー・クリフトがここに滞在していた。彼の幽霊は、9階の928号室で台詞を覚える合間にトランペットを吹いたり廊下をゆったりと行ったり来たりしている。涙を流すマリリン・モンロー（左）の姿が、エレベーター脇にある全身鏡に現れるのを見たと言う人もいる。この鏡は、もともとモンローが使っていたプール付きのスイートルームに備えられていたものだ。

2. **カルヴァー・スタジオ**：トーマス・インスの映画スタジオとして有名なこの場所では、『風と共に去りぬ』をはじめとするたくさんの映画がつくられてきた。インス（左）は、新聞王ウィリアム・ランドルフ・ハーストが所有するヨットに乗船中、謎の死を遂げた。ハーストに射殺されたという噂も流れた。伝説によれば、スタジオの経営者が代わるたびにインスの幽霊が壁を通り抜けて現れ、ポルターガイスト現象を引き起こすという。

▼ハリウッド・フォーエヴァー墓地にはたくさんのハリウッドスターたちが静かに眠っている

❸ ハリウッド・フォーエヴァー墓地：スターたちが眠るこの墓地には、俳優のクリフトン・ウェッブ（右）の幽霊が出るという噂だ。「アビー・オブ・サーム」と呼ばれる霊堂に、不思議な光の球が現れたり、すっと冷たい風が吹き抜けたり、オーデコロンの香りが漂っていたりするという。ルドルフ・ヴァレンティノの墓のそばにひざまずく女性の亡霊は、ディトラ・フレームという熱烈なファンだと信じられている。赤いバラを1輪置いてどこへともなく消えるのだという。

❹ パンテージズ劇場：深夜になると、誰もいないこの劇場で歌う女の声が聞こえるという。1932年に、ここでミュージカル映画を見ている最中に亡くなったファンだ。1994年にここでミュージカルがライブで上演されているときには、マイクロフォンがその女の声を拾っていたとも言われている。この劇場を1949年に買収したハワード・ヒューズ（右）の幽霊が2階のオフィスに現れると言う人もいる。

❺ パラマウント・スタジオ：女心を虜にしたサイレント映画の二枚目俳優、ルドルフ・ヴァレンティノ（右）は、『シーク』に出演したときのアラブ風衣装に身を包み、フォーエヴァー墓地を抜け出して、隣接するパラマウント・ピクチャーズの衣装部にやってくると言われている。映画『ポルターガイスト』に出演したヘザー・オルークは痛ましくもわずか12歳で亡くなった。彼女の霊は、生前撮影の合間に遊んでいたキャットウォークを走っていると言われている。

人形島　メキシコ

もげた首、手足のない胴体。謎めいた島に背筋を凍らせる不気味な気配が漂う。

　メキシコシティの南部にあるソチミルコの運河に、人形島と呼ばれるじめじめした小島が浮かんでいる。気味の悪い姿の人形たちがこの島の木という木の枝にぶら下がっている。ちぎれた手足、切り取られた首、四肢を失った胴体。古び方はさまざまだが、どれもかすかな風にゆらゆらと揺れている。島中どこへ行っても、何百ものうつろな目に見張られているようだ。

　人形が姿を現したのは50年ほど前だ。ドン・フリアン・サンタナという妻を亡くした男が、この島に居を構えてからのことである。運河で溺れ死んだ少女の幽霊に悩まされたこの男が、少女の霊を慰めるために木の枝に古い人形をぶら下げた。だが、1本の木に1体の人形だけでは、男の不安を解消するには不十分だった。少女の幽霊はいっこうに去らず、人形をたくさん捧げれば死んだ少女はそれだけ喜び、自分を悩ませる可能性も減るだろうとサンタナは思い込む。運河に浮かんでいる人形を見れば拾いあげ、町のゴミ捨て場をあさり歩いて人形を集めた。人形の祭壇をつくるために、ついには家庭菜園で育てた野菜と人形を交換してもらうこともあったという。

　2001年、少女が溺死したのと同じ運河でサンタナが死んでいるのを、彼の甥が発見した。島の人形たちに苦しみもだえる霊が住みつき、この老人を取り殺してやろうと共謀したのだという噂がささやかれるようになった。島を訪れた人々は不気味な気配を感じると言う。なかには、背後から自分の名を呼ぶ人形のささやき声が聞こえた、と言う人もいる。この島から出るときには人形たちに捧げ物を残していくこと。さもないと……

> 島から出るときには人形たちに捧げ物を残していくこと。さもないと……

▲風雨にさらされ、虫に食い荒らされ、苔に被われた人形たちは、ホラー映画に登場する悪霊の子どもたちのようだ

ラ・セグア

カルタゴ・コスタリカ

復讐鬼と化した女が、カルタゴの売春宿を出て帰宅する不実な男たちを襲う。

植民地時代にコスタリカの首都だったカルタゴでは、美しい女の姿で誘惑したかと思うと、恐ろしい雌馬の化け物に変身する亡霊が通りに出没すると言われている。

言い伝えでは、17世紀末、この町に住むスペイン人とインディオの混血の娘が、ハンサムなスペイン人士官に恋をしたという。美しい白い肌、黒髪、黒玉のような瞳にたまらない魅力を感じた士官は、もし特別な関係になってくれるなら結婚しよう、と約束する。カトリックの家庭で育った娘だが、家族にはなにも知らせぬまま、普段の貞淑な道徳観念も捨て去って、彼女は男の要求に応じる。ところがまもなく、このスペイン人士官は町を去り、母国に帰って音信不通となってしまう。恋人を失った悲しみと家族の名誉を汚した罪悪感から、娘は憔悴しきって死んでしまった。そして今、彼女の魂は、中央アメリカでラ・セグアと呼ばれる悪魔となり、カルタゴの町の通りに出没して男を襲うと言われている。不実な男を探し出しては死におびき寄せるのだ。最もよく聞かれるのは、ラ・セグアが深夜、酒場や売春宿から出てくる男を待ち伏せして餌食にするという話だ。ラ・セグアは暗がりから男たちに声をかけ、家まで送ってくれないかと頼む。その声と顔のあまりの美しさに魅入られ、男たちは抵抗することができない。馬に乗っている場合でも歩いている場合でも、灯りのない通りにさしかかると、ラ・セグアはタバコがほしいと言う。快くその要求に応じて男が彼女の方に顔を向ける。と、目の前には見るも恐ろしい化け物がいるのだ。血まみれの馬のしゃれこうべ。眼窩には猛火のようにぎらぎらと燃える真っ赤な目。あまりの恐怖に、男たちはショック死するか、放埓な生活はやめようと決心するのだという。

> 誘惑する甘い声と美しい顔に魅入られ、男たちは抵抗することができない。

▼美しい悪魔に顔を向けたカルタゴの男たちは、死ぬほど恐ろしい渋面をつくった馬のしゃれこうべを見ることになる

幽霊の出る場所

チェイス家の地下墓所　バルバドス

豪華な墓で見られるポルターガイスト現象は、殺された子どもたちの魂が引き起こしていると考えられている。

1800年代の初めごろからバルバドスで起こっている超自然現象の中心となってきたのが、オイスティンズという町のクライスト教会墓地にある、ある一家の地下墓所だ。物語のきっかけは、連続して埋葬された子どもたち。1808年のアン・マリア・チェイスに続き、1812年には妹のドーカスが埋葬された。さらに弟のトーマスの葬儀で地下墓所を開けてみると、明らかに姉妹のひつぎが動かされていた。1816年と1819年にも、墓を管理する寺男が同様の異常を見つけた。そして、姉妹の父、チェイス大佐が少女たちを殺害したために地下墓所は呪われているのだという噂が広まる。そのため、バルバドス島の総督は調査を命じる。人夫を駆り出し、墓の内部に侵入者があれば足跡が残るように、床に塩をまかせてから墓に封をさせた。8ヵ月間封は破られなかったが、その間島の人々は、中から奇妙な音や叫び声が聞こえたと報告している。地下墓所を再び開けてみると、ひつぎはあちこちに移動していたが、墓の封が破られた形跡はまったくなかった。

この出来事に動揺したチェイス家の人々は、ひつぎを別の場所に埋葬し直した。けれども子どもたちの霊は今でもこの地下墓所に取り憑いていると言われている。この墓所を訪れるときには入口付近に塩をまいておく。霊たちは塩の粒を1つ1つ数えなければならない定めになっていて、その間人に害を加えることができないのだ。

▲崩れかけた墓が暗然と口を開け得体の知れない
エネルギーが放射されている

ポルターガイストの抑止方法　騒霊「ポルターガイスト」は、自分の存在を人間に知らせたがっている。部屋の四角や窓台に塩をまくのは、来られては困る霊を霊界に送り返すために昔から用いられてきた方法だ。乾燥したサルビアの葉を燃やすのも、このような騒がしい霊を退散させるのに効果的だと考えられている。

サリームガル城砦 ニューデリー・インド

女流詩人の霊の歌声が、この古い要塞で拷問を受けて死んでいった兵士たちの魂を慰める。

16世紀から17世紀にかけて、インド北部では、対立する王国同士が激しくぶつかり合い、国土を荒廃させる激しい戦闘が繰り返されていた。ヤムナー川河畔のサリームガル城砦では、たくさんの捕虜が処刑された。この砦では彼らの苦悶の足跡を今でも感じることができる。毎日のように、亡霊を目撃したとか、誰のものでもない悲鳴が聞こえたという報告がある。実際その城壁には実体のある邪気が染みこんでいるように感じる。

サリームガルの歴史の中でもおそらく最も陰惨な時期は、アウラングゼーブ1世の治世(1658〜1707年)のあいだだろう。この皇帝は砦を捕虜の拷問のために使っていた。看守たちは、犠牲者の血を使って石壁を洗った。ほかの囚人たちに自分たちを確実に待ち受ける運命を思い知らせるためである。

城壁の上を歩く白い衣装の女性の霊もいる。現れるのはたいてい夜だが、時には早朝にも目撃されている。アウラングゼーブの娘、ゼブニッサだ。優しく教養のある女性で、インドで最も美しい詩を詠んだ詩人である。兄のアクバルが父のアウラングゼーブに対して謀叛を企てたとき、ゼブニッサは、父の苛政を非難する書簡をアクバルに送った。娘の背信を知ったアウラングゼーブは、彼女をサリームガルに幽閉する。ゼブニッサは1701年、この砦で亡くなった。その亡霊が、自作の叙情的な詩を歌い、拷問で命を落とした不幸な霊たちはその声に聞き惚れるのだという。

第二次世界大戦のさなかから1947年にインドが独立を果たすまで、イギリスはインド国民軍のメンバーをここに収容していた。彼らは日本と協力してインドからイギリス人を追い出そうと考える独立運動の戦士たちだった。そのため捕らえられたメンバーは反逆罪で裁判にかけられ拷問を受けた。彼らの亡霊の泣き叫ぶ声が、今でも夜になると監房に響きわたると言われている。

> 看守たちは、犠牲者の血で石壁を洗った。

▼サリームガル城砦(左の建物)を描いた19世紀の水彩画。暴君アウラングゼーブに捕らえられた囚人たちは、ここで拷問を受けた

姫路城 兵庫県・日本

無念の自決を遂げた人々と運命に弄ばれた美女の魂が、優美な城の迷路のような通路をそっと歩き回っている。

神戸の西50kmに位置する姫路の町並みをはるか下方に見下ろす。その上に広がる姫路城は、14世紀に建設された中心部とその後の増築部分から成り立っている。敵の侵入を阻むために、内部が迷路のようなつくりになっている。今日でも、人気のない迷宮のような通路で、見学者たちは容易に方向を見失ってしまう。迷子になった見学者のなかには、石段や門に、悪意を持った何者かの存在を感じたと言う人もいる。土地の人々は、このような超自然的な体験を、城の血塗られた歴史のせいだと考えている。征夷大将軍が日本の支配者であった時代（1192〜1867年）、死刑は、作法に則って腹を切る切腹というかたちで執行されていた。天守の足元に腹切丸と呼ばれる建物があり、その下に井戸がある。流れた血を洗い流すために使われた井戸だという（注：腹切丸（＝帯曲輪(おびくるわ)）で処刑が行われたことはない。後述のお菊井戸は帯曲輪ではなく隣の上山里曲輪にある）。この井戸には、お菊井戸という呼び名もある。城主にかわいがられた献身的な女中のお菊にまつわる悲劇的な伝説にちなんでいる。城主は老いて身体が弱っていた。世継ぎの息子は老人に孝心を示すため、10枚の金の皿を贈る。女中のお菊は毎日この大切な贈り物を洗って磨きあげていた。ある日お菊は重臣の鉄山が謀叛を企てていることを小耳に挟み、その計画を主人に知らせる。

鉄山はうまく咎を受けずに立ち回ったが、お菊に報復することを誓う。そして大切な皿を

> 訪れた人のなかには、胸壁から飛び降りる幽霊の姿を見たと言う人もいる。

▼姫路城は白鷺城とも呼ばれている。翼を広げて飛翔する鷺のように見えるからだ

日本の幽霊にまつわる文化　日本人は、幽霊のことをいい加減に考えたりはしない。無念の死を遂げたり、きちんとした弔いの儀式をしてもらえなかったりした人間の魂は幽霊になる。生と死のはざまの世界に生き、死後の平安を渇望してやむことがない。もし現世への強い執着があれば、幽霊は姿を現す。幽霊にはさまざまなタイプがある。生前恋人に残虐な扱いを受けたりないがしろにされたりした女の幽霊は怨霊になって男に復讐しようとする。一度は強大な権力の座にありながらその力を奪われた貴人の霊は、御霊神となり、破壊的なパワーを持って復讐を果たそうとする。作物を枯らしたり天災を引き起こしたりする危険な霊である。

▲日本文化に深く根づいた鬼。能で使われるこの般若の面は、嫉妬に狂う女の霊を表現している

1枚盗み出した。皿が9枚になってしまったことをお菊が打ち明けると、城主は彼女が盗んだのではないかと疑う。お菊は裁きを受けて有罪とされた。そして鉄山に彼女の処刑の命が下る。鉄山は例の井戸のそばで彼女を犯したうえで刺し殺し、死体を井戸に放り込んだ。

　お菊の霊は復讐をせずに安らかに眠ることはできなかった。毎日朝まだきに肉体を失った彼女の声が聞こえてきて城主は目覚めるようになった。夜には皿を1枚2枚と数えていく。9枚まで数えたところで、悲鳴と泣き声が響きわたる。10枚目が見つからないからだ。毎晩繰り返されるこの騒ぎに耐えられず、ほとんど気が狂わんばかりになっていた城主は、ついにお菊がぬれぎぬを着せられていたことを知る。お菊の幽霊は、今でも夜になると井戸の中から現れると言われている。もし彼女の幽霊に出くわしたら、「10枚」と言えばよい。安堵したお菊はあなたに悪さをすることなく姿を消すのだそうだ。もう1つ、城の天守閣の普請を手がけた大工の棟梁に関する物語も伝わっている。桜井という大工の棟梁は、完成した天守閣が縁起の悪い方角に傾いているように思う。自分の仕事に納得できなかった桜井は取り乱し、のみを口にくわえて天守閣の上から身を投げた。城の戒壁から飛び降りる人の幻影を見たと言う人や、夕暮れ時にのみで木を削る音を聞いたという人は多い。

リペ島 タイ

この小さな島には、人気のない小道でちょっかいをしかけてくるいたずら好きな者たちがうようよしている。

▲人の頭を持つクモの精霊。そのモチーフはルドンの絵にも見られる

リペ島を二分する主要道路には妖しい力が働く場所があると言い伝えられている。土地の人々は、霊的なパワーが働いたと思われるさまざまな事例について詳しく話してくれる。例えば、島外からやって来たばかりの人が日暮れ時にその道を歩いていて地面に押し倒されたとか、自転車に乗っていた女性が身体をつかみ上げられ地面に下ろされた、あるいは道路にあったスクーターがジャングルに突進していくといった出来事だ。

この不思議なエネルギーの源は、あるココヤシの木だと言われている。タイでハトゥーと呼ばれる木の精霊の力だ。この木は結局切り倒され、材木として「バナナ・ツリー」というレストランの建設に利用された。すると、レストランと道路の両方が超自然的エネルギーの発生源となってしまったらしい。2人の少女が道路からレストランの厨房に入っていく海賊の亡霊の一団を目撃したり、レストランで食事をしている観光客が海賊の幽霊を見たり、といったことも起こるようになった。島のほかの場所でも不思議な現象が起こっている。島の北東の角にあるチャオ・レ墓地と隣接する観光客用のバンガローでは、ある女性客が人の頭を持つクモの化け物を目撃したと言っている。2人の仏僧が祈祷してこの霊を隣のラウィ島に追い払った。こちらは、住む人のない原野におおわれた島で、樹木や砂浜には、ワイタンと呼ばれる魔物をはじめとする物の怪が住みついていると言う。リペ島の精霊は無害だと考えられているが、ラウィ島に住むものたちは恐れられている。けっして赦されることのない罪を犯した者たちの霊だと言われるラウィ島の悪霊たちは、恩讐に囚われているのだ。

> **訪れるなら**
> 霊の活動が最も活発になる時期は12月から2月にかけて。

密陽(ミリャン)

慶尚南道・韓国

幽霊の出る場所

山あいの静かな町の通りで、見ず知らずの男に殺された娘の霊が迷っている。

ミリャン市を見下ろす嶺南(ヨンナム)アルプス山麓。その丘陵地帯を流れる川のほとりに2つの廟がある。有名な石碑のある嶺南楼と、16世紀にここミリャンで殺された娘の魂を祀る阿娘閣(アランガク)だ。

伝説によれば、アランはミリャンの地方長官の娘だった。裕福な男で、年老いた乳母を信頼して娘の付添を任せていた。ある日、1人のよそ者が窓辺で髪をくしけずるアランの姿を見そめる。たちまち彼女を自分のものにしたいという思いにとらわれた男は、老女に袖の下を握らせ、夕の散歩で娘を1人にすることを約束させた。

好機を狙っていた男はアランに跳びかかり犯そうとする。だが抵抗されて男は彼女を殺してしまい、遺体を林の中に埋めた。乳母は、アランがその若い男と一緒に駆け落ちしたものと信じて疑わなかった。一方悲しみにうちひしがれた父親は職を辞し、やはり町を去る。

> 新たに赴任した地方長官は霊の存在を信じていたので、アランの思いを受け止めることができた。

アランは自らの命を奪った者に復讐をし、父に真実を知らせたいと願っていた。そこで、新しい地方長官が赴任するたびに、その前に姿を現し、自分の身体が埋められた場所を伝えようとする。だが、どの地方長官も必ず、幽霊との遭遇に恐れをなして逃げ出してしまうのだった。しかしついに、幽霊を恐れない長官がやってきた。彼は、アランの話を聞き、彼女の遺体のある場所を知る。そして、きちんと弔いをしようと約束して彼女のために祠を建てた。その祠は現在はもうない。今の建物は同じ場所に新しくつくられたものだ。しかし、アランの物語は人々の心に残っている。毎年、彼女の魂が救いを見出したことを祝う祭りが行われている。

▼殺された娘の死体が埋められていた林に、こぢんまりとした廟が建てられている

紫禁城 北京・中国

中国でも最高の美しさを誇る宮殿は、虐殺された後宮の女たちの死霊や亡霊に呪われている。

紫禁城は、約600年間中国皇帝の居城だった。外部の者の立ち入りがいっさい禁じられていたこの場所で、策略家の廷臣や不忠な家来たちが汚職や陰謀を繰り広げ、目を覆いたくなるような残虐行為が行われてきた。1421年のある夜、中国の長い王朝史の中でも最も恐れられた統治者、永楽帝は、宮殿を警護する兵士たちに、後宮と関わりのある3000人近い人間を虐殺するよう命じた。このとき、北京には、この世界最大の宮殿の改築披露式典のために諸外国の高官が大勢訪れていた。後宮で発覚したスキャンダルを外国の使節に知られてしまうことを恐れた永楽帝が、関係者や証拠を完全に抹殺させたのである。

12、3歳の年若い娘までがめった切りにされ、磨きあげられた大理石の床に倒れて命を落とした。妃嬪の身の回りの世話をする宦官や召使いも、首を切り落とされたり、八つ裂きにされたりして血の海に沈んだ。永楽帝に特に寵愛されていた数人の妃だけが死を免れた。そのうちの1人崔氏の残した日記から、永楽帝の後宮の実態がやがて明らかになる。

役人の娘として朝鮮で生まれた崔氏が永楽帝の宦官の長である太監に連れられて紫禁城に入ったときには、14歳の処女だった。ほかの何百人もの少女たちと同様、初めは南京の宮殿に送られ、そこで愛の行為の手ほどきを受ける。崔氏のような寵姫ともなれば、富、名誉、豪華な衣装、宝飾品は思いのままだ。

宮廷に入る際に、崔氏は、皇帝の死後再婚をしてはならぬという証文をとられていた。永楽帝の葬礼当日、彼女は、帝の希望によりほかの15人の寵姫とともに殉死をさせられる。彼女たちは、紫禁城の広間の1つで、白い絹布でつくったひもで首を吊って殺された。このとき崔氏はまだ30歳だった。永

> 宮殿は、夕闇が迫る前に早々と閉門となる。夜の闇が降りると同時に、幽霊たちが姿を現すのだと言われている。

▼紫禁城の血なまぐさい歴史は、数多くの怨霊の物語を生んだ

秘められたパワー 紫禁城の建物の配置は風水の原則にしたがっている。風水とは、周囲の環境が持つエネルギーのバランスをとって、地形や住居、仕事場の調和を生み出すために考え出された古代から伝わる術である。古代中国の人々は、遍在するエネルギー「気」の流れが、宇宙にある森羅万象すべてのものを結びつけると信じていた。風は「陽」、すなわち能動的な力。水は、「陰」と呼ばれる受動的な力である。最近の中国企業も、成功と繁栄を願い、風水を用いて高層住宅やオフィスビルの方角や内装を決定している。

楽帝の死に伴い即位した息子の洪熙帝は、都を南京に戻す計画を立てた。しかしその目的を達成することなく、わずか1年で崩御する。多くの人々は、紫禁城の呪いのせいだと信じた。

現在、宮殿は日没よりもずいぶん早い時間に閉門する。日が暮れると同時に、亡霊たちが活動を始めると言われている。日中でも、宮殿全体に喪失感と悲しみが漂っている。兵士に追いかけられた白い衣装の貴婦人が、黒髪をなびかせながら廊下を逃げ惑うのを見た、という見学者もいる。悲鳴や泣き声、刀を打ち合う音が聞こえたという人や、磨きあげられた床の上に幻の死体が折り重なるように山になっているのを見たという人もいる。また、光の球や血だまり、風にはためく白い絹布などの目撃報告もある。

▲風水では、動物の像が悪霊を追い払うのに効果があると考えられている。対になった獅子が重要な出入口を守護する。彼らは、負のエネルギーを中和し、金運を上昇させてくれる

幽霊の出る場所

ヘックス・リヴァー峡谷の魔女　西ケープ州・南アフリカ

風光明媚なこの地方に広がるブドウ畑や山の中を、失った恋人を求めて孤独な亡霊が歩き回る。

南アフリカ西ケープ州のヘックス・リヴァー峡谷は、人里離れた美しい場所だ。ここに、恋人を死に追いやってしまい、悲嘆にくれる農場主の娘が幽霊となって現れると信じられている。その姿はほとんど見えないという。あまりにも色が淡く、そのうえとても内気なのだ。なんとか声だけは聞くことができる。ただし、非常にかすかな声である。

この亡霊は、恋人のフランスを探し求めるエリサという若い娘の霊だと言われている。伝えられるところによれば、美しいエリサから結婚の承諾を得ようと多くの求婚者が現れたが、彼女の心を射止めたのは若い教師のフランスだった。彼の愛を試そうとして、エリサは、山奥の断崖に咲く珍しい赤い花を摘んできてくれと頼む。だが、フランスが花に手を伸ばした瞬間、足を滑らせて転落死するという悲劇が起こる。悲しみのあまりエリサは気がふれてしまう。ある晩エリサは、フランスを探して山に登り、岩棚の上に倒れ込む。夜明けとともに岩は崩れ落ち、彼女もまた転落して死んでしまった。

裸足で草むらをかき分けながらあとをつけてくる足音で、エリサがそこにいることがわかるそうだ。また、道ばたに置いたブドウの房から1粒だけ実が食べられていたら、彼女が通った証拠だという。

▲エリサが、珍しい赤い花を取ってきてくれと恋人に頼んだとき、悲劇が待ち受けていた

キンバリー市立図書館　南アフリカ

自殺した図書館司書が生前の職場に戻ってくる。彼はここで幸福と耐え難いまでの恥辱の両方を経験した。

現在はキンバリー・アフリカーナ図書館と呼ばれている、キンバリー市の歴史ある図書館では、たびたび超自然現象が目撃されている。館内を歩き回る男の足音が聞こえることもあれば、取り出そうとして手を伸ばすと、きつく書架に詰め込まれていたはずの本が勝手に落ちてくることもあるという。時代がかった服装をした男が通路を歩いているのを見たと言う人も多い。

この図書館には、稀少な古書の膨大なコレクションがある。19世紀末、ベルトラン・ダイアーという勤勉な司書がいた。彼は非常に貴重な書籍の修繕をこつこつと行っていた。だが彼は請求書の粉飾も行っていた。その事実が発覚すると、ダイアーは恥辱に耐えられずヒ素を飲んだ。彼は3日間苦しんだ末に死ぬ。

ダイアーの魂がいちばん愛した場所にとどまっている、と現在ここで働く司書たちは確信している。2012年、彼らは、墓碑銘のなかったダイアーの墓を探し出してきちんとした葬儀を執り行い、鎮魂のために墓石を建てた。

◀幽霊の出る図書館。手描きの彩色絵はがき

アグラス

西ケープ州・南アフリカ

南アフリカの先端にあるこの村は、「さまよえるオランダ人」の恐ろしい伝説の舞台だ。

血のように赤い帆を上げ、不気味に索具を垂らした幽霊船は、アフリカ大陸の南端アグラス沖の海域を永遠に航海し続ける。「さまよえるオランダ人」の伝説によれば、17世紀、この船の船長ファン・デル・デッケンは、どんな犠牲を払ってでも「嵐の岬」(当時喜望峰はそう呼ばれていた)を回ってやる、と心に決めた。吠え猛る暴風をものともせず、船員たちの訴えにも耳を貸さずに、舵輪に身体を縛りつけたデッケンは、拳を天に向かって突き上げ、自分は悪魔と契約を結んだのだと叫んで神を呪った。すると突然、一筋の光が黒雲を突き抜けて射してきた。光は甲板を照らす。恐れおののく船員たちは、精霊が光り輝く指で船長を指さすのを見た。神に逆らった罪で、デッケンは永遠に嵐の海を航海し続けることを運命づけられた。けっして陸には上がれないし、死ぬこともない。そして彼の船を目にした者に不幸をもたらす。多くの船乗りたちが、「オランダ人」を見たと主張している。そうするためには、鏡に映したその姿を見る以外に身を守る方法はない。

> この海域を航海する人間が「さまよえるオランダ人」を見たければ、その姿を鏡に映すしかない。

アグラス沖ではこの200年に、わかっているだけでも250隻の船が難破している。土地の人々は、この海域を「船の墓場」と呼んでいる。溺れ死んだ船乗りの幽霊に会ったという人は多い。また、不運な漂流者にまつわる話も数多く伝わっている。ある洞窟では、天使のような歌声と、家族を呼ぶ声がときどき聞こえてくる。それは、生き残ったものの、たった1人で死んでいった女性のものだと言われている。

近年、もやの立ちこめる夜には、アグラスの村の入口付近を歩く首のない男が目撃されている。村の人たちは、溺死して首を深海の悪霊に食い切られた船員の霊だと信じている。

▼南アフリカの先端にあるこの海域は危険に満ちている。多くの船乗りがここで命を落とした

モンテ・クリスト・ホームステッド
ニューサウスウェールズ州・オーストラリア

無数の悲劇的な出来事が起こったヴィクトリア朝風の大邸宅は、バラエティに富む幽霊話を生んでいる。

▲屋敷の中でしばしば目撃されるクローリー夫人は、銀の十字架を持っている

訪れるなら
閉館時間ぎりぎりに行くこと。通り過ぎるクローリー夫人のひんやりしたオーラに身震いすることだろう。

亡霊、不思議な光の球、ポルターガイスト、原因不明の騒音。モンテ・クリスト・ホームステッドの悲劇的な歴史が、このような現象を引き起こす。クリストファー・クローリーという農場主が1884年に建てたこの屋敷は、ジュニーの町を見下ろす丘の上にぽつんと1軒立っている。1910年に彼が死ぬと、妻のエリザベス・クローリーがこの家を相続した。夫の死から立ち直れなかったエリザベスは、生涯世捨て人のような生活を送る。2階の納戸を改装して礼拝堂をつくり、ひたすら聖書を読んで過ごした。噂では、虫垂炎になった盲腸が破裂して亡くなるまで、彼女はたった2回しか家を出なかったという。クローリー夫人の幽霊は、今もかつての家に取り憑いているらしい。ひんやりとした冷気が雪のようにしんしんと降ってくると感じたら、彼女が現れた証拠だと言われている。この屋敷では暴力的な事件が連続して起きている。それが別の超自然現象の引き金となっている。ある女中が2階のバルコニーから身を投げて死んだ。昔風のドレスを着た女がベランダを通り、女中が落ちたという階段に向かって歩いていくのが目撃されている。その階段には血がべったりと付いていたという。馬屋で働いていたある少年は、寝ているところを主人に焼き殺された。その少年の霊は馬車置き場に取り憑いているという。またハロルドという名前の知的障害を抱えた男の亡霊も庭をさまよっている。世話係の住む小屋に40年間鎖でつながれていたハロルドは、母親の死体の足元に身を寄せているのを発見され、精神病院に送られたが、まもなく死んだ。鎖の音が聞こえたら、彼の霊が近づいているという。

プリンセス劇場
メルボルン・オーストラリア

このヴィクトリア朝風劇場には、『ファウスト』出演中に亡くなったバリトン歌手の幽霊が取り憑いているらしい。

メルボルンのスプリング・ストリートにプリンセス劇場はある。ヴィクトリア朝風の壮麗な建物だ。19世紀の衣装を身につけた男が1人舞台にたたずむ姿がときどき目撃されている。誰もいない客席に向かってお辞儀をする様子は、生前とまったく変わらない。フェデリーチというあだ名で人々に親しまれていた有名なバリトン歌手、フレデリック・ベイカーの霊だと考えられている。1888年、フェデリーチは、この劇場でシャルル・グノーの歌劇『ファウスト』の、悪魔メフィストフェレスの役を演じていた。オペラ終盤、メフィストフェレスが戦利品のファウスト博士を連れて地獄に帰っていく場面でのことだ。舞台床の落とし戸が開き、フェデリーチは迫りに乗って奈落に下ろされる。フェデリーチの姿は観客の目の前から消えた。ところが降りていく途中で、このオペラ歌手はひどい心臓発作に襲われ死亡してしまう。歌劇が終わり、出演者たちは、舞台の下で起こった出来事にはまったく気づかないまま、いつものようにカーテンコールに応えた。舞台を降りたところでフェデリーチが亡くなったことを知らされ、彼らは驚愕する。彼らが言うには、ついさきほどまでフェデリーチも自分たちと一緒にお辞儀をしていたというのだ。それ以来ずっと、公演初日には、最前列の客席を1つ空席にしておくのが劇場の伝統となった。フェデリーチのための席だ。そしてもし、彼が正装して現れれば、その芝居は成功すると考えられている。楽屋では、出演者やメーキャップ係がこの歌手の幽霊を見ている。身につけている衣装はさまざまだ。また、舞台袖に立って出番を待ちながら、ステージを見つめているときもある。

> 正装した彼の幽霊の出現は、その芝居の成功を意味する吉兆だ。

幽霊の出る場所

▼悪魔をテーマにしたシャルル・グノーの歌劇『ファウスト』の場面を描いた絵。フランスの画家ジャン・セニュマルタン画

▲夜、凶悪な吸血コウモリが襲いかかる

吸血鬼の巣窟

ハイゲイト墓地　ロンドン・イギリス・イングランド

このヴィクトリア朝の共同墓地には、陽光降り注ぐ朝でさえ不気味な負のエネルギーが漂っている。

夜のハイゲイト墓地は、ロンドンで最も薄気味悪い場所の1つだ。突然冷たい風が吹きつけた、と言う通行人の証言もある。日中まだらに陽光が注ぐ小道の両側には、雑草だらけの家族用納骨堂や割れた天使像、ツタにおおわれた崩れかけの墓石が並んでいる。絡み合う草木にうずもれてひっそりとたたずむ黒ずんだ建物のなかに、吸血鬼の墓だと言われているものがある。

1970年、デイヴィッド・ファラントとショーン・マンチェスターという2人の若き吸血鬼ハンターは、この墓地が吸血鬼の巣窟であるという確証を得た。ファラントの説によれば、その吸血鬼は黒魔術を修得したルーマニア貴族で、18世紀にひつぎとともにイギリスへ運ばれ、ハイゲイトの丘の斜面に埋葬された。そして19世紀、ここに墓地が開設されると、納骨堂の1つに住みつくようになったという。

マンチェスターは、現代の悪魔崇拝者がこの魔物を目覚めさせてしまったので、その身体を見つけ出して杭を打ち込み、首をはね、焼き捨てなければならないと主張した。そして、1970年3月13日金曜日に作法に則って正式な吸血鬼狩りを行うと発表した。当日、夕暮れとともにロンドン中の吸血鬼ハンターが墓地に集結し、施錠された門を一斉に乗り越えた。だが、何も見つからなかった。

一方、ファラントは霊能者の協力を得て吸血鬼の墓がある場所を特定したと断言する。ある晩彼は、納骨堂の1つ（場所は未公表）に侵入した。1つのひつぎの重いふたを持ち上げ、横たわる遺体にいざ杭を打ち込もうとした。だが同行者に止められて、ファラントはしぶしぶふたを閉め、ニンニクを置いてその場を去った。それがどの納骨堂なのかは誰も知らないが、閉園間際の夕暮れ時にこの墓地を歩けば、ジェームズ・タイラー卿の家族用納骨堂付近で不気味な人影を見るかもしれないという。

> 吸血鬼ハンターたちが墓地に集結し、一斉に門を乗り越えた。

▼ハイゲイト墓地は、曲がりくねった小道の両側に豪壮な家族用納骨堂が立ち並ぶ死の都だ

クログリン屋敷 カンブリア州・イギリス・イングランド

イングランド北部にあるこの不気味な屋敷の窓をこつこつとたたく音から、古典的な吸血鬼物語が始まる。

カンブリア州の風が吹きすさぶ高原地帯にクログリンという古い村がある。ここでは氷のように冷たい北風が低い石塀にびゅうびゅうと吹きつけ、羊はかたく身を寄せ合い、農夫たちは長靴から雪を払い落として日暮れ前に急いで家の戸締りをする。住民たちの恐怖の根源——それは吸血鬼だ。1875年、オーガスティン・ヘアが、クログリン屋敷で起きたその吸血鬼にまつわる出来事を書き残している。ヘアの著作によれば、家主のフィッシャー家が当地を離れ他人に屋敷を貸し出したころから、恐ろしい噂が立ち始めたという。フィッシャー家の人々が転居するのとほぼ同時期に、姿は見えないが何者かが村にいるのではないかと言い出す人が次々と現れた。冬のあいだ空き家だった屋敷に、春になって2人の兄弟とその妹、アメリア・クランスウェルが越してきた。ある晩、アメリアは炎のような目をしたものが部屋の窓をたたいているのを見る。金縛りにあったように動けずにいると、窓が開いてその怪物は部屋に入ってきた。近づいてきたそれは、彼女の頭をのけぞらせ、喉に咬みつく。妹の悲鳴を聞きつけた兄たちが部屋に駆け込み、吸血鬼を教会の墓地まで追いかけたが、吸血鬼は納骨堂へと姿を消した。スイスで療養していたアメリアの身体が回復すると、兄たちは仇を打ちにクログリンへ戻った。例の納骨堂に足を踏み入れてみると、ひつぎは1つを除いてすべてふたが開いており、中の遺体がずたずたに引き裂かれていた。唯一ふたが閉じていたひつぎを開けると、そこには干からびた吸血鬼の姿があった。兄たちはそのひつぎを教会の前に引きずり出し、焼いて灰にした。

◀クログリン屋敷。今のクログリン・ロウ・ホール

ケアンゴーム山地 ハイランド地方・イギリス・スコットランド

この岩だらけの山地に潜む血に飢えた女吸血鬼が、不用心な旅人を死のダンスに誘い込む。

夜、松が生い茂るケアンゴームの山道を歩き回ってはいけない。大昔からブーバンシーという吸血鬼が出るからだ。「ハイランド地方の白い魔女」とも呼ばれるこの吸血鬼の住処は麓に近い斜面にあるが、深い雪に閉ざされた冬には、山頂から泣き声が聞こえてくる。伝説によれば、ブーバンシーは死者のよみがえりで、群れをつくって獲物を追うという。若い男をダンスに誘い、最初のキスで爪を相手の首に突き刺して血を吸いつくす。

こんな言い伝えがある。18世紀のこと、旅人の一行が林間に小さな空地を見つけて一晩野宿することにした。焚火にあたっていると、暗がりから4人の女が現れ、彼らをダンスに誘う。女たちが襲いかかろうとしたとき、旅人の1人は逃げ出して馬まで走った。彼は蹄鉄のおかげで難を逃れ（吸血鬼は金属を恐れると言われている）、女たちは夜明け前に姿を消したという。

スコットランドでは、ブーバンシーの出現をくい止めるにはその墓の上に石を積むしかないと言われている。確かに、ハイランド地方のあちこちには石塚がある。それを崩した者には命の保証がない。

◀なまめかしいブーバンシー。夜人を襲う

吸血鬼の巣窟

ブラン城　トランシルヴァニア・ルーマニア

敵を串刺し刑に処した中世の残忍な暴君が、このトランシルヴァニアの古城をさまよう。

トランシルヴァニアの嵐の空を貫くゴシック建築の尖塔——ここブラン城は、評判に違わぬ恐怖スポットだ。ドラクル公の息子ヴラド3世の居城は、ブラム・ストーカーのゴシックホラー小説『吸血鬼ドラキュラ』の舞台となった。

ワラキア公国の統治者だったヴラド3世は、侵攻するオスマン帝国に対して、この城を拠点にして戦った。たいへんな暴君で、8万人以上の男女や子供を拷問し、惨殺したと伝えられている。彼は、地面に鉄串を立てて並べ、囚人たちを城の小塔からその上へ落とすという処刑方法を好んだ。ドナウ川のほとりに林立する腐りかけの串刺し死体を見たオスマン帝国軍は、恐れをなして撤退したという。

盗人から謀反の疑いをかけられた貴族や堕落した聖職者にいたるまで、ヴラドは敵と見なした相手を片っ端から串刺しにした。城壁のそばで串刺し死体を眺めながら酒宴に興じたとも言われている。瀕死の罪人や死者の血を飲んだという言い伝えもある。

現在この城は、ルーマニアのマリア王妃が所有していた絵画や調度品などを展示する博物館として利用されているが、迷路のように入り組んだ通路や広大な敷地には、不気味な影が潜んでいる。妖気漂うチャペルは吸血鬼たちの隠れ家にうってつけだ。彼らは日が暮れるのを待ち、罪のない迷子の観光客を狙っている。勇気がある人は、ブラン城の「秘密の階段」を上ってみよう。

▲正装した串刺し公ヴラド3世を描いた16世紀の肖像画

▼トランシルヴァニアの森の奥深く、もやの中からブラン城の妖しい外観が現れる

スナゴヴ湖　　イルフォヴ県・ルーマニア

霧の立ち込めるこの湖畔に日が暮れかかるころ、串刺し公が生き血を求めて墓からよみがえる。

ルーマニアのスナゴヴ湖に浮かぶ小さな島。その島に建つスナゴヴ修道院へは、かつては船でしか行けなかった。今は本土から橋が伸びているが、それでもいまだに不気味でぽつんと隔絶した雰囲気が漂っている。湖から霧が立ちのぼる明け方に2度鐘が鳴り、扉がばたんと閉じられる音がする。だが、誰がそんなことをしているのかはわからないという。夜が明けると、孤独な吸血鬼がたった1人自分の墓に戻っていく、という言い伝えもある。

この修道院のフレスコ画や宗教画に囲まれて、串刺し公ヴラド3世（58ページ参照）が埋葬されている。ヴラドはオスマン帝国との戦争中だった1476年、敵対する貴族にこの近くの森の中で殺され、首をはねられた（注：戦死したという説もある）。オスマン帝国皇帝は、蜂蜜漬けにして今のイスタンブールに送られてきたその首を串刺しにしてさらし、串刺し公が死んだことの証しとした。

伝えられるところでは、1931年に彼の墓を掘り返してみると中は空っぽだったという。しかし、豪華に着飾った首なし死体が出てきたという説もある。どちらが真実にせよ、この簡素な墓石を見れば、吸血鬼が夜な夜なここからよみがえり、獲物を求めて橋を渡るというのは本当なのか、と思われるだろう。

> 修道院の鐘が2度鳴る――しかし、誰が鳴らしているのか知る者はいない。

▲ルーマニアの修道院にあるフレスコ画には、悪魔的な題材が描かれていることが多い

吸血鬼小説の古典　アイルランド人作家のブラム・ストーカーが1897年に発表した『吸血鬼ドラキュラ』は、世界中の映画や小説、舞台、絵画に影響を及ぼしてきた。吸血鬼のドラキュラ伯爵がトランシルヴァニアからイングランドに渡り、医師で吸血鬼ハンターのヴァン・ヘルシング教授と死闘を繰り広げる物語である。ヘルシングはドラキュラに狙われた美女ルーシー・ウェステンラ嬢を救い、ドラキュラ伯爵を倒そうとする。

カダン　ホムトフ・チェコ共和国

辺鄙な村に現れた吸血鬼は8晩に8人を襲い、心臓に打ち込まれた杭を自分で引き抜いた。

1337年、チェコのカダンにほど近いブロウという村でのこと。村人たちが吸血鬼と化した羊飼いに狙われていると言い出した。1687年の書物にも、死んだはずの羊飼いが墓からよみがえって8晩のうちに8人の村人の血を吸い、その全員が8日以内に命を落としたと記されている。

恐怖に駆られた村人たちはその墓を掘り返し、羊飼いの身体に地面に届くほど深く杭を打ち込んだという。だが、この吸血鬼はなかなか手ごわかった。「この棒切れは犬どもを追い払うのにちょうどいい」と笑いながら杭を引き抜き、その後も毎晩人を襲い続けた。

追い詰められた村人たちは地元の首切り役人に助けを求め、この死体を荷馬車で運び出して焼いてもらうことにした。荷馬車が猛スピードで村を出ると、死体がよみがえり、わめき散らしながら手足をばたつかせた。一行が暗い雑木林に入ると同時に、村人たちは荷馬車に駆け寄り、荷台の上で血が噴水のように噴き出すまで、吸血鬼に何度も杭を打ち込んだ。そして吸血鬼は荷車ごと燃やされた。それ以降、この村には平和が訪れたという。

◀吸血鬼物語では、死者が忍び寄って餌食にするのはたいてい眠っている人間だ

クリンガ　イストリア半島・クロアチア

17世紀のこの町で、1人の吸血鬼が住民たちの努力を嘲笑いながら、いくつもの家族を餌食にした。

1656年、イストリア半島クリンガでのこと。少し前に死んだはずのユレ・グランドという名の農夫と顔を合わせて命を落とす住民が連続したと伝えられた。この死人は毎晩、町のあちこちの家を訪れ、その度にその家の誰かが死んだという。ユレは恐怖におののく自分の妻のもとにも現れた。妻の話では、彼は笑みを浮かべ、首に咬みついたまま彼女を凌辱したという。

地元教会のジョルジオ神父は、この吸血鬼を退治してみせると誓う。ついに居所を突きとめた神父は十字架を掲げて吸血鬼と対決した。だが吸血鬼は少し涙を流しただけで、恐ろしい牙をむ

き出し、霧の中に消えてしまった。

ある晩、住民9人がランプ、サンザシの木でつくった杭、十字架を携えて墓地へ向かった。ユレのひつぎを開けると、そこには生きていたころそのままに笑みを浮かべた死体があった。彼らはその心臓に杭を打ち込もうとしたが思うように刺さらなかったので、のこぎりで首を切断した。すると吸血鬼は悲鳴を上げ、墓は血の海となり、死体は干からびて消えてしまった。

◀ユレ・グランドは妻を凌辱しながら、その首に咬みついて血を吸った

チェイテ城　トレンチーン・スロヴァキア

今は廃墟となったこの城の女主人は殺人鬼と化して何百人もの処女を惨殺し、その血を満たした浴槽に身を浸した。

この呪われた廃墟はかつて、血の伯爵夫人として悪名高いバートリ・エルジェーベト（1560〜1614年）の居城だった。1585年から1610年にかけて、この伯爵夫人は永遠の若さを求めて600人以上もの娘たちを殺した。

この連続殺人は、夫人の身支度を手伝っていた侍女が、誤って自分の指に針を刺したことがきっかけとなったと言われている。エルジェーベトは侍女の血が飛び散った自分の頬を鏡で見て、肌が若返ったように感じた。すると生き血を浴びたいという恐ろしい衝動が伯爵夫人を襲う。ほかの召使たちに手伝わせてこの侍女の喉を切り裂き、逆さまに吊るして流れ落ちる血を大桶で受けた。

毎日生き血を浴びれば永遠の若さが手に入ると信じたエルジェーベトは、召使として雇い入れようと言って娘たちを城に誘い込み、残忍な行為を繰り返す。生き地獄を味わいながら血を抜かれた者もいれば、殺された者もいた。新入りの侍女が飾り戸棚から女主人の宝石を取り出そうとすると、ナイフが飛んできて身体を戸棚に釘付けにされる。娘たちは時間をかけて苦痛を味わいながら死んでいき、その血は樋を伝って隣室の浴槽まで流れていく仕組みになっていたという。

エルジェーベトの残虐行為はやがて明るみになり、娘たちの死体が城の地下室や庭で見つかった。裁きを受けた彼女は扉も窓も塞いだ部屋に幽閉され、食事は扉に開けたたった一カ所の小さな隙間から差し入れられた。

それから4年後、エルジェーベトは息を引き取る。彼女の遺体はハンガリーのエチェードにある一族の墓地まで運ばれたというが、埋葬後も血を求めて夜ごと墓から出てくるとも言われている。真実はどうあれ、この伯爵夫人をめぐる話はあまりに恐ろしく、あまりにも衝撃的だ。そのため、地元の人々はこの城に近づこうとはしない。

▲悪名高き連続殺人鬼、バートリ・エルジェーベト

▼この不気味な城は、ブラム・ストーカーの小説『吸血鬼ドラキュラ』を翻案した1922年の映画『吸血鬼ノスフェラトゥ』の舞台として使われた

キシレヴォ　ブラニチェヴォ郡・セルビア

寒村の連続窒息死事件が役人を動かし、吸血鬼の存在を公に捜査する事態にまで発展した。

バルカン半島の吸血鬼は血を吸う者ばかりではない。眠っている人間の胸の上に座って窒息死させる吸血鬼がいると信じられている。1725年、現セルビアのキシレヴォ村で起こった出来事にはかなり信憑性があるという。ペータル・ブラゴイェヴィッチという男の死後、たった8日間で9人の村人が死んだ。その村人たちは亡くなる直前、死んだはずのブラゴイェヴィッチが一晩中胸の上に乗っていて息ができなかったと訴えている。ブラゴイェヴィッチの妻は、夫が現れて靴を欲しがったと証言した。怯えた妻は村から逃げだす。また、ブラゴイェヴィッチが家に戻って息子に食べ物を要求したが、それを拒んだがゆえに息子は殺されてしまった、という話もある。

村は大騒ぎになり、当局は司祭や役人たちから成る調査団をキシレヴォに派遣した。調査団はブラゴイェヴィッチが吸血鬼だという証拠──髪が伸びている、爪が長くなる、口が血まみれになっている──を求め、遺体を掘り起こして調べた。すると、埋葬されて40日が経過していたというのに、遺体には腐敗の兆候が少しも見られなかった。髭と爪はまだ伸び続け、皮膚はしぼんでいたがその下の組織は新鮮なままだった。

ためらうことなく全員一致で遺体に杭を打ち込むことにした。サンザシを心臓に突き刺すと、死体の耳と口から鮮血がほとばしったという。言い伝えによれば、この吸血鬼は血も凍るような断末魔の叫びを上げ、その身体は黒く変色してぼろぼろと崩れていった。キシレヴォの吸血鬼はこうして退治されたのである。

> 爪はまだ伸び続け、しなびた皮膚の下の組織は新鮮なままだった。

▼今でも多くの東欧諸国には、死んだばかりの人間が墓からよみがえって生者を襲うという言い伝えが残っている

ピラニ　ポドリマ・セルビア

この農業地帯には、吸血カボチャにまつわるロマ族の伝説が今も語り継がれている。

▲ロマ族には、死者と腐った野菜や果物を結びつける言い伝えが数多くある

訪れるなら
カボチャが腐り始める10月から12月のあいだ。

　セルビア北部ポドリマの肥沃な平原地帯に暮らすロマ族の人々は、満月の夜、戸外にそのままにされていたものがすべて吸血鬼に変身する、と昔から信じている。人間の頭の形に似たスイカやカボチャは特に変身しやすいという。これらの野菜は表皮によく傷がついていることがあるが、それは血が滴った跡なのだそうだ。

　また、収穫して10日以上経ったカボチャは、夜になるとぶるぶる身震いし始め、ぞっとするような唸り声をあげて家中を動き回るという伝説もある。ロマ族の民間伝承によれば、このお化けカボチャは普通の吸血鬼と違って血は吸わないが、人間の排泄物や抜け毛、フケ、切った爪などをがつがつとむさぼり食うという。さらに自分で血を流しては、しわが寄った表皮からその血を吸い上げると言われている。

　ポドリマのほかの地域にも似たような話がたくさんある。たとえばピラニの村には、生のカボチャをクリスマスが過ぎるまで放っておくと吸血鬼になる、という言い伝えがある。これはおそらく、死者と腐った野菜や果物を結びつけたロマ族の迷信に端を発したものだろう。変身したカボチャやスイカを退治する最良策は、煮立った湯に浸けることだと言われている。煮たらその湯を捨て、カボチャやスイカはたわしでゴシゴシこすってから捨てる。最後に、使ったたわしも燃やさなければならない。

シャンボール城

ロワール＝エ＝シェール県・フランス

スパイか、錬金術師か、吸血鬼か────18世紀の快楽主義者サンジェルマン伯爵をめぐる憶測。

シャンボール城の優美な居間や回廊を歩く際は注意されたし。あらゆる扉や秘密階段の陰に、ヴァンパイア伯爵が待ち伏せしているかもしれないからだ。サンジェルマン伯爵は、女性と宝石、そしてある者に言わせれば人間の血をこよなく愛した、経歴すら謎に包まれた人物だ。彼は18世紀中ごろのルイ15世統治時代、フランス宮廷に入り込んだ。当時はどんな過去を持つどんな人物なのか、その正体はまったく不明だったが、後にトランシルヴァニア公国君主ラーコーツィ・フェレンツ2世の子息を名乗る。王の愛妾ポンパドゥール夫人に不老不死の妙薬（おそらくは人の生き血）を差し出して、煙のごとく消えたという話もある。彼は姿を現すことも消すことも自由自在にできた。スパイ、錬金術師、あるいは吸血鬼だという噂も流れた。シャンボール城では、自分は何世紀も前から生きていると吹聴し、奇矯な性癖で人々を驚かせた。魔法のようにポケットからダイヤモンドを出し、人前ではけっして物を食べなかった。日中はめったに部屋から出なかったが、夜になると自らの音楽的才能を友人たちに披露することを好んだ。彼と関わりのあった人々のうち何人かは消耗性疾患で衰弱死している。ポンパドゥール夫人とその一人娘のアレクサンドリーヌも、若くして原因不明の病気で亡くなった。サンジェルマン伯爵は、吸血鬼を崇拝する狂信集団「ネフィリム」に属していると言われたオーストリアの歴代君主と、密接な関係にあった。フランス人作家ヴォルテールは、伯爵のことを「すべてのことを知り、けっして死なない人物」と言っている。20世紀には、アメリカ人作家のチェルシー・クィン・ヤーブロが、伯爵をモデルに小説『Hotel Transylvania』を著した。本物の伯爵同様、この小説の吸血鬼もエレガントで謎に満ちた快楽主義者として描かれている。

> 伯爵と関係のあった人々のなかには、謎の衰弱死を遂げた者たちも何人かいた。

▲伯爵サンジェルマンの居城だったシャンボール城

ラッツァレット・ヌオヴォ島

ヴェネツィアの潟湖・イタリア

ヴェネツィアに近いこの荒れ果てた死の島で、考古学者たちが吸血鬼の骸骨を発見した。

潟湖を隔ててヴェネツィアの向かいにある島ラッツァレット・ヌオヴォ。この自然保護区を訪れる観光客の目的は、鬱蒼とした草木や物言わぬ野生動物を観察することではない。2005年に考古学者たちが吸血鬼のものとおぼしき骸骨を発掘した共同墓地を見にやってくるのだ。この恐ろしい骸骨は年配女性のもので、顎にはレンガが押し込まれていた。これは、屍衣を食い破って出てくる吸血鬼を封じ込める、昔ながらの方法だ。

この島には暗く忌まわしい歴史がある。腺ペストがヨーロッパ全土で猛威を振るった15世紀後半、何千人もの人々がこの疫病で命を落とした。東方からの貿易船が疫病を持ち込むと考えられたため、ヴェネツィアに入るすべての船の乗員乗客はラッツァレット・ヌオヴォを含む潟湖の島々に隔離された。やがて死者の数がどんどん増え、これらの島々全体が大規模な墓地と化した。現在でも、この島々の土の成分は大半が人の遺骸だという。

当時、吸血鬼が疫病の原因だと考える者もいれば、死人を食らう吸血鬼が腐敗する死体に呼び寄せられてきたと信じる者もいた。こうした考えの根拠となったのは、墓掘り人たちの体験だ。疫病で死んだ人々の墓を掘り返した彼らは、今にもよみがえりそうに見える腐乱死体をたびたび目撃していた。しかし、当時は人体の腐敗プロセスがよく理解されていなかったため、膨張した胃から逆流した体液が死体の口から流れ出る様子を見て、生き血をたらふく吸った吸血鬼が口から血をしたたらせているのだと思ったのかもしれない。顔をおおっていた屍衣が食い破られたようにボロボロになっていたのも、布がバクテリアで腐食したからだ。石やレンガ、もしくは太巻きにした縄を吸血鬼とおぼしき死体の口に押し込めば、死体をおおっている布を食い破って吸血鬼が墓から出てくるのを防げると広く信じられていた。

▲2005年にラッツァレット・ヌオヴォで発見された、口にレンガを押し込まれた「吸血鬼」の骸骨

▼中世以降、ヨーロッパは疫病に見舞われ、人口が激減した

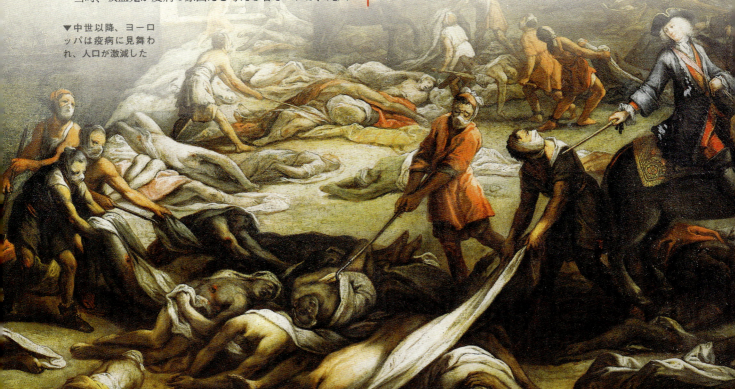

ミティリニ　レスボス島・ギリシャ

このエーゲ海の愛の島で発見された、城壁の中のひつぎに釘付けにされた骸骨の謎はいまだに解かれていない。

▲城壁の中に埋め込まれた石組みの墓で考古学者たちが見つけた「ミティリニの吸血鬼」は、首と骨盤と両足首に杭が打ち込まれていた

ギリシャの美しい島、レスボス。数ある神話や穏やかな海、鬱蒼と茂る松林で知られるこの島に不気味な墓がある。20世紀後半、島でいちばん大きな町ミティリニの北の港近くで、古いトルコ人墓地を発掘していた考古学者たちが恐ろしいものを発見した。古代の城壁の空洞に収められた石組みの墓から、1体の骸骨が出てきたのだ。

19世紀のイスラム教徒の埋葬地でよく見られるように、この墓地の遺体の大半は顔を一様にメッカの方角に向け、1メートルほどの深さに埋められていた。だが中年の男性らしきこの骸骨は、20cmの鉄の杭が喉と骨盤と両足首を貫き、ひつぎに釘付けにされていた。19世紀前半に訪れた旅行者が、この地には、吸血鬼と疑われる者が復活するのを阻止するために遺体を棺桶に釘付けにする風習がある、と報告しているが、ほかの墓とは離れた場所、それも城壁の中にイスラム教徒が埋葬されているという事実は知られていなかった。

この骸骨は、ヴリコラカスではないかと疑われた人物のものだと考えられた。ギリシャの民間伝承に人狼の姿で登場する怪物である。ヴリコラカスは、殺されると狼の牙を持った吸血鬼としてよみがえる。野生動物の血を飲み、人間をベッドから放り出して気を狂わせ、その身体をバラバラに引き裂くと言われる。生きているものなら何でも食べるモンスターだ。

レスボス島では、ヴリコラカスだと疑われた遺体は掘り起こされ、沖合の小島に埋葬し直された。ヴリコラカスは海水を泳ぎ渡ることができないと考えられていたためだ。遺体を焼くことは新たな呪いを招きかねないとして禁じられた（また、オスマン帝国統治時代には、火葬をした者は多額の罰金を科せられ処罰された）。ミティリニのこの骸骨は、吸血鬼退治の最後の手段は遺体をひつぎに釘付けにすることだった、と教えてくれる。

訪れるなら
日暮れ時。ミティリニの古い城壁に上れば不気味な体験ができる。

ブルブラカス岬　サッテリア・ギリシャ

人気の観光地の片隅に、死をもたらすヴリコラカスが最期を遂げた場所がある。

ミコノス島の観光地から遠く離れたところに、知る者も訪れる者もほとんどいない海岸がある。そのブルブラカス岬には地元の人間も近寄らない。なぜならここは、1701年に村人たちが吸血鬼と言われた男を火葬した場所だからだ。フランスの旅行家にして文筆家のジョゼフ・ピトン・ド・トゥルヌフォールが、この恐ろしい出来事を記録に残している。

住民たちの集団ヒステリーが火葬という結果につながったと言えるだろう。ある横暴な農場主が死んだ後、「夜になると悪臭を漂わせたおぞましい死体が家にやって来る」と村人たちが訴えるようになった。こういった家では、数日後に死人が出た。そのため人々は例の農場主が吸血鬼になったのだと信じた。

司祭が魔よけの祈祷をあげるなか、村人たちは遺体を掘り起こし、地元の肉屋がその心臓を切り取った。ところが、死者による夜間の訪問はさらに悪質さを増す。島中がパニックに陥った。そして、暴徒と化した村人の一団がその墓に集まり、再び遺体を掘り起こした。司祭が吸血鬼の口の中に聖水を注いでいるあいだに、村人たちは剣と短刀を墓に突き刺した。金属が吸血鬼の復活を阻止すると信じられていたからだ。

それでも事態は改善しなかった。村人たちは、最後の手段で吸血鬼を火葬することにした。人里から離れた海岸に火を焚いて、遺体に触れた物（棒や鋤、剣、遺体を運んだ荷車など）すべてを焼き、吸血鬼もついに最期を遂げた。はずだ。アギオス・ステファノス海岸とアギオス・ソスティス修道院との間にある、呪われた場所とも言うべきこの吹きさらしの海岸を訪れることができるのは、勇気ある者だけだ。度胸があれば、あなたもぜひ、行ってみてほしい。

▲火葬を目撃したジョゼフ・ピトン・ド・トゥルヌフォール

▼遺体と、それに触れた物すべてを焼却することが、吸血鬼退治の最後の手段

バプテスト教会 ロードアイランド州エクセター・アメリカ

悲しみに暮れた父親は死にかけた息子を救うために、娘の遺体から心臓をえぐり出して焼いた。

1892年のある日、ロードアイランドの教会墓地でマーシー・ブラウンの遺体が掘り起こされると、まわりで見ていた者たちは恐怖に息を飲んだ。遺体の口元から鮮血が滲み出ていたからだ。

その娘は、19世紀末に世界中で流行した死の病、結核で命を落とした。ジョージ・ブラウンの家では、ほかの家族も次々にその病に倒れていた。1890年から92年のあいだに妻と長女、そして妹のマーシーの3人がこの世を去り、息子のエドウィンも床に臥せていた。

一家の友人知人たちは、エドウィンの病気は吸血鬼の仕業だから妻と娘たちの遺体を掘り起こすべきだ、とジョージを説得した。いざひつぎを開けてみると、妻と長女の遺体はかなり腐敗が進んでいたが、最後に埋葬したマーシーの遺体は比較的変化がなかった。それはいかにも吸血鬼である証拠に見えたが、実際はニューイングランドの凍てつくような気候が原因だったと考えられる。マーシーの遺体から心臓を取り出し、墓のそばにあった平たい石の上で焼いた。そしてその灰を水と混ぜて、病気の息子に飲ませた。しかし、このおぞましい飲み物で少年を回復させることはできず、その2カ月後、彼も息を引き取った。

マーシーの墓があるチェスナットヒル・バプテスト教会という小さな教会と、彼女の心臓を焼いた石は現存している。その墓から少し離れて身を隠していると、墓地をさまようマーシーの幽霊が見られるかもしれないという。また、彼女の墓石を3回軽くたたいて「マーシー・ブラウン、あなたは吸血鬼ですか？」と問いかけると、彼女の霊が答えたり、姿を現したりすると言う人もいる。

> その墓石をとんとんとたたいて「マーシー・ブラウン、あなたは吸血鬼ですか？」と問いかけると、彼女が姿を現す。

▼死後に虐げられたマーシー・ブラウンの霊が、彼女を探し求める人たちの前に現れるという

郡庁舎 バーモント州マンチェスター・アメリカ

吸血鬼に犠牲を捧げた場所は、ニューイングランドにあるこの古風な郡庁舎の建物の下にある。

マンチェスターの郡庁舎はかつての墓場の上に立っている。村の共同牧草地の一角につくられた墓地である。1793年、ここで若い女性の遺体が掘り起こされた。臓器を焼いて、吸血鬼に捧げるためだ。

レイチェルというこの女性はアイザック・バートン大佐の妻だったが、結婚して1年もしないうちに肺病で亡くなった。その後すぐに大佐は再婚したが、この2番目の妻ハルダも病に臥す。もはや死は時間の問題と思われたとき、家族は、死んだレイチェルが吸血鬼に取り憑かれてハルダを餌食にしていると確信する。そこで、レイチェルの臓器を炭火で焼けばハルダの病気が直るだろうと考えた。

墓地から鍛冶場まで500人以上の見物がついてきた。鍛冶場に着くと、医師の手でレイチェルの遺体から肝臓と心臓と肺が取り出され、それらを灰になるまで焼いた。しかし残念ながらハルダの命を救うことはできなかった。ハルダは犠牲の儀式の数週間後、肺病でこの世を去ったのである。

臓器が灰と化した後、レイチェルの遺体は埋葬し直された。しかし、何年か経ってバートン家の墓をデルウッド墓地に移転したとき、レイチェルの墓だけは移されなかった。場所もわからなくなって忘れられ、呪われたレイチェルの墓は、この郡庁舎の下のどこかにある。言い伝えによれば、自分の心臓を探す彼女の亡霊が地上をさまよっているという。

▲レイチェルの墓の上に建てられた郡庁舎

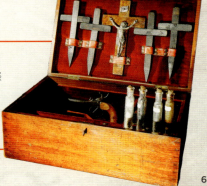

吸血鬼の撃退法　吸血鬼の撃退法は数々ある。たとえば窓にニンニクをぶら下げたり、窓台や玄関先にカラシナの種子をまいたりすれば、吸血鬼は寄ってこない。実際に襲われたら十字架やロザリオなどの神聖な物品をかざして動きを封じ込める。あるいはドアの外側に鏡をかける──古くから「鏡は魂を映す」と言われている。吸血鬼は、自分が魂を持たないことを思い知らされるのを恐れるのだ。

ハリウッド墓地 ヴァージニア州・アメリカ

この広大なゴシック様式墓地の納骨堂へ吸い込まれるように消えた血まみれの人影は、吸血鬼だったのか？

1925年のとある風雨の激しい日。機関車231号がリッチモンドのチャーチヒル・トンネル内で車輪をきしませて止まった。掘り返した大量の土砂を載せ、西の坑口へとゆっくり進んでいたのだが、20番街の真下を通過中、屋根から落ちてきたレンガで照明設備が破壊され、全長1200mのトンネル内が突如暗闇に包まれた。作業員たちが東の坑口から逃げ出したとき、トンネルが崩落して機関車は押し潰された。その数分後、歯はギザギザで口は血にまみれ、身体中がめらめらと燃えている化け物のようなものがジェームズ川の方角へ疾走するのを、多くの作業員が目撃した。彼らはハリウッド墓地まで追いかけたが、それは1913年に死んだW・W・プールという名の簿記係が眠る納骨堂へ吸い込まれるようにしてすっと消えた。トンネルから走り出したこの異形のものは、重傷を負い、後に病院で息を引き取った28歳の機関助手、ベンジャミン・F・モズビーだったと考える者もいた。ところが、潰れた車体を捜索してもトンネル内にいたはずの作業員が1人どうしても見つからない。そこで、身の毛もよだつ例の生き物は吸血鬼だった、行方不明の作業員はそれにさらわれたのだ、という噂が立った。そいつがあたふたと逃げ出したのは、救助隊に見つかって日の光に肌を刺し貫かれる前に納骨堂に逃げ込むしかなかったからだろう、というのだ。地元の言い伝えによれば、吸血鬼は次の獲物を待ちながら、今もこの墓地に身を潜めているという。

▲異形の怪物がハリウッド墓地にあるこの納骨堂に駆け込んだ

守り神　ハリウッド墓地に数ある像の1つに、バーナディン・リースという幼い少女の墓の隣に立つ鋳鉄製の犬の像がある。この像は以前、リッチモンドのとある店先に立っていて、生前の少女がよく撫でていた。1862年に少女がしょう紅熱で世を去ると、この犬の像は彼女の墓を守るためにこの墓地に移された。墓に近づきすぎる者がいれば、この犬が動き出して追いかけると言われている。

吸血鬼の巣窟

ラファイエット墓地　コロラド州・アメリカ

歴史あるラファイエット墓地の暗いヒマラヤスギの木立にまぎれて、目に見えない存在が墓のあいだをうろついている。

1918年、コロラド州ラファイエットという小さな炭坑町で致死率の高いインフルエンザが大流行し、多くの炭坑夫が犠牲となった。そのほとんどは、ヨーロッパから出稼ぎに来ていた移民たちだった。当局は町を封鎖し、死者の数が増えるとラファイエット墓地に共同墓地を設けた。炭坑夫や貧しい人間の多くはここに埋葬された。

奇妙なことに、トードル・グラヴァというトランシルヴァニアからの移民が、アメリカ到着直後にこの墓地の一画を購入していた。それからいくらも経たないうちに、彼はインフルエンザにやられ、坑口から出てきたところで倒れた。彼は数時間後に息を引き取り、もう1人の同じルーマニア人とともに埋葬された。2人の名前は今も1つの墓石に刻まれている。

やがて、トードルが吸血鬼となって移民の埋葬区をうろついているという噂が立ち、町は恐怖にさらされる。震え上がった町の住人は、トードルの心臓に杭を打ち込んだ。現在、1本のヒマラヤスギの古木がその場所の目印となっている。その木は彼の墓の中央から生えてきたのだそうだ。

さらに、墓地のあちこちで生い茂っているイバラの茂みはトードルの爪が変化したものだとも言われる。

トードルの墓石は多くの好奇心旺盛な観光客を惹きつけている。地元の言い伝えによれば、その墓の上に立つと、杭を打ち込まれたトードルの断末魔の叫びが聞こえるらしい。

> ヒマラヤスギの古木は、トードルの心臓に杭を打ち込んだ場所の目印だ。

▲多くの国々で、吸血鬼の息の根を止めるには心臓に杭を打ち込むしかない、と言われている

カリブ海沿岸の五大吸血鬼スポット

カリブ海沿岸の国々には世界最恐の吸血鬼たちがいる。ブードゥーの悪魔とヨーロッパの亡霊が融合し、胎児を食らう悪鬼や人間の血を吸う火の玉などが生まれてきた。

❶ **パラクリート（グレナダ）**：カリブの民話では、悪魔と契約を交わした「ルー・ガルー」と呼ばれる老女が人狼に変身して人の胆をえぐり取り、その血を飲むと言われている。美女に化けたルー・ガルーが医師と恋に落ちたという話もある。朝になり、本性を現した彼女が医師の腹に爪を食いこませようとしたところ、朝日が急に差し込んで彼女の身体は干からびていき、やがて塵と化したという。

❷ **オカイ（ハイチ）**：1920年代、自称ルー・ガルーのアナスタシエ・デュドネが、9歳の姪の血を吸っていたことを認めた。娘の身体が弱っていくのを心配した家族がブードゥーの呪医に診せたところ、アナスタシエの仕業であることがわかったのだ。呪医は、少女の足の親指の中央に、まだ治りきらない小さな切り傷があるのを見つけた。アナスタシエはここから血を吸っていたのだ。

❸ バオルコ山脈（ドミニカ共和国）：この山岳地帯には「ビエンビエン」が出没するという。ビエンビエンとは、18世紀の逃亡奴隷だった吸血鬼だ。背の低い異形の醜い化け物で、後ろ向きに歩き、犠牲者の内臓を食べ、その血を自分たちの神への捧げ物にする。低いうなり声や喉をゴロゴロ鳴らす音が聞こえたら、それは獲物を求めてうろついているビエンビエンかもしれない。

❹ パラミン（トリニダード島）：トリニダード島北部では、奴隷船で連れてこられた悪魔がブードゥーの魔力と引き替えに人間の血を手に入れていると言われている。この悪魔は毎晩、「スークーヤーン」と呼ばれる女吸血鬼を送り出し、新しい獲物を物色させる。スークーヤーンは火の玉に変身し、家々の鍵穴から中に侵入して就寝中の女性たちの血を吸う。そして悪魔にその血を届け、その見返りに邪悪な力を授けてもらうのである。

❺ カスタラ（トバゴ島）：この地には、悲しみに暮れ復讐に燃えて妊婦を餌食にする悪霊「チュリル」がいる。出産で命を落とした女性や妊娠中に自殺した女性の怨霊だ。白いドレス姿で胎児を抱いたチュリルは夜通しむせび泣き、生まれることのなかった赤ん坊も乳を求めて泣き声を上げる。チュリルは、妊婦に取り憑いて流産させ、その胎児の血を飲むと言われている。

吸血鬼の巣窟

▼ハイチ、ポルトープランスのブードゥー教会にある、精霊への捧げ物

モカ　プエルトリコ

モカにおけるペットと家畜の血を搾り取っていた未知なる生物の被害は、アメリカ大陸全体に広がっていった。

1970年代、その地でピンクの花をつける木の名にちなんでモカと名づけられたプエルトリコの町は、家畜を殺す謎の生物の被害に悩まされていた。殺された家畜の死骸は食われずに手つかずで残されている。当初、当局は悪魔教集団の凶行だと考えたが、被害の拡大が明るみに出るにつれて、地元住民たちは死因に共通点があることに気づいた――動物たちには一様に円形の傷があり、そこから失血し、死んでいたのだ。

その後数年間、アルゼンチンからメキシコにいたる南アメリカの多くの国々で同様の事件が報告され、吸血鬼の仕業ではないかと噂された。やがてその件数は次第に減り、人々のパニックも少しずつ収まっていったが、1995年3月、プエルトリコで再び8頭の羊が胸の刺し傷から全身の血を抜き取られて死んでいるのが見つかった。同年8月、今度はカノヴァナスという町で、150頭の家畜とペットが謎の死を遂げた。結局、犯人は重症の疥癬を患って毛が抜けたコヨーテだという結論を学者たちは出したのだが、それまでこの犯人は「チュパカブラ」(「ヤギの血を吸う者」の意)と呼ばれていた。

このチュパカブラは中南米の伝説にさまざまな形で登場している。熊に似ているという地域もあれば、背中にトゲのあるトカゲに似ている、あるいは人間と獣を合体させたようなグロテスクな姿をしているという地域もある。目撃証言は、北はアメリカのメイン州、南はチリまで及び、遠くロシアやフィリピンからも報告されている。そのほとんどは信頼性がないとして無視されているが、この謎のけだものの被害はいまだ続いているのに、捕まえた者がまだ1人もいないというのは奇妙な話ではないだろうか。

> 胸に刺し傷があり、すっかり血を抜かれて死んでいる羊が見つかった。

▲「ヤギの血を吸う者」の正体は皮膚病のコヨーテか、それともはるかにもっと邪悪なものなのか

ビジャリカ湖 ラ・アラウカニア・チリ

チリの平原の上空を大蛇が飛翔し、行く手にあるものすべてを餌食にする。

チリ南部の先住民マプチェ族には、「ピグチェン」という吸血蛇が砂ぼこりの立つ平原を這い回っているという言い伝えがある。この恐ろしい生き物は空を旋回しながら飛んでいる。獲物を見つけると竜巻のような音をたてながら旋回の輪を狭め、襲いかかる。眼光で獲物の動きを封じ、巻きついて身体を締め上げてから喉に牙を突き立てて生き血を吸うのだ。狙われたらけっして逃げることはできない。

「マチ」と呼ばれるチリの女シャーマン（癒しの力を持つ呪術師）たちだけが、ピグチェンを退治する力、あるいはその攻撃から人間を守る力を持つと言われている。天気を操り、病気も治せるマチは、悪霊を追い払うこともできる。伝説によれば、マチは魔力を使ってこの蛇より速く空を飛ぶことができるという。マチは一度も振り返らず空を切り、ビジャリカ湖のいちばん水深がある所まで来たら、その静かな暗い水の中に飛び込む。ピグチェンはマチを捕まえて引き裂いてやろうと必死に追いかけてくるが、湖に飛び込む寸前、水面に映る自分の醜い姿を目にしてたちまち無害な煙に変わってしまうという。

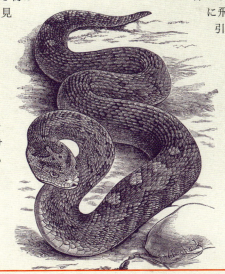

◀ピグチェンの眼光で獲物は麻痺したように動けなくなってしまう。邪悪なピグチェンはおもむろに巻きついてその身体を締め上げる

テンプロ・マヨール メキシコシティ・メキシコ

アステカ帝国最大の神殿遺跡を訪れた観光客をつけ狙う、皺だらけの怨霊に要注意。

血塗られた帝国アステカが栄えた時代以来、メキシコの人々は怨霊——死者の国から遣わされたゾンビのような存在——を強く信じてきた。こうした化け物が、四つ辻や暗い路地、そしてメキシコシティのテンプロ・マヨールに潜んでいると言われている。アステカ帝国の信仰の中心であったテンプロ・マヨールは、かつて、人身御供を神に捧げた大神殿だった。

アステカ族の人々は、月の神々が出産で死んだ貴族の女性たちを「シワテテオ」という恐ろしい吸血鬼に変えると信じていた。シワテテオは催眠術で人を操り誘惑する。美女に化けたシワテテオと交合した男は謎の死を遂げる。恐るべきシワテテオが生んだ子は吸血鬼だ。その子を養うために、シワテテオは人間の赤ん坊を殺してその血を我が子に飲ませる。

現代のメキシコ人は、この怨霊を鎮めるために、四つ辻に祭壇を設けてトウモロコシの菓子を供える。シワテテオは、皺だらけの身体に白墨のように白い肌、そして骸骨で縁取りをした屍衣のような服を着ているので、すぐにそれとわかるという。

◀シワテテオに遭遇したら顔をそむけよう。視線で人を殺すこともある

テフェ　アマゾナス州・ブラジル

魔力を持つ吸血蛇の毒が、熱気のこもるアマゾンのジャングルで人を狂わす。

アマゾンの先住民が恐れる数多くの超自然的存在の1つに、人間の血と乳をすする「ジャラカカ」がいる。この蛇に似た化け物は、背筋が凍るような鳴き声を上げることで知られている。ジャラカカは血を吸う古代神が精霊になったものだと信じる者もいれば、ジャングルの果てを永遠にさまよい続ける定めを与えられた悪人の霊だと言う者もいる。

ジャラカカは獲物を殺さない。生き血を吸って弱らせるだけだ。また、大蛇に姿を変えて乳飲み子を抱える母親に忍び寄り、いつの間にか乳を吸いつくすとも言われている。赤ん坊が泣いて母親に気づかれないように、赤ん坊に尾の先を吸わせておしゃぶり代わりにする。この吸血鬼に乳を横取りされた赤ん坊は、やがて衰弱し、最後は餓死してしまう。

乳が手に入らないときは、眠っている男の上腕に巻きついて生き血を吸う。夜通し毒を吐き出すので、その毒が皮膚から染みこんだ犠牲者は、朝にはすっかり正気を失っている。

ブラジルの民間伝承には別の吸血鬼も登場する。若い娘の血を吸うと言われる「ロビソメム」だ。背丈はたったの5cmで、しわくちゃ顔で毛むくじゃらの猿に似た姿のロビソメムは、柔らかい肉球のある足で一晩中こっそり歩き回る。しかし、かわいらしい縫いぐるみとはまったく違う。眠っている処女を狙ってその首に小さな傷をつけ、生き血を吸うのだ。

> 乳飲み子を抱える母親にそっと忍び寄り、いつの間にか乳を吸いつくす。

▼ブラジルの鬱蒼としたジャングルには奇妙な動物や毒のある生き物が無数にうごめいている。その存在がたくさんの怪談や迷信を生んできた

ポンティアナック　西カリマンタン州・インドネシア

インドネシアの神話に登場する吸血鬼は、男性の生殖器を引きちぎり、内臓を食らう。

西カリマンタンでは、夜間に衣類を外に出しっぱなしにしてはいけない。女吸血鬼がそのにおいを頼りに衣類の持ち主を嗅ぎ出して内臓を抜き取ってしまうからだ。「ポンティアナック」と呼ばれるこの恐ろしい化け物は、妊婦の怨霊だと信じられている。言い伝えによれば、町を建設した最初のスルタンが、この吸血鬼を鎮めるために町にその名をつけたという。

日中のポンティアナックは、ぼんやりとした白い影のような姿でバナナの木の上に潜んでいる。そして、夜になると白い衣に身を包んだ美女に変身し、近寄る男性を誘惑する。犬が遠吠えしていればポンティアナックが遠くにいる証拠、クンクン鼻を鳴らせば近くにいる証拠だ。男の腹に長く鋭い爪を食い込ませ、はらわたを引きずり出して貪り食う。生殖器を引きちぎる。もし犠牲者が目を開けていれば、目玉を吸い出して食う。唯一の撃退策は、そのうなじに釘を突き刺すことだ。釘を抜かないかぎり、ポンティアナックはおとなしくしている。

「クンティラナック」はポンティアナックの同類だが、こちらはたいてい鳥の姿で現れ、処女や若い娘の生き血を吸う。お隣のマレーシアにも女の魔物がいるが、その1つ「ラングスイル」（囲み参照）も妊娠と深く関わっている。

▲恐ろしいポンティアナックに用心せよ

身重の悪魔　ラングスイルは、マレーシアの川や海の岸辺に棲みついている魔物で、非常に恐れられている。妊娠中の女性が死んで40日が過ぎると、その魂が真っ赤な目と長いかぎ爪を持ったラングスイルとなり、ほかの妊婦を殺してその血を吸ったり流産させたりすると言われている。

セブ島 フィリピン

楽園のようなこの島に、妊娠中の女性や胎児を食う悪霊がいると言われている。

南国の島、フィリピンのセブ島には、跳梁する悪霊の伝説がある。島に壊滅的打撃を与える台風や嵐よりも恐れられている「アスワング」だ。その力は、島民たちの日常生活にも暗い影を落としている。

アスワングは、12月から2月の穏やかで気持ちの良い夕暮れ時に姿を現すと言われている。ビーチにホタルの明かりがきらめき、島民たちの気が緩むころ、フィリピンの火山から降りてきて、パーティーなどに紛れ込む。内気で控えめで礼儀正しい、ごく普通の人間に化けているので誰も気づかない。だが夜になると、この侵入者は、凶暴な猫や豚やコウモリに変身し、胎児を食らい、赤ん坊や幼い子どもの肝臓や心臓を貪る。妊婦の子宮から、胎児を長い鼻で吸い出す、あるいは、トゲがあるとも言われる舌で掻き出す。動きがすばやく物音をたてない。1本の竹の陰に身を隠せるほど身体が細い。

動きがすばやく音を立てない。1本の竹の陰に身を隠せるほど身体が細い。

アスワングは人をだますのがとても得意だ。たとえば「ティクティク」と呼ばれるアスワングは、遠くにいるときは時計の秒針のような音をやかましく響かせるが、近くにいるときは音を出さない。「ブブウ」という種類のアスワングは、通夜の会場に忍び込んで遺体を盗み出し、その遺体にそっくりのゾンビをつくって送り返す。するとそのゾンビが遺族を襲い、血の渇きを抑えきれないブブウのために、さらに死体を増やすのだ。

▼アスワングは、もっぱら人が油断しきっているときをねらって襲撃する。穏やかで気持ちの良い夕暮れ時は要注意だ

ラワン セランゴール州・マレーシア

クアラルンプールにほど近い地域に、自らのはらわたを引きずりながら妊婦を物色する女吸血鬼がいる。

マレーシアに伝わる数多くの怪談の1つに、「ペナンガラン」にまつわるこんな話がある。ある美女が蜂蜜と酢を混ぜたものに身を浸してみそぎをしていた。そこに見知らぬ男がひょっこり現れる。驚いて急に首を回した女の頭は勢い余ってもげてしまい、その内臓が部屋中に飛び散った。突然の侵入者に怒り狂った美女の生首は、はらわたをぶら下げ、血をしたたらせながら空を飛んで男を追いかけた。残された彼女の胴体はピクピク痙攣しながら力なく浴槽に沈んだという。

ペナンガランは、妊婦や出産したばかりの女性を探し求めると言われている。夜になるとコウモリのようにすばやく空を飛ぶ。はらわたをぶら下げたまま、熱帯雨林をかいくぐり、断崖を急降下し、海を渡る。昼間は美女の姿をしているが、酢のにおいがきつすぎて誰も近寄らない。

ペナンガランが現れるのは、人が死ぬときではなく生まれるときだと信じられている。分娩中の女性がいる家の屋根にとまり、赤ん坊が生まれると金切り声を上げる。床板や壁の割れ目から家に入り込み、後産をぴちゃぴちゃと食べ、赤ん坊を舌ですくい上げてさらっていく。ペナンガランに触れた母親や赤ん坊の兄姉たちは、たちまち死の病に取りつかれる。ぶら下がったはらわたに軽く触れただけで、肌はぱっくりと裂け、その傷はシャーマンのまじないでしか治すことができない。

▲ぶら下がったはらわたで赤ん坊を絡め取り、かぶりつくペナンガラン

カンボジアの生首　カンボジアには、ペナンガランに似た「アープ」という娘や老女の姿をした化け物がいる。夜、自分の生首を家々に送り込んで動物の肺や心臓や血を求める。死んだ動物だけでなく生きているものも襲う。人間のことは恐がると言われているが、こちらがおびえた様子を見せれば追いかけてくる。言い伝えによれば、アープは川のように決まった所しか通らず、その通り道からはずれないように細心の注意を払っているという。

インド、流血の五大狂宴

ヒンドゥー神話には、隙あらば人間を襲おうと手ぐすね引いて待ち構えている邪悪な荒ぶる神や妖怪が数多く登場する。実際インドでは、血に飢えた怪物がいつどこに潜んでいるかわからない。

❶ **コルカタ（西ベンガル州）**：カーリーガート・カーリーとダクシネーシュワル・カーリーという2つの寺院には、時間と死を司る女神カーリーが祀られている。カーリーは、恐ろしい牙を生やし髑髏の首飾りを下げた姿で描かれる。このカーリーと女神ドゥルガーが悪魔ラクタヴィージャと戦うという伝説がある。ラクタヴィージャは、地面にこぼれた自分の血の一滴一滴から自分の分身をつくりだす力を持っていた。しかし、カーリーはその血を全部飲みつくして勝利した。

❷ **ヴェーターラ寺院（ムンバイ）**：人肉を食らい、血を飲む屍鬼ヴェーターラ。大きなボロボロの翼を持つ骸骨のような魔物だ。現世と来世のはざまに閉じ込められているこの邪悪な死霊には、現在・過去・未来の出来事が見える。生まれたばかりの赤ん坊や処女、妊婦を眠らせて血なまぐさい巣に運び込む。そこで時間をかけて腹を裂き、はらわたを抜き、肉を貪り食う。

❸ **パトナ（ビハール州）**：パトナの言い伝えに登場する「ブート」は、きちんと埋葬されなかった者、自殺者、処刑者の怨霊だ。足が逆向きにつき、身体は地上から1mほど浮かんでいる。影がない。母乳を好むが、美女に化けて男の生き血を吸うこともある。

❹ **ラーヴァナ寺院（ウッタル・プラデーシュ州カーンプル）**：この寺院には、悪鬼ラークシャサ族の王ラーヴァナが祀られている。ラーヴァナは、銅色の目と燃えるような赤毛で、しゃれこうべを盃代わりにして人の血を飲む残忍な鬼神だ。長い牙を持ち、無垢な女子どもをにおいで嗅ぎ当てる。この町の墓地にはラークシャサ族が住みつき、祈祷や儀式や葬儀の邪魔をするという。

❺ **ジャイプル（ラージャスターン州）**：ジャイプルには、血のしたたる腸を冠のように頭に頂くブラーマパルシャという魔物の伝説がある。ブラーマパルシャは捕らえた人間の首や腕に小さな傷をつけて血を吸い出す。それを以前の犠牲者のしゃれこうべの中に吐き戻すと、そこからあらためてその血を飲む。さらに、死体を引き裂いて肝臓や心臓を食い、最後に犠牲者の腸を腰に巻きつけて祝賀の舞を舞う。

吸血鬼の巣窟

▼コルカタのダクシネーシュワル・カーリー寺院には、時間と死を司るヒンドゥー教の女神カーリーの像が祀られている

カクム国立公園　ガーナ

ガーナの熱帯雨林には足にかぎ爪を持つ不気味な悪鬼がいて、不用心な旅人に襲いかかると言われている。

ガーナのアシャンティ族の伝説に登場する幻獣「アサンボサム」は、ジャングルのいちばん高い木にぶら下がっている。毛むくじゃらで目は血走り、だらりと垂らした足の先には鉄のかぎ爪がついている。軽率な狩人がいれば、上から飛びかかり、足で首を絞めつけて爪を食いこませる。そして森の奥に引きずり込んでその身体を食べ、骨だけ吐き捨てる。もしその骨に十分な毒が浸み込んでいれば、この犠牲者は復活する。ただしアサンボサムとして。

一般に、アサンボサムは自殺者や罪人の成れの果てだと言われている。彼らはコウモリや火の玉やかすみに姿を変え、細いトンネルを通って墓から抜け出てくる。

カクム国立公園の樹冠をつり橋で渡る観光客に人気の「キャノピーウォーク」の最中に、アサンボサムの気配を感じた人たちがいる。彼らは不気味な金属音を耳にしたという。まるで鉄のかぎ爪を研ぐような音だったそうだ。

アシャンティ族は、子どもの血を好む「オバイホ」という吸血鬼の存在も信じている。オバイホは、日中は人間の姿をしているが、夜になると球体に変化して暗闇を猛スピードで飛び回る。目がせわしく動いて食欲旺盛な人は、人間に化けたオバイホだと言われている。

▲カクム国立公園でキャノピーウォークをしたら、アサンボサムがかぎ爪を研ぐ音が聞こえるかもしれない。途中で耳を澄ませてみよう

吸血蛍　トーゴとガーナに住むエウェ族の人々が恐れる「アヅェ」は、夜になると蛍に姿を変えて扉の下の隙間から家の中に忍び込み、眠っている子どもたちの血を吸う悪魔だ。人間に取り憑いて、魔女に変えることもできる。捕らえられたり森に戻れなくなったりすると人間の姿になり、人々の妄想を掻き立てて仲違いをさせ、刃傷沙汰を引き起こす。

ヴィクトリアの滝　　ジンバブエ

アフリカの空を悠々と舞う不死鳥は、魔女と魔法使いに珍重される。

▼インプンドゥールはかぎ爪を使って雷を落とし、激しい嵐を巻き起こす

　アフリカ南部のズールー族、ポンド族、コサ族の民間伝承に登場する「インプンドゥール」という妖鳥は、人の血に飢えている。人間ほどの大きさで、処女や赤ん坊、子ども、妊婦を狙って襲う。翼とかぎ爪で激しい雷鳴や稲妻を起こすことができる。

　伝説によれば、インプンドゥールは美しい女に変身して若い男性をたぶらかし、ヴィクトリアの滝の断崖に誘い込んで滝壺に突き落とすという。そして鳥の姿に戻っていったん飛び去り、あとで血を飲みに戻る。この巨大な翼を持つ妖鳥は白と黒で描かれることが多いが、鮮やかな孔雀色の羽根と、真っ赤な脚、頭、尾を持った姿で表現されることもある。インプンドゥールは自分が雷を落とした場所に卵を産み落とす。この卵は、白魔術と黒魔術の両方で珍重される。

　呪医やシャーマン、魔術師は、このインプンドゥールを捕らえて飼い馴らそうとする。それは、彼らにとってこの妖鳥がほかのどの鳥よりも価値があるからだ。所有者は、後継者にインプンドゥールを譲り渡すことができるという。人間の血を好きなだけ飲ませるか、あるいは夜は自由に飛び回らせて、変身し自分で獲物を探すことを許しているかぎり、この鳥はずっと主人には忠実だ。言い伝えでは、この妖鳥は火で焼かないかぎり絶対に死なないという。

訪れるなら
3月から4月いっぱいにかけて。雷を落とすこの妖鳥がいちばん活発な嵐の季節。

吸血鬼の巣窟

▲マクベスと3人の魔女（1805年の版画）

魔女と妖術使い

の影がさす場所

マザー・シプトンの洞窟

ネアズバラ・イギリス・イングランド

ヨークシャー州にあるこの洞窟は、ロンドン大火を予言した有名な魔女の生誕地と言われている。

1488年の夏の夜、ごつごつした岩山の向こうに満月が昇るころ、ネアズバラという町を流れるニッド川ぞいの洞窟で、若い娘がたった1人で子どもを産んだ。母親は出産時に命を落としたが、赤ん坊は生き延びて、町はずれに住む女性に育てられた。

その女の子は恐ろしいほど醜く、生まれつき不思議な力を持っていた。あるとき、ベビーベッドに寝ていたはずの赤ん坊がいなくなった。捜索に手を貸そうと近所の人々が駆けつけると、ポルターガイスト現象が始まった。部屋に入った人々はあちこちに振り飛ばされ、家具が動き、テーブルから飛び上がった皿が宙を飛ぶ。そして当の赤ん坊アーシュラは、ベビーベッドと一緒に煙突の中ほどで見つかった。

歪んだ鼻にギョロ目という容貌だったにもかかわらず、彼女はトビー・シプトンという地元の大工と無事結婚する。そして、16世紀最高の占い師マザー・シプトンとして名を馳せた。マザー・シプトンは、国王たちの命運、1588年のスペイン無敵艦隊の敗北、1666年のロンドン大火、鉄の船の誕生など、歴史的出来事を次々予言した。領主、貴族、王位を狙う者たちがさまざまな伺いを立てにマザー・シプトンを訪ねてくる。敵対する一族に呪いをかけてくれ、復讐のために殺人者のもとに魔物を送り込んでほしい、恋人と復縁したいといった依頼も受けた。

マザー・シプトンの最期について詳しいことは何もわかっていない。ネアズバラを訪れた人のなかには、ゆかりの洞窟の隣にある「石化の井戸」で、水中からこちらをじっと見つめる彼女の顔を見た、という人もいる。この井戸の水は炭酸カルシウムを多く含み、なんでも石灰化する。観光客は、マザー・シプトンの不思議な力の御利益を求めて、この井戸に、ラブレターやお守り、そして近ごろはクマの縫いぐるみなどを投げ込んでいく。

▲手なずけた魔物を脇にはべらせたマザー・シプトン(19世紀の版画)

▼マザー・シプトンの洞窟の隣にある「石化の井戸」。訪れた人々が置いていった品々が石になる

チャンクトンベリー・リング

サセックス・イギリス・イングランド

南イングランドにあるこの古い土塁は、悪魔が生みだした邪悪なエネルギーの渦だと言われている。

1987年、猛烈なハリケーンが南イングランドを襲い、大きな爪痕を残した。ウェストサセックス州サウスダウンズ丘陵にあるチャンクトンベリー・リングという鉄器時代の要塞跡も被災し、周囲のブナの大木はすっかりなぎ倒されてしまった。ここは、キリスト教以前の宗教寺院跡が2つ現存する遺跡の地である。

チャンクトンベリーは神秘的な沈黙に支配された場所だ。鳥ですら歌うのをはばかると言われている。なにやら力を秘めた禍々しい雰囲気が漂う。たくさんのレイライン（神秘の力を持つ古代遺跡を結んでできる直線）がこの一画を横切っている。それが超常現象を引き起こし、悪魔崇拝者や悪魔自身を引き寄せる邪悪なエネルギーの渦を生むと信じている人もいる。

このリングは、キリスト教が生まれた西暦紀元初期に悪魔がこしらえたものだという言い伝えがある。人間たちがどんどん新宗教に改宗してしまうことに慌てた悪魔が、彼らを溺死させようと企み、月のない嵐の晩、現在ポイニングズという村があるあたりから海まで深い溝を掘り始めた。かぎ爪で掻き出した土が傍らに積まれ長い塚ができていく。それが今のリングだという。だが、年老いた善い魔女が悪魔の企みを阻止しようと立ち上がった。魔女は窓辺に火を灯したロウソクを置き、その灯りを目の細かいふるいでおおった。拡散されたロウソクの炎をオンドリに朝日だと勘違いさせるためだ。はたしてオンドリが大声で時を告げ、人や動物が目を覚まし始めたので、悪魔は仕事を途中で放り投げて逃げ出したという。

月のない晩に、反時計回りに後ろ向きで休まずリングを7周すると、悪魔が現れて粥の入った鉢を差し出すと言われている。それを受け取った人は、悪魔にいちばんの願いを叶えてもらえるか、あるいは魂を奪い取られてしまうのだそうだ。

> いちばんの願いを叶えてくれるか、あるいは魂を奪い取るか。悪魔はどちらを選ぶだろう。

▲リング周辺には古代の埋葬塚が数多く残っている。これがチャンクトンベリーの神秘的な雰囲気をさらに盛り上げている

魔女と妖術使いの影がさす場所

「地獄の火」洞窟　　ウェストワイクーム・イギリス・イングランド

18世紀、この地下迷宮は乱交と黒魔術の舞台として有名になった。

　南イングランドに広がる緑豊かなチルターン丘陵の斜面に、ゴシック様式の教会を模した入口がある。その先にあるのは、地下深くに網の目のように広がる曲がりくねったトンネルと秘密の小部屋だ。この気味の悪い迷路は、18世紀の悪名高き放蕩貴族フランシス・ダッシュウッド卿が結成した「地獄の火」クラブのアジトだった。「ワイクームの聖フランシスコ修道会」とも呼ばれたこのクラブは、ローマ神話の愛の女神ヴィーナスと酒の神バッカスを称える秘密結社で、信条は「Fais ce que tu voudrais（汝の意志することを行え）」であった。作家や芸術家、政治家たちがこのクラブに興味を示し、集まってきた。この快楽主義者たちの集まりはやがてスキャンダルに発展する。乱交と黒魔術を行っているという噂が立ち始めたのだ。当時、内部の祭壇には男根のシンボルが祀られ、壁にはスクブスとインクブス（淫魔）の絵が飾られていた。ダッシュウッドは、礼拝堂の下に人工の川をつくりステュクス川と呼んだ。ギリシャ神話で死者が黄泉の国に行く前に渡らなければならない川だ。クラブが活動を停止して廃墟と化していたこの洞窟は、1951年から一般公開されるようになった。現在は見学ツアーが催されている。

▲「地獄の火」洞窟の内部

オカルト嗜好　19世紀後半にはオカルト結社が流行した。3人のイギリス人フリーメイソン会員が結成した「黄金の夜明け団」もその1つだ。教義の学習レベルにより会員は3つの階級に分けられていた。上から2番目の位階では錬金術が教えられ、右図のような紋章を与えられた。今も人気があるウェイト版タロットカードの製作者たちもこの結社のメンバーだった。

ベンナン岬　イギリス・スコットランド

スコットランドの人里離れた洞窟に本拠を構えた人食い集団が、一人歩きの地元民や旅人を餌食にした。

17世紀、スコットランド王ジェームズ6世は、400人の兵士とブラッドハウンドの一群を率いて、ソーニー・ビーン退治に出かけたと言われている。ビーンは、ほかの人々との交流を断ち人間を襲ってその肉を食べていた氏族の首領だった。その魔の手から逃れた唯一の生存者に先導されて、エアシャーの岩だらけの海岸に向かった王の一行は、何時間もかけて断崖の洞窟をしらみつぶしに捜索し、ようやく人目につかない隠れ家を発見した。

ビーン率いる46人余りの一族は、25年以上にもわたって旅人や地元の人々を殺害し、その肉を酢漬けや塩漬けにして食べていたらしい。その間行方不明になった人の数は何百にものぼり、近くの浜辺には人間の手足がたびたび打ち上げられていた。夏祭りのさなか、白昼堂々と彼らが1組の夫婦を襲ったことが、王が乗り出すきっかけとなった。夫は妻の命を救うべく勇敢に戦ったが、結局妻はビーンたちに腹を切り裂かれてしまう。夫はなすすべもなく、彼らが妻の臓物を取り出し、その血を賞味するのを見つめるほかなかった。ところが、そこへ祭り帰りの集団が陽気に騒ぎながら通りがかり、ビーンたちが逃げ去ったため、夫は妻と同じ運命をたどることなく命を救われたのだった。

王の一行が隠れ家の洞窟に突入して目にしたものは、天井から吊るされ、樽の中で酢漬けにされた人体の一部と、砂におおわれた床に散乱していた犠牲者たちの服や宝石、硬貨だった。もはやビーンたちに逃げ場はなかった。鎖につながれてエディンバラへ連行され、そこから刑場のあるリースに移された。お上に容赦はなかった。男は手足を切り落とされ、じわじわと失血死するまで放置された。女は男の無残な死にざまを見せられてから火あぶりにされた。

> 人体の一部が天井から吊るされ、樽の中で酢漬けにされていた。

魔女と妖術使いの影がさす場所

▼人肉を焼いて食べる食人者

聖パトリックの煉獄

ドニゴール州ダーグ湖・アイルランド

霧深いダーグ湖の風吹きすさぶ島に、神秘的な地獄への門がある。

ケルト神話によれば、ドニゴール州のダーグ湖は荒ぶる戦の女神コーラの家だという。だがこの静かな湖は、また別な意味でも恐ろしい場所だと考えられている。その起源は初期キリスト教の時代にある。紀元5世紀、聖パトリックはイエスのお告げによって、この湖に浮かぶ小さな島にやって来た。この島で地獄の入口に続く洞窟を見つけ、天国と地獄の存在をその目で確かめよ、という声を聞いたのだ。

聖パトリックは、夜明けとともに霧の立ちこめたダーグ湖を舟でゆっくり渡っていった。そこに、浅瀬からコーラが巨体を現し、顎をかっと開いて彼を飲み込む。聖パトリックはその体内を切り進み、二昼夜かけてやっと脱出する。コーラが断末魔の苦しみにもがくと湖がその血で真っ赤に染まったことから、「ダーグ湖」(「赤い湖」の意)という名前がついたそうだ。そしてコーラの身体は2つの大きな岩となった。現在、湖に浮かんでいる2つの島がそれである。

聖パトリックは片方の島に洞窟を見つけ、暗闇へ足を踏み入れた。すると、背後で扉が閉まった。聖パトリックは煉獄にまで降りていき、そこから一昼夜、地獄の光景を眺めて過ごした。

何世紀も前から巡礼者たちが訪れるこの「聖パトリックの煉獄」には、不思議な伝説が数多く残っている。その1つに、さんざん悪事をはたらいた騎士が悔い改めて罪の赦しを得ようと洞窟内に足を踏み入れた話がある。煉獄の闇の中で、彼は炎の燃えさかる穴に投げ込まれ、虐げられた死者たちに鞭打たれ、炎の海にかかる狭い橋を無理やり渡らされた。だがイエスの御名を呼んで慈悲にすがることで、どうにか試練を切り抜けることができた。帰り道をたどっていくと入口の扉が開いていて、騎士は自分の罪がすべて赦されたことを知ったという。煉獄から戻ってくることのできなかった巡礼者がどうなったかは言うまでもない。

▲「煉獄」への扉を開ける聖パトリック

▼神秘に満ちた「聖パトリックの煉獄」には、1500年近く昔から巡礼者たちが集まってきた

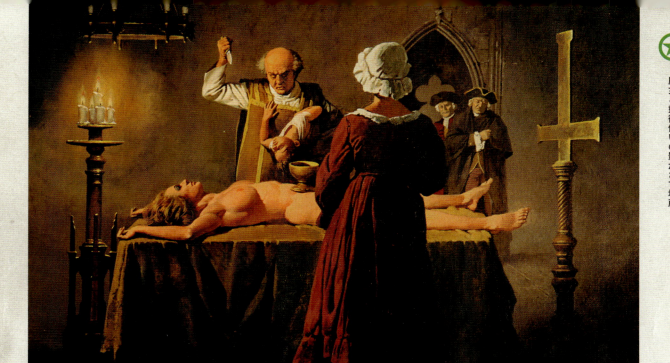

グレーヴ広場　パリ・フランス

凍えるほど寒い冬の晩、パリ情緒あふれるこの広場に人の焼けるにおいが漂うかもしれない。

▲黒ミサでは、女性が祭壇代わりにテーブルや床に横たわり、腹の上に置いた鉢で生け贄の赤ん坊の血を受けた

17世紀のパリで評判の高い魔女であり占い師だったカトリーヌ・モンヴォワザンは、ルイ14世の宮廷に多大な影響力を持っていた。薬の調合に長けており、モグラの歯やヒキガエルの骨、人の血や死体をすりつぶした粉など、あらゆるものを使って媚薬や毒薬をつくった。「ラ・ヴォワザン」とあだ名された彼女は、宮廷で占いと毒殺を請け負う集団を取り仕切り、ルイ14世の公妾モンテスパン夫人とも個人的な交友関係を結んで、媚薬や魔除けを売っていた。また、黒ミサを執り行って、モンテスパン夫人の願いを叶えるために悪魔を呼び出すこともあった。王の寵愛を失うようになると、嫉妬に取り憑かれたモンテスパンも自らその黒ミサに参加したと言われている。

　王が新しい愛妾をつくるとモンテスパンは怒り狂い、1679年、ラ・ヴォワザンを説きつけて2人を殺害するための毒薬を調合させようとした。だが、そのときすでに王の密偵がラ・ヴォワザン率いるこのオカルト集団に潜入しており、この陰謀はあえなく暴かれる。ルイ14世は、悪魔的な行いに関わった宮廷人たちを、階級、性別、年齢に関係なく処刑するよう命じた。ラ・ヴォワザンも捕らえられ、ヴァンセンヌの牢獄に入れられた。魔術を使った罪で有罪となったラ・ヴォワザンは、1680年2月、共犯者たちとともに、グレーヴ広場（現在のパリ市庁舎広場）の中央で火あぶりにされた。冴え冴えと晴れわたる冬の晩には、この広場で人間が焼けるにおいとひしめきあう群衆の異常な興奮を感じることがあるという。

訪れるなら
真夜中。処刑された人々の霊が復讐のためによみがえる時間に、この広場を横切ってみよう。

魔女と妖術使いの影がさす場所

フランス黒魔術の五大ホットスポット

フランスには黒魔術の長い歴史がある。中世の都市や城、修道院は、悪魔憑き、悪魔崇拝、大量殺人、魔術に関わるさまざまな物語に彩られている。

❶ **ティフォージュ城（ヴァンデ）**：15世紀、ブルターニュ地方の貴族ジル・ド・レは、フランス一裕福な身分になりたいと考え、魔術師の力を借りることにした。子どもの心臓と眼球と性器を悪魔に捧げるよう指示されたド・レは、大量殺人に手を染める。そして、フランスで最も悪名高い連続殺人犯の1人となった。高位の聖職者を拉致するに至ってようやく捕らえられ、絞首刑に処された。

❷ **ヴァラントレ橋（カオール）**：地元の言い伝えによれば、14世紀につくられたこの橋は悪魔の力を借りてできたのだという。建設を請け負った棟梁は、橋が完成したら自分の魂を差し出すという契約を悪魔と交わした。いよいよあと1個石を置けば橋は完成、という段になって一計を案じた棟梁は、悪魔が絶対完了できない仕事を思いつく。職人たちが最後の漆喰をこねるのに使う水をザルですくって持ってくるよう言いつけたのだ。案の定、悪魔は水を持ってくることができなかったので、先の契約はご破算となった。

③ **エクス＝アン＝プロヴァンス**：1607年、マドレーヌという少女が町の司祭を務めるルイ・ゴーフリディを忌まわしい性的暴行の罪で訴えた。修道院に送られたマドレーヌはほかの修道女たちに、自分には悪魔が見えると言いふらした。ゴーフリディ神父は悪魔崇拝を実践したとして有罪となり、火刑に処される。彼の処刑後、マドレーヌの精神状態は回復したが、1642年、彼女自身も魔女の嫌疑をかけられ、終身刑を言い渡された。

④ **ルーダン**：イエズス会のグランディエ神父は女たらしだった。1617年、ポアティエの司教は尼僧のジャンヌ・ド・アンジュと共謀し、グランディエ神父を悪魔と結託した不道徳者だと告発した。神父はすぐに有罪を宣告され、火あぶりとなった。彼は身の潔白を訴えながら、宗教裁判官たちに「おまえたちも30日以内に神のもとに召されるだろう」と言い残した。その後まもなく、裁判官の多くがこの世を去ったという。

⑤ **セーヴル（パリ近郊）**：ルクレール師団通りの廃墟と化した教会は、19世紀中ごろ、カトリックの神父ブーラン師が黒魔術を実践し、幼児を悪魔に捧げた場所だと考えられている。ブーランは1860年1月8日に自分の非嫡出子の1人を生け贄にしたと言われている。彼自身は1893年に心臓発作で突然死したが、それはライバルの悪魔崇拝者が呪いをかけたせいではないかとささやかれている。

魔女と妖術使いの影がさす場所

▼連続殺人犯ジル・ド・レの居城ティフォージュ

ヴュルツブルク バイエルン州北部・ドイツ

17世紀、集団ヒステリーに支配されたこの美しい町で、魔女裁判と大量処刑が行われた。

ヴュルツブルク領主司教フィリップ・アドルフ・フォン・エーレンベルクは、17世紀のドイツで最も残酷な人物の1人だろう。ヨーロッパ史上最大規模の魔女裁判で、900人以上を火あぶりにした。そのなかには彼自身の甥、カトリックの神父19人、4歳から14歳までの多数の子どもも含まれている。いずれも悪魔と性的関係を持った罪に問われたのである。

裁判が行われたのは1626年から1631年にかけて。集団ヒステリーがどんどんエスカレートし、近所同士で悪魔崇拝や魔術の使用を告発し合うなど、収拾がつかない状態に発展した。まず処刑されたのは、最高位の聖職者と美女、美少女たちだった。なかには、見知らぬ人間に微笑んだだけで魔女の汚名を着せられた女性もいた。ある晩自分がどこにいたのか思い出せないことを理由に火刑に処された人も多かった。自分の居場所を思い出せないのは悪魔と姦淫していたからだ、というのだ。そのなかにはたくさんの浮浪者も含まれている。

告発の応酬はどんどん拡大し、周辺地域の住民や資産家たちも巻き込まれていった。商人や独り暮らしの女性のほか、きちんと教会に通っているキリスト教徒も含めあらゆる階層の人々が魔女狩りの網にかけられた。多くの子どもたちが処刑されるという恐ろしい光景を目にしたある信心深い男は、悪魔とその崇拝者8000人がフラウ゠レンクベルクという場所で黒ミサを行っていたと主張する。爆炎と煙の中から悪魔が現れて熱狂する集団の頭上にカブの皮を吐き出すと、崇拝者たちは床を這いずり回って邪悪な聖餐をかき集め、我先に口に入れようとした、とこの男は証言している。

▲ヨーロッパ史上最悪の魔女狩りを指揮した領主司教フィリップ・アドルフ・フォン・エーレンベルク

▼ヴュルツブルクでは、魔女裁判のために社会的地位も名声も信用も吹き飛ばして告発の応酬が行われた

あわせて読みたい：102ページ「セイラム」

ホウスカ城　ブラッツェ・チェコ共和国

この奇怪な城の床下にある「地獄の穴」は、邪悪な存在の通り道だと言われている。

▲16世紀ポルトガル学派の絵に描かれた地獄の恐怖

　プラハから約47kmの石灰岩の断崖の上に立つホウスカ城は堂々たるゴシック調の大建築物だが、その由来は謎めいている。言い伝えによれば、この城の石灰岩の礎石には底なしの割れ目があり、夜になるとそこから半人半獣の魔物が現れて地元の家畜を屠るのだという。村人たちは昔から、日が暮れたらこの地獄の門の前を絶対に通らないよう注意している。その門に近づきすぎた者は世にも恐ろしい悪鬼になってしまうと言われているからだ。

　ここはけっして天然の要害とは言えないし、そもそも飲み水になる水源がない。建てられた当初に誰か実際に住んでいたという記録もない。この謎めいた城は悪魔を城内に閉じこめるために建てられたのだ、と言う人もいる。「地獄の穴」は礼拝堂の分厚い敷石の下にある。

　やがてある有力貴族が、この悪の通り道について真実を確かめようと乗り出した。死刑囚と取引し、この穴を下りて奥を調べてきたら完全に罪を赦そうと約束した。取引に応じた死刑囚は、縄につかまって穴の中に下ろされていった。長い静寂の後、穴の奥から突然男の悲鳴が上がった。家来たちが縄を引き上げると、すっかり髪がまっ白になった死刑囚は完全に正気を失っていた。そして間もなく息を引き取ったという。

　礼拝堂や中庭で悪鬼のようなものを見たという人たちもいる。同時に奇妙なうめき声や金切り声が聞こえたという。正真正銘の悪魔が真っ黒い馬に乗って城の近くを疾走していくこともあると言われている。

> **訪れるなら**
> ホウスカ城は冬季閉鎖となるので、日の長い真夏に行ってみよう。

魔女と妖術使いの影がさす場所

スガラムルディの洞窟群　ナバラ・スペイン

17世紀、ピレネー山中の僻村がむごたらしい魔女裁判の舞台となった。

ピレネー山脈西側山麓に抱かれたスガラムルディという静かな村は、一見いかにもバスク地方らしい趣のある村だ。だが、赤い屋根を頂く民家や石畳の坂道などの風情とは裏腹に、そこには魔女や魔法使い、悪魔崇拝に関わる暗く恐ろしい歴史がある。

スガラムルディとオカルトのつながりの軸となるのは、村から西に400mのところにある洞窟群だ。冥界とつながっていると言われる急流に沿って広がっている。17世紀初頭、この場所に魔女が集まり、黒魔術を行ったり悪魔と酒宴を張ったりしているという噂が流れた。

マリア・シミルデギという若い娘がこの村に越してきたところから、事実が明るみになっていく。マリアは、当時ピレネー山脈一帯で強い影響力を持っていたオカルト文化に興味を持つようになる。あるとき、好きだった男性にふられた腹いせに、洞窟で魔女たちが集会をしていると当局に訴え出た。この彼女の行動が、スペイン史上最大の魔女裁判の引き金となった。

告発が増え、異端審問が開かれた。容疑者40人が近くのログローニョという町に送られて裁かれ、そのうちの12人は火あぶり、5人は拷問死、1人は恐怖のあまりに突然死した。罪を認めない者たちは、拷問台に寝かされて四肢を引っ張られたり、逆さ吊りにされて熱湯の入った大桶に沈められたりして自白を強要された。そうやって彼らは、洞窟で呪いをかけ、悪魔と姦通し、魔宴サバトに参加した、と認めさせられたのだった。

当時のヨーロッパの多くの町と同様に、スガラムルディとその周辺の村々でも集団ヒステリーが発生した。「魔女の擁護者」として知られた若き審問官フリアスは、自らの罪を認めて共犯者の

> 罪を認めない者は、熱湯が入った大桶に沈められた。

▼毎年夏至の日にスガラムルディの洞窟群では「El Dia de la Bruja（魔女の日）」が祝われる

あわせて読みたい…98ページ「バリャドリッド」

魔女と妖術使いの影がさす場所

> **スペインの異端審問**　スペインの異端審問制度は、カトリック両王と呼ばれるフェルナンドとイサベルによって1478年に確立される。当初の目的は、異端者集団、特にイスラム教徒とユダヤ教徒をローマカトリック教徒に改宗させることだった。1492年1月にユダヤ人の集団追放が完了すると、審問官はほかのいわゆる異端者に注意を向け始める。何千人もの罪のない人々が、なんらかの理由をこじつけられて異端と断じられた。審問官は拷問で強要した自白をもとに、犠牲者たちを火あぶりの刑に処していった。スペインで最終的に異端審問が廃止されたのは19世紀初頭のことである。

▲異端者を迫害する異端審問。さまざまな手法の拷問が取り入れられ、見せしめのために公開処刑が行われた

名前を明かした者は全員赦免すると約束した。空を飛び、姿を変え、呪いで人を殺すなどといった話をフリアスは信じていなかった。合理的な考えの持ち主で、そんなことは悪魔でも不可能だと思っていた。罪を告白し、仲間を密告した者はおよそ2000人（その半数以上が子どもだった）。その人々によって告発された人の数は5000人にのぼった。

　1614年末には、フリアスの懐疑的な姿勢によって当局も冷静さを取り戻し、魔女裁判は終息した。これが第1歩となって、スペインでは、ヨーロッパのほかのどの国よりも早く魔女を火あぶりにするという慣習が廃止されていく。洞窟の入口付近には、魔女裁判で命を落とした男、女、子どもたちを追悼する記念碑が掲げられている。村の「魔女博物館」では、彼らが受けたむごい拷問の様子を伝える展示物を見ることができる。

バリャドリッド   スペイン

名高い魔法使いは、悪魔と一緒に空をひとっ飛びしてローマ略奪を見てきたと言った。

エウジェニオ・デ・トッラルバは、16世紀スペイン最強の魔法使いだと評判の人物だった。オカルトが流行していたローマで腕を磨き、ゼクィエルという精霊の力を借りて予言をしていると公言してからは、その名声は急上昇していった。1516年のスペイン国王フェルナンド2世の逝去など、非常に重要な政治的事件も彼は見事に予言している。

トッラルバは、月の相が変わるごとにゼクィエルが現れ、彼を遠い場所まで運んでくれると言っていた。1527年5月6日の夜、彼はバリャドリッドの古い大学の回廊に現れたゼクィエルに連れられてローマに飛び、聖都略奪を目撃した。急いで戻り、この大事件をカスティーリャ王室に報告したおかげで、スペインはヨーロッパの勢力争いで優位に立つことができたという。

3年後、彼をねたむ友人に妖術を用いていると告発され、トッラルバの評判は地に落ちる。それどころか異端審問にかけられ、精霊の正体は悪魔であると認めるまで拷問された。そして1531年、二度とゼクィエルと接触しないという条件付きで釈放される。それ以降トッラルバは姿を消し、死んだという記録も残っていない。だが、セルバンテスの小説『ドン・キホーテ』の中で彼は再び大活躍する機会を与えられた。

▲サン・グレゴリオ学院の回廊。トッラルバはここからローマへ飛んだ

ルネサンスとオカルト　ルネサンス期、イタリア人哲学者マルシリオ・フィチーノの影響もあり、魔法に魅せられる人々が一気に増加した。水晶玉と専用の卓（右）といった呪具を用いたジョン・ディー博士とコルネリウス・アグリッパのように、学者や王たちの後ろ盾を得る者もいた。

エンゴラステル湖　アンドラ

ピレネー山中のきらめく湖。その湖畔で、かつて魔女たちが踊り、騎士が強力な魔術を封印した。

ピレネー山脈にまつわる数々の伝説の1つにこんな話がある。飢えた巡礼者に一切れのパンを与えることを惜しんだ女に怒った神が、エンゴラステル湖をつくり、罰として大洪水を起こして土地の人々を溺死させた。ところが、神がつくった深く静かな湖のあまりの美しさに魅せられて、星々が天から落ち、永遠に水の中に閉じこめられてしまったのだという。

中世には、この湖は魔女の集会場所だと噂された。村人たちは、湖畔で全裸になって踊り狂う魔女たちを見ると石や犬に変えられてしまう、という言い伝えを信じ、湖には寄りつかないようにしていた。

湖から数キロ離れたところに12世紀に建造された聖ミケル教会の鐘塔がある。アンドラの至宝とも言うべきこのロマネスク様式の建物にも、ある伝説が伝わっている。美しい魔女が1人の騎士を命懸けで愛した。だが騎士が選んだのはほかの女性だった。魔女は腹いせに彼を悪魔崇拝者だと告発し、自分は鐘塔から身を投げた。騎士は追われる身となり、地元の神父の手引きでこの鐘塔に身を隠した。ある日、騎士がふと持っていた皮袋の中を見ると、呪文が刻まれた奇妙な黒い石が入っている。魔女のまじないだと気づいた彼は、その愛執の念をきっぱり断つため、教会の小さな墓地にその石を埋めた。このまじない石は今もこの墓地にあり、教会を訪れる人たちに縁結びの御利益を与えると言われている。

魔女を見た者は、石や犬に変えられてしまう。

魔女と妖術使いの影がさす場所

▼この湖畔で魔女たちが肌も露わに踊りまくると信じられていた

セレマ僧院　シチリア島チェファル・イタリア

悪魔崇拝者を自称するアレイスター・クロウリーは、楽園のようなこの島に闇のユートピアを創出した。

アレイスター・クロウリー（1875〜1947年）は、20世紀のオカルティストのなかで最も有名な人物の1人だ。イギリス出身のバイセクシャルでリバタリアン（自由放任主義者）だったクロウリーは、「汝の意志することを行え」という哲学に基づいた「セレマ」と呼ばれる宗教を興した。イギリスのマスコミは彼を「世界一の奇人」と評した。「セレマ僧院」と名づけたシチリアの屋敷で、ドラッグを利用した性的な儀式や神秘主義的典礼を行うようになると、さらに注目が集まった。クロウリーは剛胆な探検家・登山家という別の顔も持ち、イギリスの秘密諜報員だったのではないかとも言われている。「セレマ僧院」という名前は、フランソワ・ラブレーの小説『ガルガンチュワ物語』に描かれる、まったく規律のない修道院から採った。誰もが自分の自由意思に従って暮らす修道院である。だが、クロウリーの快楽主義的なユートピアは長く続かなかった。1923年、23歳のオックスフォード大学生、ラウル・ラヴディが僧院内で死亡する。その後の調べで、その死因が中毒死であることがわかった（注：感染症が死因という説もあり）。ラウルの妻ベティは、夫の死は、生け贄にした猫の血をむりやり飲ませたクロウリーに責任があると糾弾した。ベティがこの話をイギリスのマスコミに売ると、僧院内の所業に関する噂がイタリア中に広まり、1923年、クロウリーはムッソリーニから国外退去を命じられた。「セレマ僧院」は荒廃してしまったが、訪れる悪魔崇拝者たちは絶えなかった。ドラッグを摂取してのSM的儀式が行われた「悪夢の間」と呼ばれる部屋の壁は、地元住民の手で塗り直されていたが、1955年に映画監督のケネス・アンガーがその塗装をはがして、魔術的な図形や悪魔像などを多数発見した。この荒れ果てた建物に足を踏み入れ、クロウリーの強力な黒魔術のエネルギーを感じてみたいと思う人は後を絶たない。

▲クロウリーは「ト・メガ・テーリオン（大いなる獣）666」と名乗った

▼悪魔の姿やさまざまな図形が僧院の壁一面に残されている

ベネヴェント　カンパニア州・イタリア

南イタリアの片隅にあるこの町では、地元の貴族たちが戦の前に超自然的なパワーを呼び出した。

　5世紀、南イタリアのベネヴェントという町には、ランゴバルド族の領主が後ろ盾となった魔女のコミュニティがあった。町では動物の生け贄や黒魔術の儀式が日常的に行われ、戦に臨む貴族たちも魔女の力を頼みにした。

　大きな戦争の前には、魔女たちが町近くのクルミの木の下に集まり、動物を殺してその皮を枝に吊るした。夜になると松明を灯し、馬に乗ってぐるぐる回りながらその皮を食べた。また、魔女たちは、魔法の油を全身に塗って空を飛んだと言われている。

　魔女伝説はほかにもたくさんある。たとえば狂乱のサバトを行った後、魔女たちは空を飛んで領主と敵対する男のところに行き、その男と情交に及ぶという。そして相手が眠っているすきに精液を盗み、秘薬と混ぜて飲ませる。それを飲んだ敵に一生消えない呪いをかけると、魔女たちは夜明け前に一陣の風とともに消えてしまうのだという。

　地元の人々は、今でもよく魔女を引き合いに出す。直感や霊能力が強い人に対して、「あなたはベネヴェントの魔女ですね」と言ったりすることもある。

◀みごとなクルミの大木。ベネヴェントの魔女たちはこの下でサバトを行う

カステッロ広場　トリノ・イタリア

トリノという街は善と悪のエネルギーが出会う場所と言われている──足元には要注意だ。

　トリノ、ロンドン、サンフランシスコを線でつなぐと、負のエネルギーが流れる黒魔術の三角地帯ができるという。そのエネルギーは、街の黒い心臓と呼ばれるカステッロ広場の中心に集束する。暗黒エネルギーの渦は広場の西側の角から流れ込み、夏の暑い盛りでも通りがかった人を身震いさせるのだそうだ。

　しかし面白いことに、トリノは白魔術の中心地でもある。広場に面するトリノ王宮の緑と金色の壮麗な門は、この街の「白い心臓」の上──すなわち、正のエネルギーが流れて安心感と心地よさ、幸福感が生まれる地点──に立っていると言われている。国境を越えてプラハ、フランスのリヨンを結ぶ白魔術の三角地帯の一角である。

　ローマ帝国時代には、西の方角は光と影、善と悪が出会う場所と考えられていた。カステッロ広場は、当時、トリノの最も西に位置していたので、処刑と埋葬を行う場所と定められていた。広場の地下深くには、墓地の遺構が今も埋まったままだと言われている。おそらくこれが、カステッロ広場の暗黒エネルギーの源であろう。

▲トリノ王宮は白魔術の三角地帯の一角に建っているそうだ

魔女と妖術使いの影がさす場所

セイラム　マサチューセッツ州・アメリカ

1692年、このニューイングランドの町で情け容赦なく行われた魔女狩りは、集団ヒステリーと多数の死者を生む。

サミュエル・パリス牧師とその家族が、ジョンとティチューバという奴隷を連れてバルバドスからセイラムにやってくるやいなや、町の住人は異国からきたこのよそ者たちに疑惑と不安の目を向けた。ティチューバからアフリカの魔術についていろいろ聞かされて育った娘のベティ・パリスが新しい友人たちにその話を教えると、事態はさらによくない方向に向かい始める。退屈していた少女たちは遊び半分でオカルトに手を出し、魔除けをつくったり、呪文を唱えたり、森の中に魔方陣を描いたりするようになったのだ。

1692年1月、ベティと友人たちは異常な行動を見せるようになる。前のセイラムの牧師だったローソンによると、少女たちは金切り声をあげ、部屋中に物を投げつけ、口から奇妙な音を出して家具の下にもぐり込んだという。事情を聞かれた少女たちは、サラ・グッド、サラ・オズボーンをはじめとする町の老女と、ティチューバが魔術を行っていると名指しした。

> 棒にまたがって空を飛び、サバトに参加した、と彼女は証言した。

告発された女たちは尋問を受けている最中にも自分たちをピンで突いたりつねったりしている、と少女たちは訴えた。まもなくほかの女性や少女たちも同様の証言をし始める。捜査がマサチューセッツ全域に広がると、ティチューバは自分が魔女であると告白し、悪魔の手下の大きな黒い犬に命じられて少女たちを傷つけたと言った。そして、「グッドやオズボーンと一緒に棒にまたがって空を飛び、サバトに参加した」と取調官たちに話し、悪魔の契約書に血で署名した人たちの名前を挙げた。

町には死刑裁判を審理する判事がいなかったため、3人の女はとりあえず収監されて鉄の枷をはめられた。オズボーンは収監中に死亡し、ティチューバは告発される側からする側に転じた。集団ヒステリーは激しさを増し、告発される人はどんどん増えていった。その半年で150人近くの人々が逮捕された。多くは、恨みを持つ人間に復讐されたり、恋敵に足をすくわれたりした人々

▼魔女たちが吊るし首にされたギャロウズ・ヒル（吊るし首の丘）。告発された人のなかにはセイラムの牧師だったジョージ・バロウズもいた。彼は死の直前、主の祈りを唱えて周囲にパニックを引き起こした

演劇と映画における魔女狩り アメリカ人脚本家アーサー・ミラー作、1953年初演の『るつぼ』は、セイラムの魔女裁判と、登場する人物の人間模様を描いた戯曲である。当初は『The Chronicles of Sarah Good（サラ・グッドの物語）』というタイトルだったこの作品は、1958年、ジャン=ポール・サルトル脚色による『サレムの魔女』という映画になった。一方、ミラーの脚本は、1996年にニコラス・ハイトナー監督によって『クルーシブル』というタイトルで映画化され、ミラーはアカデミー賞脚色賞にノミネートされている。

▲セイラムの魔女裁判を描いたウィノナ・ライダー主演の映画『クルーシブル』（1996年）より

だった。住民の誰もが仕返しの恐怖に怯えていた。

1692年5月、新しい総督となったウィリアム・フィップス卿は、魔女の嫌疑をかけられた人々を裁き、判決を下すことのできる特別裁判所を設置した。同年6月、ブリジット・ビショップが最初に絞首刑となった。さらにサラ・グッドを含む多くの者たちがそれに続いた。有罪かどうかの判定は、「触覚」審査（被害者の発作が容疑者に触れて収まるかどうか）や「視覚」審査（被害者が容疑者を見て倒れたり失神したりするかどうか）で下された。

著名人たちのなかにも魔女の疑いを持たれる人々が現れ、告発の件数も増え続けていく。ついにはフィップス総督自身の妻までが告発を受けた。さすがにこれはまずいと見てとった総督は、審理を打ち切り、裁判所を解散した。住民たちも徐々に落ち着きを取り戻した。1711年、マサチューセッツ湾直轄植民地は、行政府として初めて、逮捕されていた人々を釈放し犠牲者の遺族に対し補償を行う。オールド・ベリーイング・ポイントという墓地の広場には、犠牲者の名前を刻んだベンチと慰霊碑が置かれている。

マンチャック・スワンプ

ルイジアナ州フレニエ・アメリカ

クレオールの魔女が、蒸し蒸しとうだるようなこの沼を漂いながら、好奇心旺盛な観光客を待ち伏せしているという。

▲魔女ジュリー・ブラウンの眠るマンチャック・スワンプに霧が立ちのぼる

ジュリー・ブラウンは、マンチャック・スワンプの静かな黒い水をたたえた沼地に、しばしばボートでこぎ出した。干潟、水中に沈んだ切り株、苔におおわれたヌマスギの倒木をよけながら水路を進む。蒸し蒸しとして湿度が高い。水の中にいるのとさして変わらない濃密な空気だ。朝霧に包まれた彼女のまわりに、泥と腐った植物のにおいが立ちのぼる。ふいに聞こえるバシャンという水音は、近くにワニがいる証拠だ。

ジュリーはフレニエでは有名人だった。近隣の人々は、ブードゥーに精通している彼女を恐れながらも、まじないや媚薬や魔除けを求めた。1915年のある朝、彼女は市場をぶらつきながら、目前に迫った自分の死について歌を歌っていた。その内容を聞いた人たちは衝撃を受けた。彼女が町全体を道連れにしようとしているのがわかったからだ。

それからまもなく、予言どおりにジュリーは原因不明の死を遂げた。葬儀の日、猛烈なハリケーンが町と沼地に襲来した。高さ10mもの津波が起こり、住民の大半が命を落とした。その多くは、ジュリーの葬儀に参列していた人たちだった。

生き残った人たちは魔女の呪いが続くのを恐れ、ハリケーンの死者たちとジュリー・ブラウンを共同墓地に一緒に埋葬した。沼地が広がって、この墓地は現在すっかり水没してしまった。ジュリーは、水の下の墓を見つけてやろうと、ワニが群れている沼地にボートを出す者たちのなかから、次の犠牲者を選ぼうとしているという。歌声が聞こえたら、それは彼女がそこにいる証拠だそうだ。

> **訪れるなら**
> ボートでめぐる観光ツアーに参加して、気味の悪い沼の静かな恐怖を味わってほしい。

セント・ルイス墓地

ニューオーリンズ・アメリカ

この美しい墓地に並ぶたくさんの豪華な霊廟のひとつに、ブードゥーの女王、マリー・ラヴォーが眠っている。

マリー・ラヴォーは1794年に自由黒人として生まれ、1881年にこの世を去った。誰もが恐れると同時に敬う、生きた伝説だった。そのマリーが眠っていると言われる墓には今も参拝者が絶えない。

マリーは毎日ミサに通う敬虔なカトリック信者だった。と同時に、ニューオーリンズ一有名で力のあるブードゥーの女司祭でもあった。薬草の知識も豊富だった彼女は、病やけがに関して広く助言を求められ、危篤に陥った病人や死刑囚に最後の食事を与えてその死に立ち会った。社会のあらゆる階層の人々から非常に頼りにされ、恋人を得たい、恋人の心変わりを防ぎたい、しつこい恋人から逃げたい、という依頼にも応じていた。

25歳のとき、マリーはジャック・パリと結婚するが、その半年後、彼は謎の失踪を遂げている。その後、彼女はクリストファー・グラピオンの内縁の妻となり、15人の子どもをもうけた。母親と同じ名前をつけられた末っ子のマリーは母親の跡を継いだ。

マリーの墓に願い事をするとその願いは叶う、と言われている。現金や葉巻、ホワイトラム、キャンディを供えると彼女は喜ぶということだ。魔術がよく効くようにと、墓石に×印を3つ書きつけていく人たちもいる。ブードゥーでは、司祭が死ぬとその魂は再び生命の川に入り、この世と隣り合わせの別の世界に行くと言われている。

▲亡くなる前年の年老いたラヴォー（座っている人物）

魔女と妖術使いの影がさす場所

▼セント・ルイス墓地、ラヴォー家の墓

ヘラム

ペンシルヴェニア州ヨーク・アメリカ

この小さな町の隣に広がる森の奥深くには、不気味な地獄の門の上に立つという古い精神病院がある。

19世紀、トード通り（現トラウト・ラン通り）からほど近いヘラムの森の中に、精神病院がぽつんと立っていた。ペンシルヴェニア中から精神を病んだ人々がここに送られ、拘束衣を着せられて独房に閉じ込められた。サディスティックな医師たちによる虐待がこの場所を生き地獄にした。やがて、地元住民のあいだに妙な噂が立つ。この病院で悪魔崇拝の儀式が行われているというのだ。

ある日、この建物で火災が起こる。地元消防士たちの到着が遅れ、大惨事を防ぐことはできなかった。上階にいた患者の多くは焼け死んだが、何百人もの患者が脱走した。火が広がるなか、何人かの危険な患者が森の中に消えた。鎮火後、逃亡者の捜索が行われたが、患者には悪魔が憑いていると思い込んでいた当局は、その多くを見つけしだい虐殺したのである。

この悲劇のあと、町の住民たちは通りの名前を変えてこの事件を忘れようとした。だが、トラウト・ラン通りとこの森は呪われている——今も多くの人がそう口にする。精神病院の建物に続く小道は、途中7カ所に立ち入り禁止の柵が設置されている。そこには、目には見えないが、地獄への7つの門があると言われている。5番目の柵が近づくと邪悪な空気が漂い始め、7番目の柵を越えると、そこはもうただの精神病院の跡地ではない。地獄への入口も足元にぽっかり口を開けているという。

> 7つすべての柵を越えたら足元に地獄への入口がある、と言われている。

▲フランシスコ・デ・ゴヤの『精神病院』

タール川

ノースカロライナ州エッジコム郡・アメリカ

死の使いであるバンシーはこう泣き叫ぶ──「私と同じ目に遭うがいい」。

独立戦争のさなか、イギリスから来た若い穀物商がタール川のほとりで製粉工場を始めた。開拓者たちの信念と新しい国家を求める気持ちに共感した男は、地元の市民兵たちに小麦粉を提供していた。

1781年、イギリス兵が彼の工場を襲う。工場の持ち主が反逆者であることを知っていたのだ。命の危険を感じた彼は、死の使いである恐ろしい怨霊バンシーにまつわる地元の言い伝えを思い出し、自分を殺した人間はバンシーに呪われるだろうと叫んだ。イギリス兵たちは大笑いして、彼を川に放り込んだ。彼が川底へと沈むとき、血も凍るような悲鳴が下流でこだましたという。

イギリス兵たちは製粉工場を兵舎に改装したが、粉屋の呪いにずっと恐々としていた。ある晩、兵士たちが眠る部屋にバンシーが現れた。1人の兵士を除いて全員が不気味な呪文で催眠術にかけられ、バンシーの後について川へ入り、溺れ死んだ。バンシーの泣き声が聞こえた人は、死期が近いと言われている。

◂タール川の岸辺に座り込むバンシーに用心せよ

デビルス・トランピング・グラウンド

ノースカロライナ州ベネット・アメリカ

世界の崩壊と人類の滅亡をもくろむ悪魔が策を練りながら歩き回っているので、この一画に草木が生えない。

ベネット近郊、ハーパーズ・クロスローズに隣接した森の一画については、昔からさまざまな憶測が飛び交っていた。数百年前から草木1本育たない直径12mほどの円形の地面があるのだ。そのうえ、ここに物を置くと跡形もなく消え、犬が意味もなく遠吠えし、なにやら悪しきものが存在する空気が漂っている。周辺の小道に物を置けば、まわりの茂みに放り出されてしまうという。

地元の言い伝えによると、地獄から出てきた悪魔が、世界を崩壊させるための悪だくみをあれこれ考え、地上の権力者たちを罵りながらこの場所で果てしなくぐるぐる回っているという。悪魔が踏みつけた地面の上で夜を明かそうとする物好きは少ないが、1960年代に2人のティーンエイジャーが、ここで野宿をしたらどうなるか真実を確かめようとした。テントの中で身を縮めていると、外ではだんだん風が強くなり、しまいには渦を巻く暴風に変わった。風が激しさを増してテントが吹き飛ばされ、これは悪魔の仕業に違いないと思った少年たちは、慌てて逃げ出したのだそうだ。

▴ノースカロライナの片隅ののどかな土地で、悪魔が仕事をしているという

タンタウコ公園 チロエ島・チリ

チロエ島の人里離れた森は、魔術師とその下僕たちが支配している。

▲インブンチェは、妖術使いの洞窟を見張る魔物だ

チロエ島では、家の外から突然悲鳴が聞こえたら、それは家族の誰かが死ぬ知らせだと言い伝えられている。その悲鳴の主は「チョンチョン」だ。チョンチョンとは、灰色の羽毛におおわれ、フクロウのような生き物に変身した男の妖術使いのことである。その家に病人がいれば、チョンチョンは、その血を吸って病人の魂を弱らせ、しまいには命を奪うと信じられている。

妖術使いたちは、人間の夫婦から生まれたばかりの男の赤ん坊を盗んできて、「インブンチェ」という下僕に仕立て上げると言われている。インブンチェが逃げないように、妖術使いはその片足を折ってねじり上げ、頭の後ろにくっつけてしまう。魔法の薬をインブンチェの背中に塗ると、黒々とした毛がびっしり生えてきて、真冬の凍てつく寒さからも身を守れる。妖術使いの洞窟を見張るインブンチェは、身の毛もよだつような悲鳴を上げて、洞窟に近づこうとする人間を追い払う。インブンチェを見た者は、永遠に凍りついてしまうという。

「ブルハ」と呼ばれる魔女たちは、鳥や獣に変身できる。さらに人間や動物に催眠術をかけたり、病気や死、事故を引き起こしたりすることができる。ほかの者に殺人を犯させることもできるし、潮の満ち引きを自在に操る力もある。見習いのブルハは40日間滝に打たれて身を清め、典礼などで受けたキリスト教の影響を我が身から完全に取り除く。そして愛する人を殺し、魂の解放を求めて悪魔と血の契約を交わさなくてはならない。それが済んでようやく一人前の魔女として認められ、悪魔の力を利用できるようになる。

> **訪れるなら**
> 妖術使いが最も活動的になるのは12月から3月のあいだと言われている。

ローズホール　モンテゴ・ベイ・ジャマイカ

ブードゥーの魔術を学んだかつての女主人が、大農場主によって作られた豪奢な屋敷の広間に潜んでいると言われている。

ジャマイカで最も贅を尽くしたプランテーションハウスの1つ、ローズホール。ここには、魔術に縁のある物語があふれている。始まりは、イギリス生まれでありながらハイチでクレオール人の老乳母に育てられたアニー・パーマーという女性だ。アニーは乳母から魔術を教わった。おとなになるとすぐにジャマイカに移り住み、ローズホール・プランテーションの当主ジョン・パーマーと結婚する。結婚して何カ月も経たないうちに、アニーは奴隷たちを自分のベッドに誘うようになった。ある日、夫が不貞の現場を見つけ、彼女を乗馬用の鞭で打った。アニーは仕返しに毒入りコーヒーを飲ませて夫を殺してしまう。そうやって彼女がローズホールを相続したときから恐怖が始まる。

アニーは、気に入らない、退屈だ、という理由で、奴隷や愛人、求婚者たちを次々と殺したと言われている。その残虐な行為と、魔術を少し勉強したことがあるという噂とが相まって、彼女は「ローズホールの白い魔女」と呼ばれるようになった。しかし、アニーの横暴は長くは続かなかった。彼女は、地元の呪医の孫娘ミリセントに呪いをかけるという致命的なミスを犯した。当時、ミリセントの恋人だったイギリス人会計士のロバート・ラザフォードに横恋慕したアニーは、ミリセントの身体が弱るように呪いをかけたのだ。だが、呪医の祖父は、奴隷たちの助けを借りてアニーをくびり殺した。

アニーは自分の持ち物とともに、ローズホールの敷地内に埋められた。噂によれば、彼女の「怨霊を退散させる」ブードゥーの儀式が執り行われたが、厳密な手順を踏まなかったために、今もアニーの怨霊がローズホールに出没するという。その後このプランテーションを所有した人々は皆早死にしたり悲劇的な死を遂げたりしたため、呪われた屋敷は150年以上も放置されたままになった。

> アニーは、気に入らない、退屈だ、という理由で、奴隷や愛人、求婚者たちを片端から殺した。

▼ローズホールは1960年代に修復された。写真は修復前の姿

カリブ海沿岸ブードゥーの五大重要拠点

カリブ海沿岸の伝説や信仰はブードゥーとカトリックの教義、そして民間伝承との融合から生まれた。そこには執念深い神々や恐ろしい魔術師、死をもたらす悪鬼などが頻繁に登場する。

❶ **ポルトープランス（ハイチ）**：ここブードゥーの本場では、黄泉の国に行く途中の交差点に死神ゲーデが立っていると言われる。ゲーデは黒服に黒眼鏡という葬儀屋の格好で現れ、彼に従う者たちは死体の姿を装っている。ブードゥーには、「ココ・マカク」と呼ばれる魔法の杖を持った魔術師たちもいる。ひとりでに歩く杖なので、敵のもとに送り込み復讐を代行させることができる。

❷ **ヴュー・フォール（セントルシア）**：ブードゥーの一形態オビアを行うセントルシアの魔術師は、苦しみや死をもたらすだけでなく、権力と富を授けてくれる存在でもある。しかし、その力がうまく働かないこともある。伝説によれば、ある魔術師が、1人の男に魔法の粉を飲ませて眠らせ、そのあいだに自分は精霊に扮して男の妻を抱いていた。だがある晩、魔法が効かず、魔術師は男にナイフで刺し殺されてしまったという。

▼聖なる木を囲んで執り行われるブードゥーの儀式

❸ **ブリッジタウン（バルバドス）**：オビアでもブードゥーでも、人間には「善い魂」と「地上の魂」という２つの魂があると信じられている。死ぬと善い魂は天国に行き、地上の魂はひつぎの中に３日間留まっている。ひつぎから逃げ出した地上の魂は、「ダッピー」という悪霊になる。バルバドスの人々は、後ろ向きに歩いたり、窓辺に薬草や喪服を吊るしたりしてダッピーを追い払う。

❹ **ハバナ（キューバ）**：キューバでは、重病人のもとへ「イクー」という神が肉体と魂をさらいにくる。この神を出し抜くために、オビアの魔女は病人の等身大の人形をつくる。そして病人の妻がその人形に夫の服を着せ、真夜中に墓地へ運ぶ。墓の前で泣いている妻の姿をイクーに見せ、病人がすでにこの世を去ったと思わせるのだ。

❺ **ラウダット（ドミニカ）**：この村には、浮気者を懲らしめてくれる「ラ・ディアブレス」という女悪魔が独り暮らしをしている。寂しい道の木陰に隠れ、不実な男を待ち伏せる。美しい女の姿をしているが、その容姿にそぐわないものが１つある——割れたひづめだ。もしもそのひづめを見とがめられたら、ラ・ディアブレスは急いでティトウ渓谷まで飛んで逃げなければならない。たちまち醜い鬼婆に変身してしまうからだ。

☆ 魔女と妖術使いの影がさす場所

マヤン　アッサム州・インド

黒魔術で有名なこの地域は、何世紀も昔から呪術が盛んに行われてきた。

▲神秘的な雰囲気に包まれる夜明けのマヤン

マヤンに赴任した役人が、ある村人の主催する宴会に招かれた。豚肉の蒸し物や魚など、おいしそうな郷土料理がずらりと目の前に並べられた。ところが1つ足りないものがあった。唐辛子がない。役人が唐辛子を所望したところ、主人は愛想よく微笑んで両手を叩く。すると、唐辛子がぴょんぴょん床を跳ねながら部屋に入ってきた。

こうした魔術にまつわる話は、何世代にもわたってアッサム地方の人々を魅了してきた。マヤンの魔術使いは一にらみで人を動物に変えたり、荒ぶる虎を大人しくさせたりできると言われている。魔術が他国の侵略からこの地方を守ったという話も数えきれないほどある。ムガル帝国の文献には、17世紀中ごろ、マヤンの魔術師が、敵対する皇帝アウラングゼーブ率いる軍隊をどうやって阻止したか、いくつもの記録が残っている。18世紀になると隣国ミャンマーの部族による侵攻をくい止めるため、魔術師たちがマヤンの町の周囲にまじないをかけて炎の輪で町を囲み、誰も突破できないようにした。古くは1332年、この魔術の牙城に攻め込んできたトゥグルク朝のムハンマ・ビン・トゥグルクの軍勢が、跡形もなく消滅している。今日でも、マヤンの名高い魔術師たちのもとで修行をしようと、津々浦々から妖術使いや神秘主義者たちが集まってくるという。

> **訪れるなら**
> マヤンの魔力が特に強力になるのは冬のあいだだと言われている。

バーンガル砦　ラージャスターン州・インド

魔女と妖術使いの影がさす場所

二重の呪いによって滅んだバーンガルの遺跡に、鐘の音と亡霊の囁きが響く。

17世紀のこと、バルー・ナトという非常に力のある魔術師が、バーンガルに砦を築くという案を受け入れた。その際彼は、自分の住居に建物の影がかからないようにすること、という条件を出した。マハラジャの息子の代になるとこの条件は忘れ去られ、城の建て増しが行われた。おかげでバルー・ナトの住居には陽の光が射さなくなった。バルー・ナトは仕返しにこの町に呪いをかけた。

17世紀の伝説によれば、「ラージャスターンの至宝」と称えられたラトナヴァティ姫が18歳の誕生日を迎えると、遠国からたくさんの王子たちがやってきて求婚するようになったという。姫に恋したシンギアという地元の若い魔術師は、姫がバーンガルを離れてしまうことを恐れ、恋の魔法をかけることにした。姫と侍女が市場で香油を買い求めているところに偶然出会った彼は、魔法の剣を引き抜いて空中に印を描き、その香油を媚薬に変えたのだ。その香油が肌に触れた瞬間、姫は魔法にかかるはずだった。ところが、姫はその魔法に気づき、香油をその場で全部地面に注いで捨ててしまった。地面に落ちた香油は大きな丸い岩となって広場を転がり、魔術師を押しつぶした。魔術師は虫の息でバーンガルとそこに住むすべての人々に呪いをかけた。

翌年、姫は戦で虐殺され、飢饉がバーンガルを襲った。そして町も砦も打ち捨てられてしまったという。

現在の城塞はたいへん美しい遺跡だ。だが日の入りから日の出までのあいだは観光客の立ち入りが禁止されている。かつて隆盛を誇ったバーンガルは姫が戻って呪いを解いてくれるのを待っている、と多くの人々が言う。

▲シンギアの剣は香油を媚薬に変えた

▼一度見たら忘れられない美しさのバーンガル遺跡は、今もラトナヴァティ姫の帰りを待っている

青木ヶ原樹海　山梨県・日本

富士山麓のこの森は、逃げ場のない絶望感に包まれている。

「樹海」と呼ばれる陰気な青木ヶ原の森は、日本の最高峰、富士山の麓に広がっている。木々からは生い茂った蔓植物が垂れ下がり、暗く禍々しい雰囲気のこの森は不気味なほど静まり返っている。樹木が密生しているので風もない。野生動物は棲息せず、氷穴の氷はけっして溶けない。磁石は狂って役に立たないと言われている。

日本の伝説では、富士山は天界への入口だと信じられている。火を司る富士の女神がこの山を通って初めて地上に降りてきたとき、女神の歩いた跡から炎が上がり、不思議なエネルギーの通り道が山腹に深く刻まれた。このエネルギーが磁石のように働くために、森に足を踏み入れたらもう出られないのだと言われる。

この森の斜面には幽霊が出没するという。生前の罪を償うことなく死んでしまい、ここから出られなくなってしまった人々の霊である。日本の神話には「天狗」という魔物が登場する。鳥に似た姿をした破壊的な怪物だ。12世紀に悪名を馳せた天狗は、崇徳天皇の御霊神だと信じられていた。崇徳天皇は後白河天皇に天皇の座を追われた上に流罪となり、怨霊となって国を呪ってやると誓いながら、失意のうちにこの世を去った。天狗となった彼は、半分は人間の身体に力を蓄えるため、長いかぎ爪と鷹のような目を使って少年や僧を襲い、性器を食いちぎって食った。少年たちの多くは、去勢された身体で泣きそぼちながらもなんとか家に帰ることができたが、僧たちは青木ヶ原の森の木に逆さ吊りにされ、そのまま死ぬか正気を失うまで放置された。

> 野生生物は棲息せず、氷穴の氷はけっして溶けず、磁石は役に立たない。

▲富士山を描いた北斎の木版画。この山の雄大さがよく表現されている

浄蓮の滝

静岡県・伊豆・日本

日本有数の滝に、邪悪な蜘蛛の化身が死の巣をかける。

日本の民間伝承では、「女郎蜘蛛」が400年ほど生きると魔力を身につけると言われている。魅力的な女に姿を変えて、男たちを死に誘う魔物となる。こんな伝説もある。男が浄蓮の滝の下で休んでいると、1匹の蜘蛛が出てきて彼の足に糸をかけた。男がその糸を切って木の切り株に結び直すと、その切り株はすさまじい力で引き倒され、はずみで後ろ向きに滝に落ちた男は溺れ死んだ。

それ以後村人たちは、この妖蜘蛛を恐れて滝に近づかなくなった。けれどもある日、別の村の木こりが滝の近くで木を切っていると、美しい女が一糸まとわぬ姿で水浴びをしている。欲心を抑えきれず、密かに水浴びをする女を見ようと、木こりは毎日滝に通った。ところが男の身体はどんどん衰弱していった。

木こりはこの呪いを解くために、近くの寺の僧に頼んで滝まで同行し読経してもらうことにした。経を唱えると、女は蜘蛛の姿に戻り、絹のような糸で2人を絡め取った。経の力でなんとか糸を断ち切り、2人は逃げ出すことができたが、女の色香にすっかり惑わされていた木こりは愚かにも滝に戻ってしまう。そして再び絹のような糸に捕らわれて滝に落ち、今度は二度と浮かんでこなかった。

▲女郎蜘蛛はなまめかしい妖婦に変身し、男たちを罠にかける

▼美しい浄蓮の滝の穏やかさにだまされてはいけない

魔女と妖術使いの影がさす場所

バンコク　タイ

生首が血のしたたる内臓をぶら下げたまま、タイの村や森を飛び回る。

▲クラスーは、髪を振り乱し、ぶら下がったはらわたをなびかせながら妊婦を襲う、恐ろしい魔物だ

東南アジア全域の伝説に共通して登場するのが、美女の生首の姿をした魔物だ。タイでは「クラスー」と呼ばれるこの生首は、首の切り口からはらわたをぶら下げた邪悪な存在だ。

　タイの民間伝承によれば、クラスーはクメールの王女の霊だという。大貴族に嫁ぐことが決められていたが、彼女は一介の兵士と恋に落ちる。恋人たちの逢い引きの現場を押さえた王は、王女に火あぶりの刑を申し渡した。処刑の直前、王女は女魔術師に頼んで炎から身を守る呪文を唱えてもらった。呪文は強力だったが時はすでに遅く、無事だったのは王女の頭と内臓の一部だけだった。それ以来、頭と内臓だけの姿で彼女は永遠に国中をさまようようになったのだ。

　クラスーは、堕胎したことで呪われた女の怨霊だと言われることもある。この怨霊は、まるで像の鼻のような長い舌を使ってほかの女性の子宮から胎児や胎盤をすくい出し、怨念を晴らす。妊婦を守るには、女性の近親者が家のまわりにトゲのついた木の枝を置き、クラスーが窓から飛んで入ってくるのを防がなければならない。出産後は胎盤をクラスーから隠すために、近親者が遠くへ運んで土に埋める場合もある。日中、クラスーは老女に姿を変えていることもあるが、夜が明けるまでに首が切り取られた死体を見つけられなければ、激痛の中で死ぬと言われている。

訪れるなら

比較的涼しい12月なら、低いところを飛んでいるクラスーを見つけられるかもしれない。

バハラ　アルダヒリーヤ地方・オマーン

ジャバル・アル・アフダル高地の麓にある要塞都市。立ち並ぶ砂岩の塔には魔物が取り憑いている。

古代から続く貿易ルートの重要都市バハラ。イスラム教が伝わるずっと以前は、黒魔術が非常に盛んな地域だったそうだ。その暗い過去にまつわる伝説はさまざまあるが、特に人が消えたり動物に変身したりする話が多い。

ユネスコの世界遺産に登録されてから、バハラ城塞を考古学的に修復する作業が始まった。しかしこの修復は、見えない力に妨害されて思うように進んでいない。作業に丸一日費やして完成させた箇所が、万全の警備体制にもかかわらず、翌朝には破壊されていることもたびたびある。これは魔物の仕業だと皆信じている。

1000年以上前、バハラの村人たちが魔術を使った男に石をぶつけて死なせたという。城塞の礎石は、その男の墓の上に置かれたとも言われている。彼の弟子たちが墓を聖廟に建て替えるのを防ぐためだ。地元の言い伝えによれば、裏路地にこの男の幽霊が現れるようになり、彼が墓の下から黒魔術を教えているという噂が流れた。13世紀に巨大な城塞が完成すると、死んだ魔術師は標的を部族の指導者たちに変え、死と破壊をもたらした。

バハラの古いスーク（野外市場）の中央に立つニュウコウジュの木には魔法がかかっており、死んだ魔術師の魂が宿っていると信じられていた。よそ者がこの木に触れると、大きな不幸や突然の死に見舞われると言われた。その木がついに切り倒されることになったが、幹に斧を打ち込むと突然炎上し、まわりのものすべてを焼きつくしてしまったという。この魔術師は、城塞周辺に広がる、迷路のような日干しレンガ造りの住宅地に、今でも姿を現すそうだ。

▲魔法のかかったニュウコウジュの木は、切り倒されるまで魔術師の怨霊を宿していると言われていた

魔女と妖術使いの影がさす場所

▼ジャバル・アル・アフダルの山影に広がる町とそれを見下ろすバハラの古い城塞

ダーバン クワズール・ナタール州・南アフリカ

ズールー族に特に恐れられている魔物「トコロシェ」は、現代の都市生活者たちにとっても恐怖の対象だ。

乾燥したサバンナでも、辺鄙な山村でも、ダーバンの中心街でも、現代の南アフリカ人は、ズールー族の民間伝承に畏敬の念を抱いている。特に、人間に化ける悪霊「トコロシェ」は、彼らにとって今も身近な存在だ。魔術師たちはトコロシェを使って人々に危害を加え、呪いをかけ、恐怖を与える。

目玉をくり抜かれたゾンビといった姿のトコロシェを使えば、恐ろしい姿で泥棒を追い払うことができるのはもちろんだが、敵に重い病気や死をもたらすこともできる。眠っている処女を妊娠させるとも言われている。被害者は、悪魔の子とは知らずに我が子を育てることになる。

トコロシェを完全に退治できるのは呪医だけだが、処女を懐妊させないようにするには、一般の人でもできる対策がある。ベッドをレンガの上に載せて高くし、トコロシェの手が届かないようにすればよい。

今日でも人々はトコロシェの存在を強く信じている。新聞にも被害に遭ったと訴える人たちの記事がたびたび掲載される。1970年代には、ズールー族の男性が、自分の妻にトコロシェが取り憑いた時のことを証言している。恐ろしい怪物が生まれることを恐れた男は呪医に相談した。たくさんの呪文が唱えられ、多くの儀式が繰り返されたが、生まれた赤ん坊は足が曲がり、肌はまるで火傷したように赤くただれていた。そこで、呪医が子どもから悪霊を追い払う特別な呪文を唱えると、数カ月後、子どもの肌も足も治ったという。

◀呪医はトコロシェを追い払うことができる

アサバ デルタ州・ナイジェリア

部族間の長い紛争の歴史のために、ニジェール川の河口デルタ地帯に住む人々のあいだに根強い魔術信仰が生まれた。

ニジェール川の広大なデルタ地帯に暮らすイボ族の人々はこんなことを信じている。近くに住むヤコ族が魔女の手を借りて敵に戦いをしかけているというのだ。魔女たちは、夜になると被害者の身体がからからに干からびるまでその心臓や血液を吸い取って殺す、と言われている。また、イボ族の人が眠っているあいだに気道を押しつぶしたり、屋根の上に腰かけて呪いをかけたりするのだそうだ。

ヤコ族の魔女は、死んだばかりの人間の霊を操り、悲しむ遺族を恐怖に陥れることもできると信じられている。死体の舌を切り取り、頭に釘を打ち込んでゾンビにし、真夜中に次の犠牲者のもとへ送り込んで催眠術をかけるとも言われる。

イボ族のシャーマンが先祖の霊を慰めようとして、誤ってヤコ族の魔女を呼び出してしまったこともあったと考えられている。昔から、先祖の霊からの反応がない場合は、正体のわからない霊体を呼び出して力を借りていたからだ。ヤコ族の魔女が善良な先祖の霊を出し抜いて、罪もない人々に死や破滅をもたらした──イボ族のあいだではそう言われている。

▲ニジェール川のデルタ地帯に魔の刻が訪れる。ここでは、不思議なことが起きると今も強く信じられている

キーラ山スカウトキャンプ
ニューサウスウェールズ州ウーロンゴン・オーストラリア

オーストラリア東海岸の亜熱帯の森には、人間を丸飲みする悪魔が待ち伏せている。

オーストラリア先住民アボリジニの神話に登場する「ヤラ・マ・ヤー・フー」は、赤黒い肌に大きすぎる頭、浮き出た血管、手足の指先が蛸の吸盤のようになった姿で、葉が生い茂るイチジク属の木に猿のように腰かけている。なかでも、ウーロンゴン近郊の宿泊研修施設キーラ山スカウトキャンプにそびえ立つオオバゴムノキが大のお気に入りだ。この化け物は歯のない口をぱっくり開けて、人間1人を飲み込むことができる。

ヤラ・マ・ヤー・フーは日がな一日ごろごろしながら、何も知らない人間が木の根元に腰を下ろして休むのを待っている。獲物が居眠りを始めると木の幹をそろそろと這い下りてきて、その肌に吸盤をくっつけ、死ぬ寸前のところまで血を吸い取る。獲物はすっかり衰弱して身動きできず逃げられない。ヤラ・マ・ヤー・フーはおもむろに横たわる獲物の身体を丸飲みにする。それから近くの川の水でごちそうを流し込むと、イチジクの木に戻って食休みだ。ところが翌日になると、ヤラ・マ・ヤー・フーは飲み込んだ獲物を吐き出す。その身体は無傷で、襲われたことが嘘のようだ。

アボリジニの神話によれば、ヤラ・マ・ヤー・フーが人を襲うのは昼間だけだ。チャンスさえあれば一度襲った人間を二度、三度と繰り返し襲う。そのたびに犠牲者は少しずつ縮んで血色も悪くなり、自分もだんだん血を欲するようになる。同じオオバゴムノキの下で幾晩も眠ってしまうようなうっかり者は、その日のうちにヤラ・マ・ヤー・フーになってしまうとアボリジニの人々は言っている。

▲胎児のように肌が赤いはだかんぼうのヤラ・マ・ヤー・フーは、手足の指先についた吸盤でがっちりと獲物を捕らえる

▼ヤラ・マ・ヤー・フーは、このオオバゴムノキの大木の枝に腰かけるのが大好きだ

魔女と妖術使いの影がさす場所

▲アブ・シンベル神殿の入口（19世紀の版画）

聖地

ストーンヘンジ　　ウィルトシャー・イギリス・イングランド

イングランド南部、吹きさらしの平原に、世界で最も強く人の想像力を掻き立てる古代遺跡がある。

6月21日、夏至の日に、何千人もの人々がストーンヘンジに集まってくる。日の出の位置が、並んだ巨石の中央軸の延長線上にほぼ完璧に重なるのだ。やってくる人々のなかには、現代のドルイド僧たちもいる。大昔のイギリスに根づいていた「古来の宗教」を信奉する人たちだ。17世紀イングランドの歴史家ジョン・オーブリーは、ストーンヘンジのような巨石遺跡を古代ドルイド教徒の祈りの場と考えていた（囲み参照）。放射性炭素年代測定やブルーストーンの組成分析の結果から、ストーンヘンジは紀元前3000年から2000年のあいだにつくられたことがわかっている。一度にできたわけではなく、何段階かに分けてつくられた。いちばん最初にできた堀と土塁はシカの角を使ってつくられた。石が立てられたのは紀元前2600年前後。比較的小さなブルーストーンは、250km離れたウェールズから運び込まれている。新石器時代の人間にとってはたいへんな大仕事だったはずだ。この遺跡をめぐっては、さまざまな仮説や伝説が生まれている。ジェフリー・オブ・モンマスは、1136年、ブリテン島の諸王の歴史を記録したと主張する書物を著した。その中で彼は、ブリトン人の王アンブロシウス・アウレリアヌスのたっての頼みで、魔法使いのマーリンがこの環状列石をアイルランドから移動させたと書いている。モンマスによれば、アンブロシウスは、ソールズベリー平原に侵攻してきたサクソン人によって罠にかけられ殺されたブリトン人を追悼する記念碑をつくろうとしたという。モンマスは、ストーンヘンジにはアンブロシウスが埋葬されていると述べている。同様にアーサー王の父ユーサー・ペンドラゴンもここに埋葬されていると主張した。また、マーリンがアーサー王に教育を施したのもこの場所だという。ストーンヘンジがアーサー王と結びつけて考えられるようになったのは、

> モンマスは、マーリンが魔法を使ってアイルランドから石を運んだと述べている。

▼ソールズベリー平原にくっきりとした輪郭を見せる石の群れ。一目見たら忘れられない光景だ

ドルイドの魔術 ドルイド僧が古代のイギリス社会で重要な役割を担っていたことは間違いないが、厳密にどのような働きをしていたのかを示す明確な証拠はまったくない。ユリウス・カエサル、スエトニウス、キケロなどは、ドルイド僧が魔術を行い、人間を生け贄に捧げているという記述を残している。しかし、現代の研究者は、大昔の未開の人々であっても、殺人を犯す魔法使いを崇拝していたと考えるのはおかしい、と疑問を呈している。むしろ、往時の歴史家がローマの敵の評判を貶めるためにセンセーショナルな噂話を記録しただけなのではないか、と彼らは考えている。信頼できる資料はまったく存在しないが、ドルイド僧とは、皆に尊敬され、一族の人々に助言を授け公正な裁きを行っていた長老だったのではないだろうか。

▲ヤドリギを切るために使われる、儀式用の鎌と剣を持ったドルイド僧。大プリニウスによれば、ドルイド僧はヤドリギを用いて不妊を治療したという

モンマスのこの記述がきっかけとなっている。ストーンヘンジの入口のすぐ外に、ヒールストーンあるいは「修道士のかかと」と呼ばれる石がある。高さ5メートルのごつごつとして細長く尖った石だ。ストーンサークルの方に向かって少し傾いている。夏至にサークルの入口から北東方向を見ると、太陽がちょうどヒールストーンの真上から昇ってくるように見える。言い伝えでは、この石は悪魔に投げられて今の場所に刺さったという。悪魔はアイルランドの女から石を買い、1枚の布に包んでソールズベリー平原まで運んできた。運び終わった悪魔は、得意げに、この石がどうやってここにやってきたのか、その謎は誰にも解けまい、と叫ぶ。そこへ通りかかった修道士がその傲岸な言葉を聞いて笑った。独り言を人に聞かれてしまって怒り狂った悪魔は、石の1つを修道士めがけて投げつけた。石は修道士のかかとに当たり、それから地面に深く刺さった。以来、その石は、ヒールストーンまたは「修道士のかかと」と呼ばれるようになったのである。

ルッドの教会   スタッフォードシャー・イギリス・イングランド

深い、天然の岩の割れ目には薄もやが渦巻き、斜面は深く苔におおわれている。大自然の力を実感できる場所だ。

グラッドバックの小さな集落から山を登っていくと、深い岩の亀裂が現れる。数百万年前の地すべりでできたものだ。その中には原始の小宇宙が広がっている。この神秘的な岩の割れ目に太陽の光が届くのは、年に一度、夏至の日だけだ。「ルッドの教会」という呼び名は、ケルト神話に登場する河の神に由来している。グリーンマンや聖杯伝説の中の漁夫王とも関係のある、大地の豊饒を象徴する神だ。ここは、何百年ものあいだ、逃亡者や反逆者の隠れ家となってきた。

15世紀、ロラード派と呼ばれる宗教異端者のグループがこの付近の森で集会を開いていた。ジョン・ウィクリフの教えに従ったロラード派の人々は、その信仰故に迫害を受けた。ロラード派の人々のなかには、この岩の割れ目の名前は、夜の秘密集会に参加していて逮捕されたウォルター・ド・ルダンクにちなんでいると主張する人もいる。

高い岩のくぼみに船首像が飾られていたことがある。「レディ・ルッド」と呼ばれるこの像は、1862年に、ロラード派の神父の娘が死んだことを悼んで、当時の地主が置いたものだ。

めったに人の目に触れることのないこの場所は静けさに包まれ、魔法にかかっているかのようだ。苔むした窪地。露に濡れたシダ。大自然の不思議な力に満たされたこの場所なら、異教の神々の姿も容易に想像できる。周辺の森には狩人の幽霊もいると言われている。イギリスの民間伝承に登場するグリーンマンのように、全身苔と葉でおおいつくされた姿でさまよっているという。地元に伝わる伝説では、乗っていた馬がこの割れ目の縁で突然立ち止まったために、この狩人は断崖の底へと振り落とされてしまったのだそうだ。

▲伝説の王ルッドとその両脇をかためる息子、アンドロゲウス（左）とテオマンティウス

▼ルッドの教会の周辺は、苔むした岩やねじ曲がった樹木におおわれ、まるで原始の世界のような雰囲気だ

ニューグレンジ

ミース州・アイルランド

新石器時代の昔から何千年ものあいだ、人々はこの聖なる殿堂の石室から冬至の太陽を見つめてきた。

5000年ほど昔、神官や支配者が、毎年、冬至——太陽が最も低くなる日——が来たことを見定めるために、身を縮めて狭い通路を通りニューグレンジの石室の中につめかけた。彼らは、太陽の光が一筋、ルーフボックス——聖堂入口のすぐ上にある開口部——を通って床を照らすのを待ち受ける。この現象が新しい年の始まりを告げる。現在でも、ニューグレンジで冬至の日に起こるこの現象を見るために人々がやってくる。ただし中に入れるのは抽選で当たった人だけだ。12月21日の太陽が高く昇るにつれて、光線は拡がり石室全体に光があふれる。この状態が午前9時ごろから17分間続く。ニューグレンジには水晶が使われている。水晶は発光する石として知られている。大地と空をつなぐ石であり、生命力や霊魂の象徴であると考えられていた。キリスト教が伝来する以前のケルト神話では、アイルランド語でブルー・ナ・ボーニャ（ボアーンの宮殿）と呼ばれる地域にあるニューグレンジは、戦いの神ダグザと河の女神ボアーンの物語の中で重要な意味を持っている。ダグザとボアーンは愛し合っていたが、その事実を秘密にしておかなければならなかった。それぞれ別の神と結婚していたからである。そこでダグザは9カ月間太陽の動きを止める。太陽が一巡りするあいだにボアーンが懐胎し出産できるようにすれば、妊娠していたのはたった1日ということになり、誰にも気づかれないからだ。2人のあいだに生まれたのが若さと詩の神、オェングスである。成長したオェングスは、カー・イーボーメヒという白鳥に変身する女神に恋をする。カーを手に入れるためには自らも白鳥に姿を変えなければならない。変身したオェングスは愛しい恋人ともに生まれ故郷に飛び去った。以後その場所はオェングスが祀られた聖地となる。

> 太陽が昇るにつれて光線が拡がり、石室全体が光に包まれる。

▲この遺跡の一部には複雑な模様が刻まれた石が使われている

カルナック列石　ブルターニュ・フランス

ブルターニュ地方南部には、謎めいた巨石がピタゴラスの三角形を形成している。

ブルターニュ南海岸の町カルナックの平原には、およそ4000個もの巨石が並んでいる。ケルト以前の文明に属する人々が紀元前4000年ごろに立てた、物言わぬ兵士たち。気が遠くなるほどの壮観さだ。伝説では、この土地の聖人、聖コルネリウスを迫害したために、神によって石に変えられたローマの兵士たちだと言われている。石は、メネク、ケルマリオ、ケルレスカンというそれぞれ特徴のある3つのグループに分かれている。

この石の林がなぜつくられたのか、さまざまな仮説が立てられてきた。古代の神殿の参道だったが、神殿本体はとうになくなってしまったと主張する人もいれば、冬至の日と夏至の日にそれぞれ太陽がどの位置に来るかに合わせて石が並べられており、古代の天文観測所だったに違いないと言う人もいる。

最も多くの支持を集めている説は、付近一帯が巨大な共同墓地だったが、墓碑や遺骨は浸食作用で失われ、花崗岩の石だけが残されたというものだ。比較的大きな石は、一般に墓だと考えられている。付近の古墳からは、石の容器やビーズ、斧頭などの副葬品が出土している。

地球外文明人が生まれ故郷の銀河を礼拝する場所だったのか？

石の配置がピタゴラスの三角形を形成していると指摘する人もいる。だからといってなにかがわかるわけではなく、逆に謎は深まるばかりだ。ピタゴラスが生まれたのは紀元前580年ごろ——カルナック列石が立てられるよりもはるかに後のことだ。知的に高度な発達を遂げた地球外文明が、ブルターニュ地方の南端にあるこの地を使って遠い生まれ故郷の銀河と交信していた、という説はいかがだろう？

▼メネク列石群では、さまざまなサイズの石が11列並んでいる。列同士の距離が次第に狭まり収束していく

ラスコー洞窟 ドルドーニュ県・フランス

この旧石器時代の洞窟を発見した4人のティーンエイジャーが遭遇したのは、天文地図なのだろうか？

1940年のある暑い夏の日、マルセル・ラヴィダは、3人の友だち、ジャック・マルサル、ジョルジュ・アグネル、シモン・コエンカと一緒に、モンティニャック村の近くで偶然見つけた洞窟に入っていった。小さな懐中電灯1本で照らし出されたものを目にした少年たちは驚きで目を見張った。見たこともないようなすばらしい動物の絵が壁一面をおおいつくしていたのだ。ラスコー洞窟の壁画は1万7300年前のものと推定されている。およそ900の絵は動物を描いたものだとわかっている。馬、牡鹿、牛、野牛、ネコ科の動物などだ。熊とサイも1頭ずついる。大きな洞窟の1つにある「雄牛の間」と呼ばれる場所には、長さ5mもある雄牛が描かれている。単独のモチーフとしては最大の洞窟画だ。だが、話はこれで終わらない。雄牛の間にあるさまざまな抽象図形は、全体が1つの天体地図だと信じている人もいる。大きな図形1つ1つが、旧石器時代に見えていた星座に対応しているというのだ。これらの絵はもっと不思議な物語を表しており、なにかを象徴したり神聖な意味があったりするのではないか、と指摘する研究者もいる。例えば、勃起した男根と、かぎ爪のような手を持つ鳥人間が地面に横たわっている絵がある。一方の手で野牛を指し、もう一方の手は棒の先端にとまった鳥を指している。これは何の象徴なのか？

▲雄牛の間

アルタミラ洞窟 ラスコー洞窟発見の60年前、スペイン北部の地下に広がる巨大洞窟が偶然発見されている。落石で入口がふさがれていたものが、1万5000年ぶりに人の目に触れた。旧石器時代に描かれたアルタミラの壁画（右）には、それまで西暦紀元が始まってから発達したと考えられていた手法が用いられている。

聖地

シャルトルのラビリンス　フランス

かつて、ゴシック様式の大聖堂といえば、シャルトル大聖堂のような巨大迷路のあるものが多かった。

シャルトル大聖堂の床には、13世紀につくられた不思議なラビリンスがある。直径が12.9mもあり、身廊の幅いっぱいに広がっている。通常はその上に椅子が並べられているので全体像はよく見えないのだが、2月から11月にかけての毎週金曜日には椅子を取り払い、訪れた人々が迷路をたどり、中心に吸い寄せられていくような、不思議な感覚を体験できるようになっている。中世の聖職者は、イースターでの踊りの際、ステップを踏む目印としてラビリンスを利用していた。しかしラビリンスは、巡礼がその大聖堂を目指して歩む旅路を象徴するものでもあり、その旅の終点であった。その後、キリスト教会は、ヨーロッパ各地の大聖堂にラビリンスを撤去せよという命令を出した。そのような迷路の起源が異教徒的だとされたのである。しかし、シャルトル大聖堂のものはなぜか撤去をまぬがれた。ギリシャ神話には、ダイダロスが、クノッソスにあるミーノース王の宮殿の地下にミーノータウロスを閉じ込めるため、迷宮をつくったという物語がある。シャルトル大聖堂のラビリンスの中央に埋めこまれていた銘板には、ミーノータウロスをモチーフにした浮き彫りが刻まれていた。ミーノータウロスを殺そうとするテーセウスと、彼が迷路から脱するための道しるべとなる糸玉を持つアリアドネーである。この銘板は、フランス革命の折りに、大砲をつくるために鋳溶かされた。

▲このラビリンスの謎を解明した者はいない

魂の窓　シャルトル大聖堂には、13世紀につくられたバラ窓が3つある。西の窓のテーマは最後の審判。天使がラッパを吹き鳴らして墓から死者を呼び出す場面だ。北の翼廊の上には聖母マリアを中心に、マリアを讃える天使たちとハトという図柄。南側のバラ窓にはキリストが描かれている。

モン・サン＝ミシェル　ノルマンディ・フランス

天国に向かって舞い上がる尖塔。おとぎ話の城のような建物。その偉容は、数キロ先からでも見ることができる。

夕暮れのサン＝ミシェル湾。砂浜や潮だまりは深い赤色に染まる。モン・サン＝ミシェルの修道院の輪郭が、地平線からくっきりと浮かび上がる。フランスの作家ギ・ド・モーパッサンは、この由緒あるキリスト教の島が夕闇に沈む様子を、「レースのように繊細にカットされた、みごとなカメオ細工のごとき巨大な宝石」にたとえた。この島が夕暮れに赤く燃えるのは、血みどろの幽霊たちのせいだと言う人もいる。百年戦争の際、この島はイングランド軍の攻撃を受けた。長くむごたらしい包囲戦となり、2000人ものイングランド兵が守備隊に殺され、幽霊となった彼らが、この島に取り憑いているというのだ。

5～6世紀には、この島にガリアを守護するローマの砦が築かれていたが、8世紀になるとフランク族の略奪を受けた。キリスト教徒に伝わる伝説では、708年、大天使ミカエルがアヴァランシュの司教オーベールのもとに現れ、この岩だらけの小島に教会を建てよと命じたという。最初、

大天使ミカエルは、オーベールの額に指を触れ、稲妻で脳天に穴をうがった。

オーベールはその命令を無視していたが、大天使が指で彼の脳天に穴をうがって叱責したため、天使の指示を実行に移すことにする。

ローマやサンティアゴ・デ・コンポステーラ同様、モン・サン＝ミシェルは中世の知的かつ精神的中枢だった。そのため、重要な巡礼地となっている。1000年近くのあいだ、男も女も子どもも、流砂や強い潮の流れといった危険にもかかわらずこの岩山を目指した。フランス革命（1789～1799年）のさなか、フランスでは修道院制度が廃止され、モン・サン＝ミシェルの修道院は監獄として使用されるようになる。300人ほどの修道僧が土牢に閉じ込められた。再び修道院として使われるようになったのは19世紀末のことである。

▲有史以前は本土と陸続きだったが、海面が上昇して島になった

エクステルンシュタイネ　デトモルト近郊・ドイツ

ドイツ、トイトブルクの森には、象徴的な意味を持つと言われる砂岩の柱が5本立っている。

　何百万年もの時を経て奇態な形に浸食された岩の柱が、森の中から不意に姿を現す。エクステルンシュタイネと呼ばれる岩だ。ここは原始の昔から崇拝の対象となってきた。付近から石器が発見されていることから、有史以前にすでに人が住んでいたことがわかる。柱の配置に天文学的な意味があることを考えると、この場所が古代の宇宙論において重要な、聖なる場所であったことがうかがわれる。

　柱の基部に掘られた、凍えるように寒い洞穴で、キリスト教の隠者たちが生活していたという記録が残っている。この岩が持つ異教のパワーを打ち払おうとしたのだという。やがて修道士たちは、キリスト降架などの彫刻を岩壁に施していった。12世紀には、十字軍から帰還した騎士たちがエクステルンシュタイネに参拝するようになっていた。さらに時代が下ると、地元の代々の伯爵が、砦、別荘、監獄など、さまざまなかたちで岩の柱を利用する。

　人々は、この5本の柱には超自然的な性質があると考えている。岩に開けられた穴は、地球内部への入口、あるいは地球の強力なエネルギーが放出される吹き出し口だと想像する人もいる。現代の神秘主義者やドルイド教徒は、夏至と冬至、ワルプルギスの夜（4月30日。魔女が酒宴を催す日）に柱の下で集会を開いている。

　最も高い柱の頂上には、屋根のない礼拝堂があり、そこへは金属の橋を渡って行くことができる。岩に直接彫り込まれた祭壇があるが、上部の岩にうがたれた小さな丸窓から、夏至の朝、登る太陽の最初の光が祭壇内部に射し込むようになっている。月の出が最も北に寄ったときにも、月光が同じように射し込む。

▲柱の基部で生活していた中世の修道士

▼先史時代から、人間はこの岩の柱に魅せられてきた

あわせて読みたい：138ページ「ギョレメ野外博物館」

ボリショイ・ザヤツキー島　ロシア

誰がどんな目的で、この何の特徴もない島に石の迷宮をつくったのか？

ロシアの白海に浮かぶ荒涼とした小島に、ここでしか見られない独特の構造物が数多く集まっている。つくられた年代は紀元前3000年ごろ。石でできた迷宮が30以上、石を組んでつくった塚、祭壇などのほか、積みあげられた石の山が何百もある。さらに、スポークが付いた車輪に似た形の石の構造物が1つある。これは太陽を表現していると考えられている。

なかでも特に奇妙なのは、島の西部に集中している迷宮だ。直径は6mから24m。丸石を積みあげた線がらせんを描いている。どの迷宮も、一通りめぐると入った入口に再び戻って外に出るようになっている。

迷宮にどんな意味があるのかは長年考古学者の頭を悩ませてきた。大昔の人々が死後の世界に備えるための神殿や祭壇だったのか。あるいは、この世とあの世の境界線そのもので、死の世界に旅立つ前に立ち寄る最後の逗留地だったのか。それとも、この迷宮で特別な儀式を行い、あの世の死者たちの魂を鎮めていたのか。

古代スラブ人神話の時代から大地を崇拝していた。なにか宣誓をする場合には地面に手を触れる、死の床にある人が大地に向かって罪を告白する、といった習慣があった。儀式も祈りも、すべて屋外で行われる。あらゆる岩や石が神聖なものと考えられていた。この小さな島も、大地のエネルギーを蓄える聖なる場所と考えられていたのだろうか？

▲ボリショイ・ザヤツキー島西端にある迷宮

> **スウェーデンの石の迷宮**　スウェーデンのゴットランド島にあるトロヤボリ迷宮は、紀元前1000年前後につくられた。数百個の石が使われているこの迷路と同じようなものがスウェーデンには300以上ある。地元の人々は、石を1つも動かすことなく曲がりくねった迷路を歩ききることができれば、幸運が手に入るという迷信を信じている。

女神の神殿　マルタ島・ゴゾ島

マルタ、ゴゾの2つの島は、6000年以上続く力強い女神文化の生まれ故郷である。

ジュガンティーヤ神殿群（ゴゾ島）

ゴゾ島にある新石器時代の神殿は紀元前3600年から2500年のあいだに建設された。エジプトのピラミッドよりも古い。たくさんの泉が湧く、緑豊かで肥沃な土地に立つこれらの神殿には、豊饒の女神が祀られている。ジュガンティーヤ神殿の平面図を見ると曲線が多い。この形は女体の曲線を模したものだという指摘もある。女性の丸みを帯びた太もも、腕、乳房、頭の形が最もはっきりと見てとれるのは南の神殿だ。マルタ島のハジャール・イム神殿で出土した豊満な地母神像とよく似た形をしている。ゴゾに伝わる神話によれば、女の巨人がこの神殿をつくり、島民に自分を礼拝せよと命じたのだという。マルタ語の「巨人の塔」を意味するジュガンティーヤという名前がついたのはこの言い伝えによる。

> 神殿の平面図が描くカーブは女性の身体の曲線に似ている。

ムナイドラ神殿群（マルタ島）

骨片や陶器のかけら、たき火の跡などが発見されたことから、マルタ島には遅くとも紀元前5200年ごろには人が住んでいたのではないかと考古学者は推理している。紀元前4000年ごろから、この近辺の島々は洗練された女神崇拝文化の中心地となり、神殿に女神が祀られるようになっていた。ムナイドラ神殿群の建物の配置には天文学的意味がある。と言っても、太陽の光との位置関係はほんのわずかずれている。このずれが、過去1万5000年のあいだに2回だけ、完璧に消滅したことがあった。その時期から、考古学者はこの神殿が紀元前3700年ごろ建造されたのではないかと考えている。最も低い所にある神殿は、天文観測所か暦を決めるための場所だったようだ。春分、秋分になると太陽の光が正面入口を抜けて楕円形をなす神殿の長軸を照らす。夏至と冬至には、その入口の左右にある巨石の端に光線が当たるようになっている。

▼マルタ島のムナイドラ神殿群

地母神信仰 世界各地で、家父長制に基づく文明が強力な男性神を誕生させるまで、原始的な社会では地母神が崇拝されていた。極端なまでにふくよかな姿は、豊饒、母性、恵み深さ、そして大地の持つ聖なるエネルギーを具現化したものだ。人々はこの女神を礼讃し、供物や生け贄を捧げた。平和の象徴として敬われる場合もあった。地中海沿岸や中東で行われた考古学的調査で、豊満な女性像が数多く出土している。マルタでは、考古学者がハジャール・イム神殿から3体の像を発掘した。

▲マルタ島ハジャール・イム神殿で発見された3体の「豊満な女性」像のうちの1つ

タルシーン神殿群（マルタ島）

　マルタ島の神殿文化が最盛期を迎えたのは紀元前3100年ごろ。3つの神殿が複合して形成されるこの神殿群が建造された時期だ。入り組んだ石組みに家畜の浮き彫りが施され、祭壇や壁には渦巻き模様が彫りつけられている。南と中央の神殿を仕切るぶ厚い石壁の中にしつらえられた小部屋では、雄牛と雌豚の浮き彫りを見ることができる。ハイポジウムと呼ばれる儀式用の室が地下にあるが、これは再生力にあふれた女神の子宮を表しているという。

　この遺跡は、1914年、畑を耕していた農夫が偶然見つけたものだ。その発見が考古学的に重要なのはもちろんだが、マルタの民族意識を高める上でも計り知れない意義があった。発掘作業が完了したのは第二次世界大戦後だが、これによってマルタの人々は、自分たちの文化が古い歴史を持っていることを知る。その歴史的な認識がイギリスからの独立を求める政治運動を後押しした。マルタがイギリスからの独立を果たしたのは1964年のことである。

サンティアゴ・デ・コンポステーラの大聖堂

ガリシア・スペイン

ヨーロッパで最も人気のある巡礼路は、異教徒の「星の道」に起源がある。

▲使徒たちは聖ヤコブの遺骸をスペインに向かう船に載せた

新約聖書によれば、キリスト復活の後、使徒たちは聖地パレスチナを出てローマ帝国各地を訪れ、福音を説いて歩いたという。使徒ヤコブはスペインに行ったと言われている。しかし西暦44年、パレスチナに帰還して間もなく、ヤコブはユダヤの王ヘロデ・アグリッパに捕らえられ死刑を宣告される。処刑の後、ヤコブの兄弟弟子たちはその遺体を取り戻して大理石のひつぎに収め、船に載せてヤッファから送り出した。そこから潮の流れに乗って、遺体を載せた船はスペインのイリア・フラヴィア海岸に流れ着く。聖ヤコブ（スペイン語ではサンティアゴ）はその海岸の森の中に密かに葬られた。数世紀後、神々しい音楽と星に導かれた1人の隠者が聖ヤコブの墓にたどり着いた。「星の野（コンポステーラ）」と呼ばれるようになったその地は、現在サンティアゴ・デ・コンポステーラの大聖堂が立っている場所だと言われている。それから数百年のあいだに、北ヨーロッパから大聖堂へと続く巡礼路ができあがり、たくさんの人々が利用するようになった。「聖ヤコブの道」と呼ばれる巡礼路は、赦しや奇跡を求めたり苦行をしたりしようという何千人もの巡礼者たちに現在も使われている。キリスト教徒だけでなく、自分の精神を見つめ直し、すばらしい景色に触発されて新たな発見をするための徒歩旅行をする人々がいる。多くの人々に愛されるルートだが、キリスト教が始まる以前から別の用途で使われてきた。巡礼者や徒歩旅行者にはほとんど知られていないが、この道は、古代ローマで交易を行う商人たちが天の川の星を頼りにたどった通商路で、しばしば「星の道」と呼ばれていたのである。

> **訪れるなら**
> 5〜6月の早朝。大聖堂が最も静かになる時期だ。

サン・ミニアート・アル・モンテ教会の聖堂　フィレンツェ・イタリア

聖地

フィレンツェの美しい教会にある謎めいた絵画や工芸品には、どんな神秘のメッセージが隠されているのだろうか？

サン・ミニアート・アル・モンテ教会の聖堂は、芸術的かつ神学的な謎に包まれている。装飾にも建物の構造にも、キリスト教や異教のさまざまな意味を持つシンボルが使われているからだ。特に興味深いのは、後陣の彫刻と身廊の床にモザイクで表現された十二宮図。どちらも制作したのは無名の石工集団だが、十二宮図の銘板にヨセフという名だけが刻まれている。この石工たちが、古代ユダヤ、エジプト、ギリシャの神秘主義的な伝統を信奉し、占星術や錬金術に造詣のある異教組織に属していたのではないかと思われる証拠がある。

十二宮図の銘板には、たどたどしいギリシャ語・ラテン語混じりで、太陽と月に加え、金星、水星、土星といった惑星の名も見ることができる。さらに、それらの惑星の位置は、石工たちが石を敷きつめた当日の牡牛座との位置関係を再現したものだと記されている。この星の並びの位置関係は、石工たちが、より明るい新時代の到来を信じていたことを示唆していると信じる専門家もいる。

> フィオーレのヨアキムは、反キリストの出現と世界の終わりを予言した。

13世紀初頭、イタリアの神学者フィオーレのヨアキムは、反キリストの出現と世界の終わりを予言した。その予言は多くの人々に信じられ、社会全体にも個人の心の中にも暗い雰囲気が蔓延する。ヨセフとその仲間たちにとって、この牡牛座の位置は、世界の終わりなどではなく、なにかもっと違うもの、時や死によってむしばまれることのない永遠なものを象徴していたのだろうか？　聖堂の大理石の床には、そんな新しい時代の秘密が封じ込められているのだろうか？

▼サン・ミニアート・アル・モンテ教会はロマネスク芸術の宝石箱だ。異教とキリスト教のシンボルがそれぞれ散りばめられている

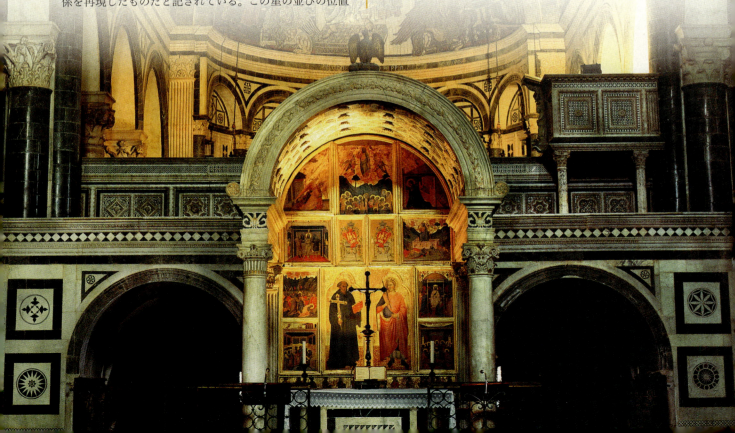

クマエ考古学保全地区

ナポリ近郊ポッツォーリ・イタリア

子宮を思わせる洞窟は、トロイアの英雄アイネイアースもお伺いを立てたという巫女の御座所だと言われている。

古代のクマエは、ナポリ湾沿いの火山性盆地フレグレイ平野の端に建設され、しばしばギリシャ神話の黄泉の国ハーデースにたとえられた。クマエのシビュラ（女予言者）で有名な土地である。ウェルギリウスはその英雄叙事詩『アエネーイス』の中で、冥界に赴こうとするアイネーアースにクマエのシビュラの神託を授かりに行かせている。

シビュラは、アポローンの神託を語る力がある者として、古代ギリシャ、ローマ世界でよく知られていた。クマエのシビュラは、これさえあればローマが守られることを保障すると言って、9巻からなる自らの予言書をタルクィニウス王に売りつけようとした。はじめ王は笑って相手にしなかったが、シビュラがその書物を燃やし始めたので、あわてて残った3巻を買い求めた。それらの書物はユピテル神殿に安置され、重大なできごとが起こるたびに、元老院のメンバーがその書物を見にきたという。紀元前83年の火災で2冊が焼失し、最後の1冊は西暦405年に失われた。西暦415年の西ゴート族の侵攻により、シビュラの予言は完結したと考える人々もいた。

現在クマエを訪れる人々は、シビュラが居た聖所と考えられている、子宮を思わせる洞窟に入ることができる。洞窟へ至る長いトンネルは産道を模したものだと考えられている。

元老院も、重大な時局に直面すると神託を求めた。

▲シビュラの洞窟に続くトンネル。シビュラとの調見を求める人々は、ここで順番待ちをしていた

聖地

オリンピアのゼウス神殿

アテネ・ギリシャ

アテネの中心部にあるゼウスに捧げられた神殿。神々の父が持つ至高の力を具現化している。

ギリシャ神話において、神々の家オリュンポス山を支配するのがゼウスである。さまざまな姿に変身し、保護者であると同時に暴君の面も備える。敬われると同時に恐れられる存在だ。無責任で悪名高い女たらし。たくさんのニュンペーを略奪し、何百人もの子を産ませている。ゼウスに愛された者のなかで最も不運だったのは、女司祭のセメレーだ。ゼウスの子を身ごもったときに、彼女はゼウスに、自分が神であるということを証明するよう約束させた。誓いを守るためにやむを得ず、ゼウスは雷神の姿でセメレーの前に現れるが、彼女はいかずちに打たれて命を落とす。ゼウスは胎内の子だけはなんとか無事に救い出し、自分の内ももを切って胎児をその中に縫い込む。そうしてゼウスの股から生まれたのがディオニューソスである。成長すると、ディオニューソスは母親を冥界から救い出してオリュンポス山に連れていった。ゼウス神殿は、紀元前6世紀、世界最大の神殿を建てようと建設が始まった。だが、それから600年経ってもまだ完成していなかった。しかも、その栄光の時は短く、紀元3世紀にはすでに廃墟になっていた。近年、アテネの市街地が拡大し、神殿の周囲にも町並みが押し寄せている。それでも堂々たる円柱は、神殿を建てさせた往時の神の力を彷彿とさせる。

▲アテネにあるオリンピアの
ゼウス神殿

オリュンポス十二神　オリュンポス山に住むギリシャ神話の主役たる神々は、しばしば陶器の絵柄に使われた（右）。その中心となるのは、ゼウスとその妻ヘーラー。海の神ポセイドーン、豊饒の女神デーメーテール、知恵の女神アテーナー、太陽の神アポローン。ほかにアルテミス、アプロディーテー、ヘルメース、ヘスティアー、アレース、ディオニューソスなどがいる。

ギョレメ野外博物館

カッパドキア・トルコ

浸食作用がつくりあげた奇景が広がるギョレメ野外博物館は、初期キリスト教のありようを生き生きと伝えている。

何千年もの時間をかけて、風と雨とが、カッパドキア地方の軟らかい岩に魔法をかけた。絶壁のそびえる峡谷、男根のような円錐形の岩山、「妖精の煙突」と呼ばれるそそり立つ尖塔、といった目を見張るような風景がつくり上げられている。

紀元4世紀、この天然の構造物にキリスト教の修道僧が住みつき、ここを岩窟教会や礼拝所、修道院へとつくりかえ、目もあやなフレスコ画で飾っていった。ギョレメの修道僧は、現世で禁欲的な生活を送らなければ、天国に居場所を得ることはできない、と信じるカイセリの司教の教えに従っていた。形のある財産を持つことをいっさい拒み質素な生活を送ることによって、神に近づくことができると修道僧たちは信じていた。やがて、アラブ人の侵攻が始まると、彼らは石窟の村をつくって身を守った。デリンクユのような小さな地下都市まで現れた。ギョレメから5km離れたカッパドキアの最高標高地点には、岩を掘ってつくった城もある。

この地方の中心部に位置するギョレメ野外博物館を構成するのは、点在する修道院群だ。それぞれ独自のすばらしい教会堂を備えている。「女子修道院」は、部屋や通路が迷路のように入り組む7層構造で、危険が迫ったときには区画を封鎖することができる石扉がある。「蛇の教会」の2つの房は、黄土色の精緻なフレスコ画で飾られている。1つはコンスタンティヌス大帝とその母聖ヘレナを両脇に従え、1冊の本を抱えている亡霊のようなキリストの画。その隣では、聖テオド

> 亡霊のようなキリストが、1冊の本を抱え、コンスタンティヌスと聖ヘレナを従えている。

▼ギョレメ野外博物館の、奇々怪々ながらもすばらしい眺め

聖地

イコンを収める厨子として トルコの岩窟教会のなかで最も美しいのはスメラ修道院だ。黒海沿岸のトラブゾンにある。断崖絶壁の途中にしがみつくようにつくられた修道院は西暦386年に創設された。ある洞穴で聖母マリアの不思議なイコンを発見した2人の修道僧が、素手で岩を掘ってつくりあげた、と言い伝えられている。伝説では、このイコンをつくったのは聖ルカで、アテネからトラブゾンまで天使たちが運んできたという。天使たちは、件の修道僧たちに発見させるべく、そのイコンを洞穴に置いたのだ。やがて、イコンを見るために巡礼たちが大挙して訪れるようになった。

▲スメラ修道院の壁を飾る何層ものフレスコ画。最も年代の古いものは、中庭に面している

ロスと聖ゲオルギオスが怪物（この教会の名前の由来となった蛇）を退治している。これらの絵画は11世紀か12世紀に描かれたものだ。一方、いくつかの教会で見られる赤い十字架や単純な抽象図形の装飾は、8世紀の聖像破壊運動時代にまでさかのぼる。東ローマ帝国のコンスタンティヌス5世（西暦718〜755年）の時代、生き物を描くことは異教を復活させようとする悪魔の試みだと考えられたため、キリストや聖人の姿を描くことは禁じられていたのである。

具象画が再び取り入れられるようになったのは、コンスタンティヌス6世（西暦771〜804年ごろ）のときである。ギョレメでも最もすばらしい装飾画は、12世紀の「黒の教会」で見ることができる。くねくねと曲がりくねったトンネルを抜けてこの教会にたどり着くと、壁という壁に鮮やかに描かれたキリストの生涯の絵と、西の入口脇にある3つの墓が出迎えてくれる。

サーペント・マウンド　オハイオ州・アメリカ

この奇妙な土塁をつくった人々はハレー彗星や超新星に触発されたのだろうか。それともこれは神への捧げ物だったのか？

オハイオ州にあるこの土塁は人の手によってつくられたものだ。とぐろを解いて動きだそうとする大蛇（サーペント）の形をしており、全長は500mもある。蛇の頭に当たる部分は日没の方向を向いており、卵に見立てた太陽を呑み込もうとしているようだ。蛇の胴体がくねった部分はそれぞれ冬至、春分、秋分の日の出の方角を指している。

圧倒的な迫力の造形だが、つくられた目的は不明だ。神に捧げるためではないかと想像する人もいる。蛇の尾は、古代社会に共通の、神聖な大地の力を象徴しているというのだ。また、聖なる遺跡を結び強力なパワーを持つ「レイライン」の中心ではないのか、と考える人もいる。

現代の学説では、フォート・エンシェント文化（西暦100〜1650年）を支えた人々が、1070年ごろにサーペント・マウンドをつくったのではないかと考えられている。当時地球から肉眼で見えた2つの天文現象が、多少ともその造営に関わっていた可能性もある。1つは1054年に起こったかに星雲の超新星爆発。この事象は、同年、中国の天文学者によって観察されている。もう1つは1066年のハレー彗星出現だ。彗星の尾を見て、昔のアメリカ人たちは蛇を連想したのではないだろうか。

▲サーペント・マウンドのくねくねと曲線を描く土塁

ビッグホーンのメディスン・ホイール

ワイオミング州・アメリカ

アメリカの大平原に点在する魔法の輪と呼ばれる石積み。最も有名なのがビッグホーンのメディスン・ホイールだ。

300年前、クロー・インディアンの狩人たちがビッグホーンのメディスン・ホイールと遭遇した。彼らは、たちまちこの聖なる遺跡に対して畏怖を抱く。それよりさらに数百年前に彼らの祖先のアメリカ先住民が築いた車輪型の石積みだ。直径24mで28本の「スポーク」があった。この発見の知らせはあっというまにほかの部族にも広まった。

クロー族の人々は、ビッグホーンのメディスン・ホイールは、「焼けた顔」という名の少年がつくったと信じていた。赤ん坊のときに火の中に落ちたために、そう呼ばれるようになったという。13歳になると、「焼けた顔」はビジョンクエスト——先住民の若者が魂を見つめるために隠遁生活をする通過儀礼——のために山に入った。彼は断食をしながらメディスン・ホイールをつくった。冥界への入口を正確に示すため、車輪の中心には大きな石の山を積みあげた。地上に生まれた最初の人々が精霊となってここから現れると言われている。

言い伝えでは、山に籠もっているあいだに、「焼けた顔」は襲っていた獣を追い払って鷲のヒナを助けたことがあったという。「焼けた顔」に恩返しをするために、1羽の鷲が若者を連れ去って顔のやけどの跡をきれいに直してやったと言われている。

▲ビッグホーンのメディスン・ホイールを上空から見たところ

シャスタ山

カリフォルニア州・アメリカ

天と地が出会う場所。シャスタ山にはアメリカ先住民の伝説に登場する「偉大なる精霊」が住まっている。

アメリカ先住民の2つの部族が、シャスタ山にまつわるよく似た神話を伝えている。モードック族は、「偉大なる精霊」が家族を連れて、天からシャスタ山に移り住んだと信じている。伝説によれば、ある晩、「偉大なる精霊」のひとり娘が山から転げ落ちたところをハイイログマに見つけられたという。クマたちは娘を自分たちの子として育てた。「偉大なる精霊」の娘はやがていちばん年上の子グマと結婚し、その子どもたちが最初の人間になったという。だが「偉大なる精霊」は娘を奪われたことに耐えられなかった。悲しみのあまり精霊は、クマたちに四つ足で歩く定めを与えたうえ、その子どもたちを世界中散り散りに追い払ってしまった。

一方シャスタ族によれば、「偉大なる精霊」が天の穴に雪や氷を押し込んで地上に落とし、シャスタ山をつくりだしたという。そうしてできた山を踏み台にして、「偉大なる精霊」は地上に降りてきた。そして樹木を創造し、太陽に命じて雪を溶かさせ川を用意した。木に息を吹きかけると枝から小鳥が生まれ、折った小枝は魚に、もっと長い枝は動物たちになった。

偉大なる精霊が木に息を吹きかけると枝から小鳥が生まれた。

シャスタ山を聖なる山と考える人々は多い。北米インディアンのウィントゥ族は、山の精霊に儀式的な舞を捧げ、山から湧き出す聖なる泉の流れが途絶えないように祈る。また、さまざまな新興宗教団体もこの山に惹きつけられてきた。平和と調和を求めて山に登る人々や、UFOを探しにやってくる人もいる。シャスタ山は別世界への入口だと考える神秘主義者や、ここから魔法の力が湧いてくると考える人々もいる。

▼雪を頂くシャスタ山が夕日に輝く。ここは多くの人々にとって聖なる場所である

クレーターレイク オレゴン州カスケード山脈・アメリカ

目を奪う青さと不気味なほど静かな湖面。この湖は、古くからアメリカ先住民が魂を探求する場となってきた。

7000年前、マザマ山という火山が噴火して山体が崩壊した。その跡にできた湖がクレーターレイクである。円形の湖が、深い青色に染まり水晶のように透明な水をたたえている。水深が600m近い場所もある。直径は10kmを超える。まるで水面に浮かんでいるように見えるウィザード島は火山噴石丘で、魔法使い(ウィザード)のとんがり帽子のような形をしている。アメリカ先住民のクラマス族は、この地質学上の奇跡のような地形を敬うと同時に恐れている。古くから伝わる神話では、地下世界を支配するラオと、天の世界を支配するスケルという2人の酋長が、凄絶な戦いを繰り広げたという言い伝えがある。あまりの激しさに、ラオの住まいであったマザマ山が破壊されたという。クラマス族の若者は、クレーターレイクに送り出されてビジョンクエストを行うのが伝統になっていた。隠遁生活を送って自分の魂を見つめ、守護精霊と交流する通過儀礼である。ビジョンクエストには、湖のいちばん深いところを泳ぎ渡ったり、湖を囲む噴火口の縁の頂上を目指す危険な登りに挑戦したり、といった身体の酷使も含まれる。湖岸の絶壁を走り下って湖に飛び込む者もいた。一度も転ぶことなく湖にたどり着いた者に、精霊たちは栄誉を与える。最も高い場所や尾根に石を積みあげて、自らの忍耐力と魂の強さを証明する若者もいた。

クレーターレイクがアメリカ先住民以外の人の目に触れたのは1853年だった。金鉱を探して山に入った3人の男がたまたま発見した。彼らはこの湖をディープブルーレイクと名づけた。現在、さまざまなタイプのニューエイジ的価値観を信奉する人々が、文明に汚されていない原始の自然を求めてやってくるようになった。先住民の人々ももちろん、聖なる場所として現在も崇め続けている。

霊的な力を手に入れるため、若者たちは湖岸の絶壁を駆け下りて湖に飛び込んだ。

▼クレーターレイクからウィザード島の火山岩がせり上がる

オクマルギ
ジョージア州メイコン・アメリカ

11世紀、オクマルギ川の河岸につくられた土饅頭型の家屋は、天文観測所だったのだろうか?

今から1000年前、アメリカ先住民のクリーク族が、オクマルギ川の氾濫原の土を、川よりもずっと高いところにある岩場にまでかごで運び上げ、山をつくった。石の鍬をふるい、川で捕れた貝の殻をスコップ代わりにして、彼らは大神殿塚を造営する。死に関する儀式などを執り行う祭礼の中心地だ。

塚のすぐ脇には、土饅頭型の家が建てられた。地中に埋もれたかたちの構造物で、西暦1015年ごろのものだという。ここに部族の男たちが集まり、断食で身を清めた。50人分の座席が円形に並び、その中心に火を燃やすための炉が掘られている。屋根には煙出しの穴が開いていた。入口の正面奥に、尾が2本ある彗星のような目を持つ鷲の姿をかたどった祭壇がある。ある特定の日になると、朝日が入口から射し込み祭壇を照らすという。だが、この現象が起こるのは10月22日だ。夏至でも春分の日でもない。実は11世紀当時、エンケ彗星が引き起こす、おうし座流星群がこの日にピークを迎えていたのだという。クリーク族の人々は、油断なく天を見張っていたのだろう。

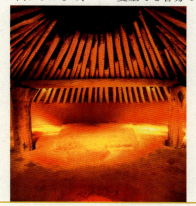

◀オクマルギの土饅頭型家屋内部

コロンビア・ヒルズの岩絵
ワシントン州・アメリカ

ダレス・ダムの建設で水没するはずだった神聖な岩絵は、コロンビア・ヒルズ州立公園に移された。

ウィシュラム族は、何百年ものあいだコロンビア川沿いで獣を狩り、サケを獲る暮らしをしてきた。サケの遡上が最盛期を迎えると、周辺地域からさまざまな部族の人々が谷間に集まってくる。交易をし、有り余るほどたくさんのサケやハックルベリーの実を獲り、部族同士の交流を深めるためだ。そのウィシュラム族の人々が岩に絵を彫りつけた。

1957年、ダレス・ダムが建設されて谷は水没する。当局は古代の岩絵が刻まれた岩の多くを水没から救い出した。岩はその後コロンビア・ヒルズ州立公園に移される。

公園の草のあいだから岩絵がのぞき、遊歩道から見えるようになっている。最も印象に残るのはツァジグララル、「見張る女」だ。顔料で描かれた顔が大きな目でじっとこちらを見つめている。ウィシュラム族の伝説によれば、これはいたずら好きのコヨーテの妖精によって、石に姿を変えられた女酋長だという。

先史時代のさまざまな民族が、世界中で岩などの表面に絵を描いたり彫ったりしてきた。人類学者や考古学者は、それらの絵に文化や大陸を超えた共通点があるのはなぜか、長年研究を続けてきた。共通の祖先がいたからという説や、幻覚を誘発する植物を食したり同じ天体現象を目撃したりといった共通の体験をしたから、という説などが考えられている。

▲オオツノヒツジと牡鹿を描いた岩絵

スーパースティション原生地域

アリゾナ州・アメリカ

この人里離れた山奥の楽園には、秘密の金鉱と別世界への入口が隠されているという。

▲いかにも西部開拓時代的な荒野には、アパッチ族の踏み分け道が縦横無尽に走っている

のこぎりの刃のようにぎざぎざした山々と深い峡谷。スーパースティション原生地域は、土地の先住民たちに恐れられ、同時に崇拝されている。この土地には無数の伝説がある。アパッチ族は、この土地に吹き荒れる砂嵐は、地下世界の入口から吹き出してくると言っている。スーパースティション山をカ＝カタク＝タミ（曲がった頂の山）と呼ぶプリマ族の人々は、山に隠された金を探し出そうとした者は、山の精霊に復讐されると信じている。

19世紀初頭、ヨーロッパ人の農民が近くのソルト川渓谷にやってきた。山の伝説や眠る宝の話は開拓者たちのあいだにも広がっていく。スーパースティション（迷信）という呼び名がついたのはそのためだ。1840年代、メキシコからやってきたペラルタ一族がここで金の採掘を始める。地元の先住民にとって、これは神聖なる山を冒涜する行為だった。アパッチの戦士たちは、たんまり金を掘り出してメキシコに帰ろうとした一族を襲撃し、2人を除いて皆殺しにした。30年後、ジェイコブ・ワルツという名の山師が、ペラルタ家の子孫の助けを借りて金鉱を探し出す。ワルツは、金鉱まで同行した2人の人間を撃ち殺したが、自分も、そのありかを誰にも告げることなく死んでしまったと言われている。失われた金鉱を探し続ける人間は、その土地の呪いを背負い、行方不明になったり不慮の死を遂げたりする危険を犯すことになる。

訪れるなら

暑さのしのぎやすくなる晩秋になれば、地中の金もよく光ることだろう。

カネアナ洞窟　ハワイ・オワフ島・アメリカ

オアフ島西岸にある溶岩チューブの洞窟。ハワイの躍動感あふれる伝説のいくつかはここを舞台にしている。

ハワイの伝説では、カネアナ洞窟は生命そのものを生み出した場所である。大地の子宮だ。創造の神カーネはここから出現し、海を魚で、陸地を人で満たした。それからずっと時代が下り、今度はナナウエがこの洞窟から現れてハワイの人々を恐怖に陥れる。サメの父と人間の母とのあいだに生まれたナナウエは、背中に裂け目があった。成長するにしたがい、その裂け目はサメの口へと変化していった。母はマントで息子の背中を隠し、肉をそばに置かないように気をつけていたが、その本性を抑えつけておくことはできなかった。ナナウエは人間を捕らえて食らうモンスターだったのだ。

ナナウエは人の姿に化けて犠牲者をだまし、洞窟に連れ込み、そこで獲物を食らった。洞窟の奥にある大きな石は、ナナウエがこれから食おうという獲物を横たえた場所だという。だが最後にはハワイの人々に捕まって殺される。ナナウエの死体はかまどで燃やされたと物語は伝えている。

この溶岩チューブは、カーネの姉神で火と火山を司るペレ（232ページ参照）の住まいだったとも言われる。ペレは恋人に腹を立てると島の火山を噴火させ、島に溶岩を注いだ。彼女は、雪の四女神の1人ポリアフと敵対していた。幾度となく激しい戦いが行われたが、最後に勝利したのはポリアフで、ペレの溶岩を石に変えてしまったという。

> ナナウエは本性を抑えつけておくことができなかった。彼は獲物を捕らえて食らう飢えたモンスターだった。

▼ハワイの創世神話と関連のあるカネアナ洞窟を参拝し、供物を捧げていく人もいる

ティカル   エル・ペテン・グアテマラ

グアテマラの熱帯雨林に巨大なピラミッド寺院が6基ある。マヤ文明がここで絶頂期を迎えていたことの証しだ。

ぶ厚い雲の下、グアテマラの熱帯雨林の温かい濃密な空気が、ぶんぶん飛ぶ虫の羽音やホエザルの咆哮で震えている。巨大な黒いハゲワシが上空でゆっくりと弧を描いている。マヤ文明の都市がここで栄えていた時代にも、今と変わらぬ光景が見られたに違いない。

最初はほんの小さな村だったティカルだが、ピラミッドや寺院が建設され、紀元前300年ごろには、重要な儀式が行われる中心地になっていた。6基のピラミッド寺院など、今日目にすることのできる遺構の大半は、西暦500年から700年のあいだに建造されたものだ。ティカルの芸術、建築、農業、文学、都市計画が最も輝いていた時期だ。理由はわからないが、やがてこの都市は放棄され、ジャングルが遺跡を呑み込んでいった。再び発見されるのは1848年。アンブロジオ・トゥトというチクル（樹液から採れる樹脂の一種）採集を生業とする男によって発見された。以後、探険家や考古学者、財宝目当ての盗掘人などがこの遺跡に殺到する。

建造物の多くは弔いの儀式に用いられる建物だった。1号ピラミッドの中央部で発見された王墓からは、翡翠、真珠、貝殻、アカエイのとげ（人間の生け贄に見立てた形代(かたしろ)）などが出土した。

ティカルとは「精霊の声の場所」という意味だ。耳を澄ませば、ジャングルの動物がたてる音に混じって精霊たちのひそやかな声が聞こえるかもしれない。

▲マヤの人々は天高くそびえる寺院を建てた。少しでも神に近づくためだ

動物の魔術　マヤ文明では、1人1人の人間に、守護してくれる動物のパートナーがいて、魂を共有していると信じられていた。マヤの王には、それぞれ1頭のジャガーがついている。ジャガーは強さと権力の象徴だ。ジャガーの神は、夜のあいだ、マヤの冥府を治めているが、昼になると空をうろつき回る。そして夕暮れとともに再び冥府に戻っていく。

ティワナク　チチカカ湖畔・ボリビア

インディオのアイマラ族は、見捨てられたかつての首都で冬至を祝う。ここでは人身供犠が行われていた。

アンデス山中の高原にあるチチカカ湖南岸に、ティワナクの古代寺院やピラミッド、王宮が立っている。現在のボリビアの半分とペルー、アルゼンチン、チリの一部にまたがる帝国の中心だったこの都市は、西暦300年ごろから1000年にかけて栄えた。道路は舗装され、正確な太陽太陰暦を持ち、建物の多くは黄金でおおわれていた。

神でもある皇帝の御座所ティワナクは、宗教や式典の中心地として重要な意味を持っていた。国家が危機に瀕すると、神官が神をなだめるために人間の生け贄を捧げた。生け贄の多くは若い男女で、この名誉ある役目のために大切に育てられてきた者たちである。人身御供は、一般の人々が見守るなか、アカパナのピラミッドの上で身体を切断される。

アカパナと呼ばれるピラミッドの頂上で、人身御供の身体はばらばらに切断された。

13世紀になるとティワナク北方の辺境でインカ帝国が興った。インカの人々は、見捨てられていたティワナクの町を占拠する。彼らは、この町を先立つ文明に属するものではなく、創造主ヴィラコチャが建設したのだと信じていた。

近年では、南半球で冬至にあたる6月21日に、アイマラ族の人々がティワナクでマチャイ・マラ（新年）を祝う。この日、朝日が寺院の東の入口から内部に射し込む。往時のティワナクの人々もきっと同じ光景を見ていたことだろう。

▲国家が危機に瀕すると、人身御供が捧げられた

聖地

涙を流すキリスト像のある礼拝堂

コチャバンバ・ボリビア

この小さなキリスト像は、1995年以来毎年、キリストが受難したという聖金曜日に血の涙を流すという。

1994年、ボリビア中部の町コチャバンバの住人カティヤ・リヴァスが、コニエルス近郊の親類の家を訪ねた。その家にある十字架のキリスト像の前にひざまずき、どうかあなたの娘にしてください、あなたの苦しみの一部を分けてください、と彼女は祈った。祈っている最中に、あばらと両足と両手のひらに焼けるような感覚を覚えた、と彼女は主張している。

コチャバンバに帰ったカティヤは、イエス様が自分の身体にお触れになったのだと信じた。そして、カトリックの教えを捨てた親類のシルヴィア・アレヴァーロが信仰に目覚めますように、と祈る。はたしてシルヴィアは信仰を取り戻し、ある日、自分用にとキリスト像を買い求める。彼女はその像を自宅のマントルピースの上に安置した。するとその像が、強烈なバラの香りがする、水晶のように透明な涙を流し始めたのである。像の顔を流れ落ちるうちに、涙は血に変わったと言われている。やがて何百人もの敬虔な信者と物見高い地元の人々がアレヴァーロ家を訪れるようになった。

それ以降、キリスト像は何度となく泣いた。聖金曜日には必ず涙を流すと言われている。科学者が涙の成分を分析し、人間の血液が含まれていることを発見したと主張する人もいる。涙を出す仕掛けがあるのではないかと疑う人たちが像を調べたが、像の中は空洞だったとも言われている。この小さな木像は、専用の礼拝堂に収められ、町の観光の目玉になっている。

▲キリスト像の顔から首にかけて、血が流れ落ちると言われている

▼涙を流すキリスト像があるコチャバンバの町

マルカワシ　　アンデス・ペルー

巨大な石像たちがどうやって生まれたか。その説明のなかには超自然的な論拠に基づくものも多い。

▲「人類の顔」。そう呼ばれるのは、さまざまな人種の特徴を持つ「顔」がいくつも見て取れるからだ

アンデス山脈のペルー側に、風の吹きすさぶマルカワシ高原がある。まるで天と地の間で中途半端にぶら下がっているような場所だ。幻想的な岩の造形——南米大陸にはいない動物の巨大な頭部や有史以前の生き物たちのような——が次々に現れる。これらの巨石は、単に長い時間雨風にさらされて浸食を受けるうちに顔などの形に見えるようになっただけだ、と主張する人もいるが、海を渡ってやってきた失われた文明の証拠だと考える人や、大自然の精霊たちによって形づくられた神聖な景観だと言う人もいる。

北から高原に入った人々を最初に出迎えるのは、「人類の顔」と呼ばれる24mの石像だ。見る角度によってさまざまな表情を見せる。この巨石を過ぎ、峡谷を越えると、波を蹴立てて泳ぎ進む巨大なウミガメの石像が現れる。

これらの不思議な石像は地球内部に通じる入口だったと主張する人もいる。自然災害が起こると、マルカワシの人々はそこへ避難したのだという。中には巨大な地下洞窟が広がり、神殿群もあって、マルカワシの人々は偉大なインカの創造神ヴィラコチャを祀る儀式を行ったのだそうだ。

この高原には神秘的な雰囲気が漂い、頑固で疑い深い人々でさえその影響を受けるという。訪れた人からは、UFOを目撃するなどの超常現象を経験したという報告もある。一方、ほとんどすべての人が口にするのは、知覚が高度に研ぎすまされたような気がするということである。

訪れるなら
春に訪れたい。明るい陽光が石像の輪郭や細部をくっきり見せてくれる。

南米の五大聖地

インカの人々は、南米各地に聖なる場所を見出した。最たるものはチチカカ湖。彼らの偉大な文明が根づき、多くの伝説が生まれたところだ。

❶ **チチカカ湖（ペルー／ボリビア）**：インカ族の神話では、大いなる洪水が起こった後、チチカカ湖から創造神ヴィラコチャが立ち上がり、太陽と月と星々をつくったとされている。いくつか異説はあるが、ヴィラコチャはこの後ティワナクに行き、石から最初の人間マンコ・カパックとママ・オクリョを創造し、世界に出ていって子孫を増やせと命じたということになっている。

❷ **太陽の島（ボリビア）**：チチカカ湖のボリビア領内にあるこの島は、インカの最高神である太陽の神インティの住まう場所とされていた。島の北方、チャヤパンパに向かう道路沿いに、2つのへこみができた岩がある。人の足跡のようなこのへこみは、インティが地上に降りたときにできたと言われている。その近くには迷宮を意味する「チナカ」と呼ばれる場所がある。巨大な石の迷路で、神官たちが修行の場に利用していたらしい。

❸ **月の島（ボリビア）**：太陽の島とふたごの島。月の女神ママ・キジャの住まいだという伝説がある。インカ帝国の時代、月の島イスラ・デ・ラ・ルナでは、「太陽の処女」と呼ばれる女性たちが修道女のような生活を送っていた。8歳の少女のなかから、美貌を備えた者や高貴な身分の者が選ばれる。彼女たちはアルパカの毛で織物をつくったり月に捧げる儀式を行ったりして過ごした。

聖地

❹ **アラム・ムル（ペルー）**：どこにも通じていない門。数千年前に1つの岩を切り出してつくられた。この門を通って、戦士が不死の世界に旅立つと言われている。インカの神官がここを通って征服者のスペイン人から逃れたという話もある。聖なる金の円盤を、まるで鍵を差すように岩の脇のくぼみにはめ込むと門が開き、神官はそのまま岩の中に消えた。太陽と調和している者のみがこの門を通れると言われている。

❺ **オルカ・デル・インカ（ボリビア）**：インカ帝国が興る前に栄えたチリパ文化を築いた人々は、後に「オルカ・デル・インカ」と呼ばれるようになった場所で夜空を観察していた。紀元前14世紀のことである。ほかの多くの古代文明がそうであったように、チリパの人々も、冬至の日にここで儀式を行っていた。この構造物はインカ文明のものだと考えたスペイン人は、黄金を探して遺跡の大部分を破壊してしまった。そして、その場所を「オルカ・デル・インカ（インカ人の絞首台）」と呼んだのである。

▼ペルーとボリビアの国境にまたがるチチカカ湖。多くの伝説がここから生まれている

ナスカの地上絵　イカ・ペルー

砂漠に突如現れる謎に満ちた地上絵。神官たちが原始的な熱気球に乗り込んで図案を考えたというのは本当だろうか。

ペルー南部の砂漠に描き出された不思議な地上絵の謎を説明するために、いくつもの仮説が立てられている。占星術的、あるいは天文学的意味があるというものや、地球外生命体によってつくられたという説まである。

最も有力なのは、おそらく、ナスカ文化（紀元前100〜西暦800年）を築いた人々がつくったという説だろう。なかには直径200mもあるものもある地上絵は、神への捧げ物だったと考えられている。ヴェンティージャの町の近郊には、ナスカの人々がつくったカワチ遺跡がある。神聖な儀式を執り行う場所だが、ここから一部の地上絵を見下ろすことができる。この神殿は最高位の神官集団によって支配されていた。陶器に描かれた絵から、彼らがドレッドヘアをしていたことがわかっている。儀式では幻覚を引き起こす薬を用いていたという。一部の研究者は、地上絵の制作の際に、これらの神官が原始的な熱気球に乗って上空から指示を出していたのではないかという仮説を提案している。

紀元4世紀に2つの自然災害が起こり、カワチの宗教的権力は崩壊した。まず、洪水が起こり、町へ水を供給する仕組みがストップしてしまう。続いて起こった巨大地震で神殿は崩壊してしまった。山も天空も、川も、洪水や地震までもが神の創造によるものだと信じていたナスカの人々は、自分たちが神々の怒りをかったためにこれらの災害が起こったのだと考える。そのため、彼らは、西暦500年ごろ、この宗教都市を放棄した。

▲地上絵には、幾何学模様と動物の姿を描いたものとがある

戦勝記念の首　ナスカには、古代から、神に戦利品として人間の首を捧げるという伝統があった。戦いの最中に打ち落とされた敵の首は、戦士の武勇の証しとして飾られた。ナスカから出土した陶器には、華やかな儀式用の衣装をまとった人々が、片手に首級を、もう一方の手に棍棒を掲げた姿が描かれている。

マチュ・ピチュ

クスコ・ペルー

聖地

世界を代表する文化遺産マチュ・ピチュ。いったい何のためにつくられたのか、考古学者たちは頭を悩ませている。

マチュ・ピチュは、皇帝パチャクティ（1438～1471）が統治していた時代、宮廷の人々が避暑に訪れる夏の離宮だったと信じている考古学者がいる。また、第一の役割はインカの太陽神インティを礼拝するための宗教施設だったと考えた研究者も存在する。この遺跡を訪れる人々は、めまいを覚えるような高い山の急斜面に立ち、雲をまとった遺跡に囲まれていると、まるで神々自身がすぐそばにいるような感覚を覚えると言う。インカの人々は、アンデス山脈周囲の国々が政治的に分裂し、戦争に明け暮れる暗い時代に終止符を打ち、新たな文明を築くのは、神々に選ばれた自分たちの使命だと信じていた。彼らは自らを「太陽の子どもたち」と呼び、コロンブスがやってくる以前の南アメリカで最大の帝国を築く。マチュ・ピチュの廃墟の一段と高い場所に「インティワタナの石」がある。「太陽をつなぐ杭」とも言われ、冬至の日、6月21日に、まっすぐ太陽を指すように計算されている。

> インティワタナの石に額を着けて、魂の世界を垣間見る。

この石が、毎年同じ軌道を描くことができるように、太陽をつなぎ止めているインカの人々は信じていた。そして太陽がどこかへ行ってしまわないように、ここで儀式を行った。インカでは、もし「インティワタナの石」が破壊されれば、神々は去り、世界は上下逆さまになってしまうと信じられていた。「インティワタナの石」に額を着けると魂の世界が垣間見えるという言い伝えもある。インカ帝国最後の皇帝アタワルパは、スペイン人の征服者フランシスコ・ピサロを、太陽の子らを祝福するために還御したインカの創造神ヴィラコチャだと考えた。その致命的過ちに皇帝が気づいたときには時すでに遅し。インカ帝国はスペインに屈して征服されてしまう。マチュ・ピチュは、インカの都市のなかで唯一スペイン人に見つからなかった都市である。

▼聖なる川ウルバンバが大きくカーブを描く。マチュ・ピチュはその川に三方を囲まれた高台の上にある

イースター島 オセアニア

人が住んでいる島としては最も周囲と隔絶した。ここでおよそ800体の石の巨人たちが見張り番を務めている。

1722年の復活祭（イースター）の日曜日に、オランダ人の探険家ヤコブ・ロッヘフェーンが、チリ沖1600kmにあるこの絶海の孤島を発見した。彼は、モアイを目にした最初のよそ者となった。人間の姿をした巨大な石像が900体前後、島にぐるりと並ぶ。その多くは海を背にして内陸の方を向いている。

島に最初に定住したのはポリネシア人だ。西暦400年ごろのことである。石像を立てたのは最初の定住者の子孫であるラパヌイの人々だと信じられている。10世紀には、この島は石像がある島として有名になっていた。その当時は、農業と、ヤシの木でつくったカヌーで行う漁業で、どんどん増えていく人口を養うことができていた。

彼らがなぜ石像を立てたのか、正確なところはよくわかっていない。だが、考古学者は、モアイが、力と権威を授けてくれる「マナ」と呼ばれる魔法の力の精髄を身につけて神となった祖先の姿を表していると考えている。ラパヌイの人々は、島の中央にある火山の噴火口から像を切り出してきた。未完成の彫像が石切場の周囲に点々と残されている。それらのなかには高さ21mもあるものも存在する。平均的なモアイの2倍の高さだ。像の土台付近で見つかる破片から察するに、石を彫り抜いた眼窩には、もともと白いサンゴと火山岩の一種である黒曜石の平板が埋め込まれていたようだ。

▼石像たちが海に背を向けて島を見渡している。伝説によれば、島の王がモアイに魔法をかけて命を与え、自ら歩いてくるように命じたのだという

鳥人　イースター島では、その年最初に産まれた卵を獲るための競争が毎年行われた。勝った部族の長は「タンガタ・マヌ」——鳥人——と呼ばれる。勝者から卵を受け取った長は神聖なる存在となり、豊饒の神でもある創造主マケマケの地上における代理者となるのである。それから1年間、「鳥人」は隠遁生活を送る。食事を用意する付添人1人を除いてすべての人間との接触を避ける。このあいだ、「鳥人」は爪を伸ばしたままにし、人毛でつくった頭飾りを着ける。その期間が終わっても「鳥人」の魔術性は維持され、死ぬと、石像が彫られ、前任者の像の脇に並べられる。そうやって「鳥人」は、死後も超自然的な力を持って部族の者たちを見守るのだ。

▲マケマケは、鳥の頭を持った半人の姿で描かれることが多い

聖地

長年、モアイの歴史や目的は不明だった。その情報の真空地帯にはさまざまな仮説が吸い寄せられてきた。信じるに足る説もあるが、荒唐無稽な説も多い。制作途中の石像が放棄され、地面に道具類が打ち捨てられている。突然何かの事情で人々が石像をつくるのを止めてしまったように見えるという事実から、イースター島が地質的あるいは気象学的大激変に襲われたのではないかという推測も生まれた。この説は、後に現代科学によって過ちであることが証明された。実際には、未完成の像が残されているのには、切り出された石に断層線が見つかって使い物にならないことがわかった、といったような現実的な理由があった。1540年ごろ、モアイづくりの時代は終わる。その当時制作途中であったものはそのまま捨て置かれた。祖先崇拝はやがて別のものに取って代わられる。島の南東の先端にあるオロンゴという宗教儀礼の地で、マヌタラと呼ばれる鳥人を祀る祭礼が始まったのだ。

スコータイ歴史公園

タイ

シャム（タイ）で最初の王朝の首都だったスコータイは静寂に包まれている。

かつてタイの首都だったこの地のあらゆる石や彫像が上座部仏教の思想を表現している。その思想の歴史は古い。禁欲主義と快楽主義を対立させるのではなく「中道」を追求する精神修行である。ワット・マハタートの仏陀の座像は巨大な蓮池の上に端座している。静やかさを具現化した仏は目を閉じ、微笑みを浮かべている。そのそばを通る人間は皆、その呪縛に捕らえられてしまう。

ロイクラトン祭りは、かつてのスコータイの精神性を凝縮している。太陰暦12月の満月の夜（西洋式の暦では通常11月）、人々は、クチナシの花や香、銭、ロウソクなどで飾り付けた小さな手製の灯籠を川に浮かべ、

陰暦12月の満月の夜、人々は手製の小さな灯籠を流す。

流れ去っていくのを見守る。装飾を施した灯籠を初めてここで流したのは、14世紀の王ルータイの妻ナン・ノップファマートだ。この古い伝統は、水の女神フラ・ナレットを称えるために行われる。この女神は、幸運、繁栄、美の女神でもある。水から生まれたフラ・ナレットは、多産と豊饒、富貴を実現する無限の力を持っている。灯籠が見えなくなるまでロウソクが消えなければ、流した人の願いが叶うと言い伝えられている。

▲巨大な木の根が仏の頭を包み込んでいる

ティルタウンプル寺院　バリ島

聖なる泉を湧き出させ、毒を盛られた軍勢を癒したインドラ神は、邪悪なマヤデナワを懲らしめたという。

ヒンドゥーの神話に登場するマヤデナワは残酷な王だったが、変幻自在に姿を変えることのできる魔法の力を持っていた。驕り高ぶったマヤデナワ王は邪悪な妖術に手を出す。これに激怒したインドラ神は、王を成敗するために軍勢を率いて出発した。事態を見てとった王はインドラ神をたばかろうと試みた。インドラの軍勢が眠っているすきに、マヤデナワは、足跡を残さぬように足の外側を地面につけて歩きながら密かに野営地に忍び込む。そして、思わず飲みたくなるような毒の泉をつくりだした。夜が明けて起き出した兵士たちがその水を飲んでしまうように、と図ったのだ。はたして翌朝インドラ神が目覚めると、多くの兵士がすでに泉の水を飲んで死んでしまっていた。生きている者も、具合が悪くなっているか死にかけているかだった。インドラ神は渾身の力を込めて地面に彼の武器の棍棒を突き刺した。すると、聖なる水をたたえた癒しの泉が出現した。これがティルタウンプルである。泉の周囲は斜めに育ったヤシの木にぐるりと取り囲まれている。これらは「タンパク・シリング（斜めの足跡）」と呼ばれ、マヤデナワがインドラ神の野営地に忍び込んだときの歩き方を表している。ある碑文から、この寺院の建立は西暦926年とわかっている。以来、バリの人々はこの寺に参拝してインドラに祈りを捧げてきた。まず寺院に供え物をし、それから沐浴と祈祷をする。聖水をビンに詰めて家に持ち帰る人も多い。近くには、同じ泉から水を引いた小さな池が2つ、さらにシヴァ、ヴィシュヌ、ブラフマン、インドラの各神を祀った社もある。

▲インドラは、白象アイラーヴァタに乗っている

▼偉大な神インドラが湧き出させたと言われる聖なる泉

エレファンタ石窟群　ムンバイ近海・インド

孤島の山腹奥深く、シヴァ神を祀る豪華な寺院がある。

ムンバイの町の喧噪とはまったく無縁のエレファンタ島。ここには山々が連なり、石窟が縦横無尽に走っていることでよく知られている。石窟には、石像や霊廟のほか、ヒンドゥー教の神シヴァに捧げられた寺院がまるごと収まっている。すべて、6世紀に、露出した岩壁から直接切り出したものだ。この驚異的な石窟をつくったのがどんな人々だったのかはわかっていない。ただ、石を彫ったのは人間ではないという伝説が伝わっている。石窟の数は全部で7つ。北側の正面入口の周囲には、タマリンドやヤシの木が茂り、猿の群れがキーキー鳴いてたむろしている。ここを入ると「シヴァの洞窟」にたどり着く。創造者、守護者、破壊者の3つの顔を持つ、高さ5.5mのシヴァ神像が、周囲を威圧するように鎮座している。この祠堂には、ほかにも、シヴァ神のエピソードをモチーフにした多数の彫像や壁画がある。自身のもつれた髪の間から水をしたたらせ、ガンジス川をこの世に出現させたこと、ブラフマー、ヴィシュヌ、インドラなどのヒンドゥーの神々の臨席を得てパールヴァティーと結婚する場面などが描かれている。シヴァ神とパールヴァティーが、その住まいの山を、魔王ラーヴァナに揺り動かされながら、平然とさいころ遊びに興じる様子を描いた壁画もある。

▲シヴァ神の3つの顔は創造者、守護者、破壊者を表す

▼石窟への入口。地中にはヒンドゥーの神々の世界が広がっている

アジャンター石窟群　マハラーシュートラ・インド

この地下迷宮には、釈迦の生涯を描いた驚くべきフレスコ画が隠されている。

▲フレスコ画の多くはすばらしい色彩をそのまま保っている

紀元前2世紀、ワゴーラー川沿いの馬蹄形をした断崖を仏僧たちがくりぬき、アジャンター石窟をつくった。これらの洞窟は、祈祷堂や僧院として西暦650年ごろまで使用されていたが、その後なんらかの理由で放棄され、石窟は世間から忘れ去られた。また人の目に触れるようになったのは1815年、あるイギリス人士官が狩りをしている最中に再発見してからである。

石窟は、巨大なアイスクリームコーンのような形にくり抜かれている。700人ほどの仏僧がここで暮らし、教え、祈り、瞑想した。5世紀には、有力な貴族が岩でできた僧院に装飾を施させた。依頼を受けた芸術家たちは、精緻なデザインの仏塔を彫り出したり、壁をフレスコ画で埋め尽くしたりした。ここで発達した手法や様式のおかげで、アジャンターの壁画は、芸術が栄えた時代と称されるグプタ朝（西暦320〜550年）を代表するすぐれた作品という評価を受けている。

フレスコ画は、仏教の開祖、釈迦、ゴータマ・シッダールタ王子の生涯を描いている。第17石窟の僧院には、空を舞い音楽を奏でる飛天が天井に描かれ、精霊や仏法を守護する神々、女神、蓮華、渦巻き模様などが入口を飾る。壁の1つには、スリランカに巣くい人を食らっていた怪物羅刹女を退治し、スリランカの王になるシンハラ王子の物語が描かれている。入口上方ににあるのが過去七仏の壁画。この世に人間の姿で現れた7人の仏陀が、恬淡として静かに、それぞれが悟りを開いた菩提樹の下に座している。

訪れるなら

アジャンターに行くなら3月がよい。比較的涼しく、観光客が少ない。

聖地

コナーラクのスーリヤ寺院　オディシャ・インド

20世紀初頭、考古学者がベンガル湾の砂に埋もれた珍しい寺院を発見した。

巨大な戦車の形をしたコナーラクのスーリヤ神殿。この神殿には、車輪にも、柱や壁にも精巧な彫刻が施され、ヒンドゥー教の太陽の神スーリヤと、その馬車を引いて疾走する7頭の馬を表現している。13世紀、オリッサの王ナラシンハラデーヴァ1世の命により建造された。

太陽は光と暖かさの源だ。そのためヒンドゥー教では、太陽神は豊饒の神でもある。ヒンドゥーの神話には、日食について説明した次のような言い伝えがある。スーリヤの妻サンジュニヤーは、夫の発する熱に耐えきれず、暗い森に入り雌馬に姿を変えて身を隠す。そこでスーリヤ自身も雄馬に変身してサンジュニヤーを探し出し、2柱の神は元のさやに戻った。だが、スーリヤの光を減じるために、建築神ヴィシュカルマが毎年少しずつスーリヤの身体の一部を削り取っているのだという。

伝説によれば、コナーラクのスーリヤ寺院の塔には2つの磁石が組み込んであるという。その力を利用して、王の玉座を宙に浮かせることができたのだそうだ。ヨーロッパの船乗りたちはこの寺院を「黒のパゴダ」と呼んでいたが、寺院の磁石の力が潮の流れに影響して船が難破するのだと信じていた。

15世紀、寺院はイスラム教徒の襲撃を受ける。本尊だけは、神官たちが密かに持ち出して聖地プーリーに隠したが、そのほかは完全に破壊し尽くされてしまった。それから数世紀のあいだに海岸線が後退し、遺構は砂に呑み込まれていった。塩気を含んだ風に当たった石材はどんどん風化していった。そして20世紀初頭まで、巨大な砂山の下に眠っていたのだ。

> 塔に仕込まれた磁石によって、玉座を宙に浮かせることができたと言われている。

▲寺院は天の軌道を駆け抜ける太陽神の戦車をかたどっている

ブッダガヤ　ビハール・インド

大菩提寺の菩提樹は、紀元前5世紀、仏陀のために日陰をつくっていた木の子孫だと言われている。

悟りを求める釈迦ことゴータマ・シッダールタ王子は、何年ものあいだ続けてきた厳しい断食と苦行を止めてしまう。1日につき木の実1つあるいは木の葉1枚しか食さないと決め、ほとんど餓死せんばかりだった釈迦は、沐浴中に倒れ、あやうく川で溺れ死ぬところだった。そのとき、彼は昔を振り返る。そして、子どものころ見た、農作業の始まる季節に、父王がその年最初の鍬をふるう光景を思い出す。その瞬間に意識を集中させると、生気が蘇ったように感じ、至福の境地に達した。そこで釈迦は、菩提樹の下に座し、悟りを得るまではここを動かぬと心に誓った。集中して観想に入り、幻を見せて襲いかかってくるマーラ（悪魔）どもと何日も戦う。そしてついに釈迦は仏陀となり、すべての煩悩を超越して真理を悟った覚者となったのである。

紀元前3世紀、インド王アショーカの娘サンガミッターが、釈迦が悟りを開いた菩提樹を1枝スリランカに持ち込み、アヌラーダプラに植えた。木はそこで元気に育った。一方インドでは王の若い妃がもとの菩提樹をたたき切ってしまった。夫があまりにも長い時間その木の下で瞑想をして過ごすので、王妃は嫉妬に駆られたのである。そこでスリランカの木の若枝を1本持ち帰り、ブッダガヤに植え直したという。

大菩提寺の北側には、19個の蓮華を彫った教行石が並ぶチャンクラマーナ（宝石の歩道）がある。ブッダガヤで悟りを開いたあとに釈迦が歩いた道を示しているのだ。巡礼者たちはこの歩道を歩いて仏陀の足跡をたどる。

▲仏教の開祖釈迦の像

▼仏陀が悟りを開いた大菩提寺に集まる僧たち

ガンジス川　インド

聖なる大河ガンジスは、ヒンドゥー教の創世神話にも数多く登場する。

ヒマラヤ山脈の頂をおおう氷河から発したガンジス川は、蛇行しながらインドを横断し、2500km先のベンガル湾に注ぐ。ヒンドゥー教徒たちは、女神ガンガーがこの川に姿を変えてこの世に現れたと考え、この川が聖なるもの、生命、そして罪の浄化の源であると信じている。

多くの伝説では、ガンガーはヒンドゥー教の3大神ブラフマー、ヴィシュヌ、シヴァの神妃とされている。最高神ヴィシュヌは、世界を創造するために、左足を宇宙の果てまで伸ばして大きな親指で穴を開けた。その穴から「聖なる海」の水が世界に流れ込み神聖な川となる。サフラン色をしたヴィシュヌの足の上を流れた川は、美しいピンク色に染まり、そこからガンガーが生まれたという。

> 天界から降りるときに地上を破壊してしまおう、とガンガーは考えていた。

それから何年もの時が過ぎたころの話。サガラという名の王には、魔法で授かった6万人の息子がいた。人類を救うために地下世界に遣わされた息子たちは、恐ろしい仙人と対決し、その一にらみで焼き殺され灰になってしまう。最期の儀式を執り行ってもらえない息子たちの魂は、昇天できず迷ったままになった。

サガラ王の子孫バギーラタは、6万人の息子たちの運命を知ると、ガンガーを地上に降ろし、その水で彼らの魂を浄めて天国に昇らせようと誓う。ブラフマー神はその誓いを認め、ガンガーにバギーラタを助けるように命じた。ところがガンガーは夫にあれこれ指図されるのが気に入らない。そのため、下界に飛び降りるついでに世界を破壊してやろうと考える。しかし、バギーラタの祈りを聞き入れたシヴァ神が、ガンガーを頭で受け止め、自分の髪の中に閉じ込めた。そして、わずかな水がちょろちょろと流れ出るように流れを制限する。その水で地下世界は浄められ、6万人の息子たちの魂は天国に行くことができた。その流れのうち1つだけが今も残り、天国に行くに値するすべての人間の魂を浄化している。それがガンジス川だ。この水によって解脱、つまり生と死の繰り返しから魂が完全に解放された状態に到達することができる。

ガンジス河畔に並ぶ都市は巡礼地となっている。ガンジス川の水源はガンゴートリー。イラーハーバード、ハリドワール、ウジャイン、ナシクは、不死の霊薬「アムリ

▼ワーラーナシー（旧ベナレス）は、ガンジス川流域でも最も重要な聖地の1つだ。多くのヒンドゥー教徒が火葬してもらうためにここにやってくる

クンブ・メーラ 3年に1度、ガンジス川沿いの4大聖地、イラーハーバード、ハリドワール、ウジャイン、ナシクのうち、いずれかの場所で、クンブ・メーラという大規模な沐浴の儀式が行われる。この祭りは世界最大の宗教行事だと言われている。推計8000万人が訪れるという。人々は、不死の霊薬にまつわる物語の1つを記念して祝う。神々と、敵対する半神アスラの軍団が、霊薬の壺を手に入れようと争って12年間戦い続けた。その水がめを持って飛んで逃げたヴィシュヌ神が、霊薬を4カ所でこぼしてしまう。そうして4大聖地が生まれたと伝えられている。

聖地

タ」がこぼれ落ちたとされる聖地だ。ヒンドゥーの伝説では、原始の海が攪拌されて世界が生まれるときに、水がめを持っていた神鳥ガルダが霊薬をうっかりこぼしたのだという。

　ガンジス川は生と死が同居する場所だ。何百万人ものインド人がこの川で暮らしを立てている。ヒンドゥー教徒は、死んだらガンジス川の岸辺で火葬にされたいと願っている。ガンジス川は魂が天に昇るための登り口だと言われているからだ。岸辺での火葬が無理な場合は、親戚の者がガンジス川まで遺灰を運び、そこで祝福を受ける。ガンジス川で浄められない限り、死者は地獄と天国の境にとどまり苦しみ続ける。そして生者を悩ませる悪霊になるのだ。

▲クンブ・メーラには、サドゥー（聖者）と呼ばれる苦行者が集まってくる。彼らは花冠をかぶり身体に灰を塗りつけている。夜明けとともに、東を向いてガンジス川に身を浸す

バゲルハットのモスク都市

バングラデシュ

1980年代、考古学者たちが、バングラデシュの密にひっそり隠れていた壮大なイスラム宗教都市を発見した。

この失われた都市が再発見されたのは1980年代。バングラデシュの南東部、ガンジス川とブラーマプトラ川の合流地点に立つバゲルハットのモスク都市である。この土地を治めていたカン・ジャハン・アリという敬虔な王によって15世紀に建設された。王は、人を寄せつけないジャングルとマングローブの茂る湿原に、イスラム教の理想都市をつくりだそうと考えた。わずか45年で完成した都市には、モスクやマドラサ（宗教教育を行う学院）、霊廟、真水を供給する貯水池が並び、おおいに栄えた。伝説では、カン・ジャハン・アリは360のモスクと360の貯水池を建設し、その弟子は360人を数えたという。

> カン・ジャハン・アリは、360のモスクと360の貯水池を建設し、360人の弟子を養っていた。

1459年に王が亡くなると、都市はすたれ、再びジャングルにおおいつくされてしまった。1980年代、ジャングルに分け入って発掘を始めた考古学者や技師たちは、次々と発見される驚異的な遺構に目を見張った。これまでに復元されたイスラム教関連の遺跡は50を超える。

バゲルハットの中心はシャイト・ゴンブズ——60のドームを持つモスク——だ。テラコッタと赤レンガで美しく飾られたアーチ型の壁が印象的な建物である。その敷地内にあるワニが住む池の北岸に、カン・ジャハン・アリの墓所がある。多くの人々がこの墓に参拝するために訪れる。

▲60のドームを持つモスクの中に、ジャハン・アリの墓がある

ボダナート

カトマンズ・ネパール

チベット仏教の影響を強く受けたボダナートの仏塔は、カトマンズ渓谷で最大の見どころだ。

ネパールの人々のあいだに伝わる物語によれば、悲嘆に暮れた王子が父の追悼のためにボダナートの仏塔を建設させたという。ヴリシャデーヴァ王の御代のこと、猛烈な風が国土を襲う。王に仕える占星術師たちは、身体に32の吉兆の印がある男を見つけ出し、生け贄に捧げて雨の神の怒りを鎮めなければならない、と王に進言した。王は息子のマナデーヴァ王子を召して、夜明けとともに起き出しある場所で眠っている者を見つけたら誰であろうと殺しなさい、と命じた。マナデーヴァが父に言われた通りにすると、雨が降り始めた。だが、王子が殺したのは実は父王その人だった。それに気づいた王子は慄然とする。

悲しみに沈む王子は女神ヴァジュラヨーギニーに祈って赦しを乞う。女神は彼の祈りに応えて1羽の白い鳥を放ち、それが降り立った地に寺を建てよ、と王子に命じた。それがカトマンズの大ストゥーパがある場所だと言われている。

東西南北に4体の仏陀が座し、5体目の毘盧遮那仏が中央の聖堂に祀られている。それらは、仏教において宇宙を構成する5つの要素と言われる五大（地、水、火、風、空）を象徴している。仏塔が9層に分かれているのにも象徴的な意味がある。世界の中心にそびえているという神話の山、須弥山を表しているのである。基部から尖塔の頂点まで連なる13の環は、塔の名の由来となった「菩提（悟りに達すること）」に至る道のりを象徴している。

▲塔自体が宇宙の構造を表す曼荼羅であり、その中心に最高の存在である毘盧遮那仏の像がある

▼ボダナートの建物デザインは、曼荼羅の配置にのっとっている

泰山 山東省・中国

そのたぐいまれな頂に登った者に、泰山は長寿を授けると言われている。

古代中国の皇帝たちは、泰山を天帝の息子であると考えていた。そして、自分たちは、泰山によって支配者としての権威を与えられている、と信じていた。紀元前219年以降、72人もの皇帝が、天帝の息子に感謝を示すため、山に登って封禅を行ったと言われている。

山頂に参拝する皇帝には、厖大な人数のお付きの者が従った。従者、商人、兵士、近衛隊、農民、そして女までもが皇帝とともに泰山に登った。時には、その行列が山の麓から頂上までずっと途切れなく続いたこともあるという。その列は10km以上の長さだったはずだ。中国の画家や詩人も、この聖なる頂に引き寄せられるようにしてやって来た。彼らは、登山道沿いの岸壁に、この山の美しさや力強さ、神々しさを称える詩や賛を残している。頂まで登りきった者は誰であれ、齢百まで生きると言われている。

頂上には2つの重要な廟堂がある。この世を治める天の支配者、東岳大帝を祀った玉公閣と、東岳大帝の娘である碧霞元君を祀った碧霞宮だ。元君の社は、中国の女性のあいだで絶対的人気を誇る巡礼地だ。妊娠できない娘を持つ母親が、孫を授かりますようにと祈りにやってくる。碧霞元君の像の両脇にはお付きの女神像が控えている。これらの像には奇跡を起こす力があるという。一方は眼病を癒し、もう一方は子どもの病気を直すそうだ。

◀泰山の頂に続く道には、さまざまな碑文が刻まれている

伊勢神宮 三重県・日本

檜の森の奥深く、太陽の女神に捧げられた社には不思議な力がある。

伝説の神鏡が安置されていると言われる伊勢神宮は、神道で最も神聖な神社である。ここに祀られているのは、太陽の女神アマテラスオオミカミ。記紀によれば、弟神と争ったあと、アマテラスオオミカミは岩屋に隠れてしまった。天にも地にも太陽が輝くことがなくなってしまったので、女神を外に連れ出すために、ほかの神々は、岩戸の外に勾玉とこの鏡を掛けたという。

アマテラスオオミカミがちらりと岩屋の外をのぞくと、自分よりも美しい女が見えた。女神は、それが鏡に映った自分の姿だとは気づかなかった。怒った女神が女を滅ぼさんとして岩屋から飛び出してきたところを、ほかの神々が捕らえ、天界に戻したのである。アマテラスオオミカミの勾玉と鏡はその子孫に受け継がれ、やがて天皇家の持ち物となる。それ以来、日本において鏡は、偽りのないことを証明するものであり、神秘性や威厳、魔術の源と見なされるようになった。

この神社に参拝する人々は、伝統的な方法で調えられた米、鮑、鯛、塩、味噌、土器などを奉納する。

▲参拝者は、神殿に続く道の端を歩かなければならない。道の中央は神の通り道だ

富士山

山梨県／静岡県・日本

聖地

この火山の頂上には、日本で最も敬われている女神の一柱を祀った神社がある。

晴れた日には東京からも見ることができる日本の最高峰、富士山。この円錐形の火山の頂上はしばしば雪を頂いている。神道の女神コノハナノサクヤビメの聖地で、山頂にはその社がある。日本三霊山のなかで最も敬われている山だ。神道の一分派である富士講を信仰する人々は、山自体が魂を持った神であると考えている。

言い伝えによると、コノハナサクヤビメは、米の神ニニギノミコトとたった一夜契りを交わしただけで身ごもった。これに疑いを持ったニニギノミコトは、妻が不義をはたらいたに違いないと思い込む。コノハナサクヤビメは戸口のない産屋をつくらせ、無実の証しを立てるために、陣痛が始まったら産屋に火をつけると言った。もし生まれてくる子がニニギノミコトの子でなかったら、自分も子どもも焼け死ぬだろう。けれどももし夫の子なら、母子は無事であるはずだ。そう言ってコノハナサクヤビメは双子を産む。赤ん坊は2人とも無事だった。

美しさと精神性を合わせ持つ富士山は、日本の芸術作品でも人気のモチーフだ。コノハナサクヤビメは木花開耶姫。文字通り「花を美しく咲かせる」という意味だが、この「花」は、春になると残雪の富士山をピンク色に彩る桜を指している。富士山に登ることは、精神の高みに至ることだと言われている。

> 富士山に登ることは、魂の頂に達することを意味すると言われている。

▼葛飾北斎は、たくさんの富士を描いた

メッカ　サウジアラビア

毎年何百万人ものイスラム教徒がメッカを目指して旅をする。聖なる石を据えたカアバ神殿の町である。

メッカは、イスラム教徒にとって最も聖なる都市で、ハッジの目的地である。ハッジとは、敬虔なイスラム教徒が一生に1度は必ず行うべしと言われている大巡礼のことだ。メッカの宗教の中心は、カアバ（立方体）である。頑丈な大理石の土台から、垂直に13m花崗岩を積みあげた建物だ。イブラーヒーム（ユダヤ教とキリスト教の聖典、旧約聖書に登場するアブラハムを指す）がこの建物をつくったという伝承がある。アッラー（神）を礼拝するために、地上に初めて設けられた場所だと言われている。カアバにはたくさんの工芸品や遺物が収蔵されているが、そのなかで最も神聖なものが黒石（アル＝ハジャール・アル＝アスワッド）だ。アダムとイブに、最初の祭壇をどこに築けばよいか示すため、天から降ってきた石だと言われている。この黒石が、イスラム教の始まりよりも古い時代から伝わったものであることは確かだ。アラビア半島で多神教を信仰していた古代の人々も、この石を崇拝していた。現在の位置に移されたのは、西暦630年、預言者ムハンマドの手によると考えられている。黒石はけっして大きなものではないが、その大きさを示す数字には諸説あって一様ではない。時々に破損して大きさが変わってしまうことがあったのも事実だが、毎年巡礼たちが手で触れたり口づけをしたりするためにすり減ってしまったことも、大きさに諸説ある一因である。巡礼は、カアバに入る前に周囲の広場を反時計回りに7周する。巡礼者の数は毎年平均300万人。それらの人々が1周するごとに黒石に触れたり口づけしたりするのだ。高さ72cm、幅36cmというのが現在一般に認められている黒石の大きさである。

> 黒石はイスラム教よりも歴史が古く、アラビア半島の多神教徒たちによって崇拝されていた。

▼カアバを取り巻く巡礼者の海

エルサレム　イスラエル/パレスチナ

ユダヤ山地の高原に、世界で最も古く、最も神聖な都市の1つがある。

ユダヤ教徒にとっても、キリスト教徒にとっても、そしてイスラム教徒にとっても重要な聖地であるエルサレムは、神聖な遺跡の宝庫だ。ユダヤ教徒にとって最も聖なる場所は「西の壁」だ。「嘆きの壁」とも呼ばれている。言い伝えでは、ソロモン王がこの地に最初の神殿を建造した。その後ヘロデ大王によって改築された神殿の一部が今も残っている。それがこの壁だ。伝説によると、ヘロデ王の神殿の建築には11年の年月を要した。その間ずっと、夜にしか雨が降らず、大工たちは一度も作業を中断されることがなかったという。西暦70年、ローマ人によってこの神殿が破壊されたことを悼んで、現在もユダヤ人が集まってくる。「岩のドーム」と呼ばれるイスラム教の神殿も「神殿の丘」と呼ばれる「嘆きの壁」がある丘に立っている。イスラム教徒は、預言者ムハンマドが一夜のうちにメッカからここまで旅をするという奇跡を起こし、さらにここから神と話をするために昇天したと信じている。キリストが十字架にかけられ、その遺体が葬られたとされる場所には、「聖墳墓教会」がある。紀元4世紀、コンスタンティヌス1世がこの地を発掘させた際に、彼の母である聖ヘレナは、その墓の近くで3つの十字架を発見したと言われている。どれがキリストが磔にされた十字架かを見極めるために、病気の男に3つの十字架それぞれに手を触れさせたという伝説がある。本物の十字架に触れると、男の病は奇跡的に癒えたという。

▲「神殿の丘」にある黄金に輝く「岩のドーム」と「嘆きの壁」

十字軍　11世紀から13世紀にかけての約200年間、カトリック教会は、パレスチナをイスラム教徒から奪還し、異教の地を征服しようと試みた。ヨーロッパ全土から何千人ものキリスト教徒が遠征に参加したが、多くは二度と故郷の土を踏むことができなかった。彼らの戦いを記録した羊皮紙の文書が数多く残っている（右）。

ギザのピラミッド　カイロ近郊・エジプト

古代土木工学の奇跡。その秘密を解き明かそうと今も精魂を傾けている考古学者や科学者がいる。

カイロの西方に広がる砂漠の台地。日の光を浴びてきらきらと輝く砂ぼこりをまとったギザのピラミッドの姿は、はるか彼方からもぼんやりと見ることができる。古代ギリシャの人々が選んだ世界七不思議のうち、現代もまだ見ることができるのは、朽ちることなく往時のままにそびえるピラミッドだけになってしまった。何千年も昔から、これらのピラミッドを前にした旅人たちは、畏怖の念に打たれてしばし立ちつくしてきた。

ギザのピラミッドがファラオの墓所として建設されたこと、紀元前2500年前後のものであること。考古学者にわかっているのはそこまでだ。象徴としてのピラミッドにどれほど重要な意味があったのかはまったく理解できていない。紀元前450年、エジプトの神官たちは、ギリシャの歴史家ヘロドトスに、ギザのピラミッドは第四王朝のクフ王（紀元前2589～2566年）のためにつくられたものだと語った。ここにある記念建造物のうち最初に建造されたのは大ピラミッドと呼ばれるクフ王のピラミッドだが、一度に10万人、3ケ月交替で年間のべ40万人が働いたとしても、20年の歳月を要しただろうと推定されている。使用された石材は2300万個、重さにすると600万トンほどになる。内部にはミイラにされたファラオの遺体を安置する玄室がある。これに、いくつかの神殿、クフ王の妃たちのための小さな3基のピラミッド、王がかわいがっていた子どもたちの遺体を収めた、上部が平らなピラミッドがある。さらに、太陽の船を収めるための縦坑が5つ。これはミニチュアではなく実物大の船で、太陽神ラーの運行とともにファラオの遺体が天を旅するために用意されたものと思われる。クフ王の息子カフラーは、紀元前2520年ごろ、ギザに第2のピラミッドを建造した。その墓所のまわりにもさまざまな遺構が集まって町のようになっている。獅子の身体にファラオの頭を持つ不可思議な動物スフィンクスの像もここにあり、カフラー王のピラミッドとは土手道でつながっている。3番目に大きなピラミッドは、紀元前2490年ごろにつくられたメンカウラー王のピラミッドだ。

これらのピラミッドには、ファラオが死後の世界で生活するのに必要なものがすべて備わっていた。家具調度類、霊界で働く召使いの像、旅をす

> 大ピラミッドの建設には、40万人の労働力と20年の歳月を要した。

▼ギザのピラミッドの壮大な姿を見ていると、さまざまな疑問が浮かんでくる

王家の谷 紀元前16世紀から11世紀にかけて、ルクソール（古代にはテーベと呼ばれていた）のナイル川西岸に広がる一帯は、ファラオやそれに仕える高位の貴族たちの墓所だった。王家の谷が世界的に有名になったのは、イギリスの考古学者ハワード・カーターとカーナヴォン伯爵がツタンカーメンの墓を発見してからだ。1922年に見つかった、第18王朝のこのファラオの墓は、史上最高の考古学上の発見と言ってよい。ツタンカーメンは紀元前1323年ごろ亡くなったが、埋葬された場所が崩れた岩にすっかりおおわれてしまって以降、完全に忘れ去られた存在になっていた。

▲少年王ツタンカーメンのマスク。その墓を荒らす者は王の呪いを受けると言われている

るための船。ペットや家畜のミイラもあった。

だが、ピラミッドとはそもそも何なのだろう？ 1990年代にベルギーの建築技師ロバート・ボーヴァルは、ギザのピラミッドの並び方がオリオンの三つ星と同じであることに気づいた。オリオンとは、ギリシャ神話に登場する巨人の狩人だ。オリオン座はもともとエジプトのオシリス神の星とされ、オシリス神自身、3つ一直線に並んだ星の1つに住んでいると信じられていた。ピラミッドの中には通気口が4つあるが、ボーヴァルの計算によれば、紀元前2500年当時、王の間の南の通気口からは直接オリオン座が見えたという。また女王の間の南側にある通気口はシリウスを指していた。オシリス神の妻イシスを象徴する星である。この通気口は、ファラオの魂をまっすぐオリオンの三つ星に送り届けるための通り道であり、オリオンに到達したファラオは神になる、とボーヴァルは信じていた。また、逆に神々が地上に降り立つための通路としてピラミッドが建設されたと主張する人もいる。

大ピラミッドは、4面が正確に東西南北を向いている。このことから、ピラミッドにはなにか天文学的な意味があるのではないか、あるいは地球外生命体の活動と関係があるのではないかと推測する人々もいる。

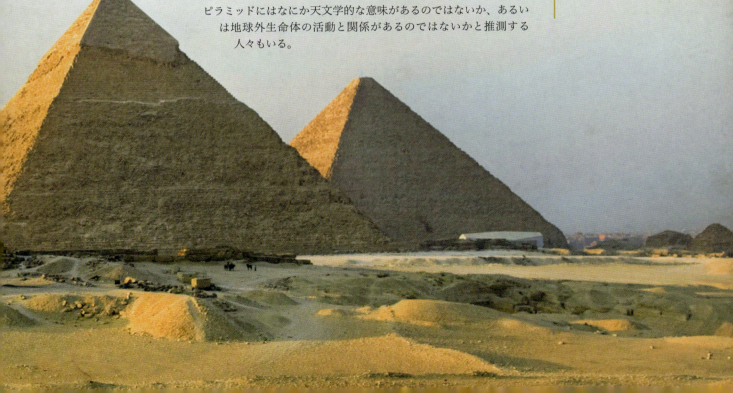

契約の箱　アクスム・エチオピア

エチオピアの小さな教会でたった1人の修道僧に守られているのは、本当に契約の箱なのだろうか？

契約の箱は、神がシナイ山でモーゼに与えた十戒を刻んだ石版を収めたものだと旧約聖書にある。聖書の記述では、4人の守護天使が、金でおおわれた2本の長い木の竿を使って箱を運んだこという。神に選ばれたヤコブの子孫たちは、聖櫃をどこへ行くにも持ち運んだ。盗んでやろうなどと考える輩がいれば、聖櫃の持つ神の力によって滅ぼされる、と彼らは信じていた。ソロモン王がエルサレム神殿を建造し、この箱を安置した。ところが、いつのまにか箱は姿を消し、さまざまな仮説が立てられた。エルサレムの地下トンネル内にある、あるいはヨルダンのネボ山の頂上にある、という説もある。エチオピア皇室の歴史によれば、この聖櫃はソロモン王の時代にすでにエルサレムから持ち出され、ソロモン王の息子メネリクとシバの女王がエチオピアに運び、以後800年間、あるユダヤ教教団がそれを守り続けていたという。やがてテンプル騎士団がこの聖櫃を差し押さえる。彼らは、十字架のキリストの血を受けた聖杯が入っていると思い込んでいた。箱を守っていたユダヤ教徒は、テンプル騎士団によってキリスト教に改宗し、ある教会に箱を隠した。1960年代、エチオピアの人々は、アクスムにシオンのマリア教会を建造し、聖櫃だと言われるものを安置した。現在は教会の隣にある宝物館に収められていると言われている。

▲契約の箱が置かれているというシオンのマリア教会にある絵画

ラリベラの岩窟教会群　エチオピア北部アムハラ州には、中世に起源を持つ11の石の教会がある。それぞれが1つの岩をくり抜いてつくられており、エチオピアでも最も神聖な場所の1つとなっている。12世紀の王ラリベラが、この見事な岩の教会をつくらせた。エルサレムがイスラム教徒に占領され、聖地巡礼ができなくなったキリスト教徒のために、新たなエルサレムをこの地に建設しようとしたのだ。

バカウのワニ池　ガンビア

この神聖なワニの池には、癒しの力を持つ池の水を求めて巡礼が大挙してやってくる。

バカウ近郊の森に囲まれた湿地帯に、ガンビア各地から人々が集まってくる。泥で濁ったワニの住む池を目指すのだ。この池には奇跡のパワーが宿っていると信じられている。この聖なるワニの池は、100年ほど前、ヤシの木の樹液を集めていた男によって発見された。男はここで野宿をすることにする。ワニを恐れた男は、木に登って夜を過ごした。翌朝、ワニに見つからないように祈りながら男はそっと逃げ出す。だがワニたちは、男を見ても瞬きをしただけで、男のすぐそばを這ってするすると池に入ってしまった。それが、この池が神聖なものであることを示すしるしとされた。

ガンビア国内には、このほかにも癒しの力がある池は存在する。しかし、100匹以上のワニが住んでいるのは、バカウ近郊のこの池だけだ。池の管理をするのはボジャング家の人々。池は観光客に人気のスポットになったが、ボジャング家の人々は、池を自分たちの利益のために利用したり、人から金を受け取ったりすることを禁じられている。

子どものできない女たちが、ここの聖なる水で沐浴するために遠路はるばるやってくる。ワニたちはすっかり人に馴れ、今では観光客になでられても平気な顔だ。ワニが鋭い歯の並んだ口をしっかり閉じて昼寝をしているあいだに、ボジャング家の池守は、女たちのために儀式を行う。沐浴と祈りがすんだ女たちには、ビンに詰めた池の水が授けられる。家に帰ってベッドに入る前に、この水を自分の身体に注ぐのだ。訪れた人々はお礼にごく少額のお布施を上げ、コラノキの実を1つ奉納する。金は村の長老たちに分配され、コラノキの実は、ワニの心を鎮め、池の癒しの力がいつまでも続くことを願って池に投げ入れられる。

沐浴と祈りのあと聖水を授けられた女たちは、ベッドに入る前にその水を自分の身体に注ぐ。

▼ワニたちが池の水面に浮かんでいる

聖地

ギイツネの神の森   ケニア

人間の引き起こした変化によって荒れ放題になろうとしていた美しい森を、メル族の人々が救った。

　聖な太古の森ギイツネは赤道直下にある。しかし、鬱蒼と生い茂る下草と高くそびえる大樹がつくる影のおかげで、空気は思いのほかひんやりしている。イチジクの木と蔓性の植物が茂る森に響きわたる、稀少な猿のコロブスの鳴き声が耳に残る。

　この森は、紛争や気候の変化によって破壊されてしまっていたが、少しずつ原生林としての元の姿を取り戻しつつある。メル族の人々が植樹をして彼らの森を復活させようとしている。彼らは、この森が体現する神秘の力を大切にしているのだ。

　長い年月のあいだにメルの人々は、森にまつわる神話やタブーをつくりだしてきた。例えば、木を切ったり枝を落としたりするときにメルの人々が使用してよいのは、刃のない石ころだけ、というような決め事がある。森の中では人間のつくった道具を使ってはいけないのである。流木を拾ったり、落ちた木の実や果物を集めたりするときには、長老たちが事細かに監督する。どんな動物も、殺すことは厳に禁じられている。森の中での暴力行為も同様だ。このようなタブーを破った者は、メルの神ムルングに羊を1頭生け贄として供え、祈りを捧げねばならない。

　神話は口伝で語り伝えられてきた。いちばん深い下生えの中にはとぐろを巻いた巨大な蛇がいると言われている。不法に侵入した者があれば、この蛇があとをつけ、その者に呪いをかけるのだという。森の中心に侵入者を溺れさせる魔法の湖がある、という言い伝えもある。しっかり護られ、静寂に包まれたこの場所では、森の精霊がすべての木や岩、鳥、花に命を吹き込むと言われている。

▲メル族の人々の聖なる世界

> 禁を犯した者は、メルの神ムルングに羊を1頭生け贄に捧げて祈らなければならない。

キリマンジャロ　タンザニア

土地の人々は、この荘厳な山を畏れると同時に愛している。キリマンジャロからはたくさんの伝説が生まれてきた。

キボ、マウエンジ、シラの3つの独立した峰からなるキリマンジャロは、70万年以上前の火山活動によってできた山だ。山麓の肥沃な土地を耕して生活しているチャガ族にはこれら山の神に関する以下のような伝説がある。マウエンジは、自分より身体が大きく力も強いキボの厄介になってばかりいた。食べ物を恵んでもらい、熾火が消えてしまえば火を借りる、といった具合だった。ある日、キボが留守にしているすきに、マウエンジはキボの家に上がり込み、勝手に食べ物や炭を持ち出した。そして、山のような食べ物と炭を手押し車に積み込んで運び去ってしまった。帰ってきたキボは、遠くから真っ赤に熾った炭を見て事態を飲み込む。さすがに堪忍袋の緒が切れたキボは、雷のような大声を上げながら平原を走り、思い切り背を伸ばしてマウエンジを力一杯なぐった。マウエンジの山頂の輪郭がぎざぎざになっているのはその時の傷であるという。キボが最後に噴火したのは200年前（マウエンジとシラは死火山だ）。付近に住む部族の人々は、いまだにキボを恐れている。最近山頂に積もっている雪が減ってきたのは、外国人に登山を許しすぎたために神が怒っているからだと信じる人もいる。チャガ族の人々によれば、山の中心には貴重な石が隠されていて、精霊たちが守っているという。この石を掘り出そうとすれば必ず死に見舞われるのだそうだ。

▲キリマンジャロがサバンナを見下ろしている

> **マサイの神々**　この土地に住むナイロート族はどんどんキリスト教化が進んでいるが、伝統的には、エンカイという神を信仰していた。エンカイは2つの性格をあわせもつ神である。エンカイ・ナロク（黒い神）は慈悲深いがエンカイ・ナニョキエ（赤い神）は罰する神だ。マサイの人々が神聖な山として崇めるのは、タンザニア北部にあるオルドイニョ・レンガイ。マサイの人々は、宗教行事に仮面（右）を用いる。仮面は装飾用にも用いられる。

エアーズロック   ノーザンテリトリー・オーストラリア

エアーズロックとも呼ばれるウルルの壮大な景色を眺めれば、ドリームタイムの概念も自然と理解できる。

夕暮れ時、太陽が地平線に向かって沈みかけるころ、エアーズロックは深い赤色に輝く。これと言った特徴もない単調な砂漠と空が広がる。そこに、燦然と輝く巨大な岩が突如として出現する。ノーザンテリトリーの人里離れた奥地に現れた、地質学上の驚異を見るために、人々は何百キロも旅をしてくる。地表からの高さ348m。外周は9.4kmもある。この付近に1万年以上も前から住んでいるアボリジニのアナング族は、この岩をウルルと呼んでいる。彼らは、これがドリームタイム（次ページ囲み参照）につくられたものだと考えている。精霊たちは、真っ平らな大地を旅しながら、川や峡谷、山、洞窟、岩をつくっていった。なかには精霊自身がそれらに姿を変えた場合もある。地面がへこんでいる所は、世界を創造していった精霊たちの足跡だと言われる。何もない砂漠も、「ジャング」という精霊たちがつくったものだという。

ウルルと関連のあるドリームタイムの物語は数多くあるが、そのなかの1つに次のような話がある。ムルガ族が特別な儀式を行ったとき、先祖の霊のなかで、マツカサトカゲ女にたぶらかされてその儀式を欠席した部族が2つあった。儀式を主催した人々はその非礼に怒り、大地に悪しき歌を聴かせる。すると大地はクルパンガと呼ばれる恐ろしいディンゴ（今もウルルの上をうろついているそうだ）を生み出した。クルパンガは儀式に参加しなかった部族の人々のもとに降り、大戦争が始まる。2つの部族の族長がどちらも死んで、ようやく戦いは終わった。大地は悲しみのあまり盛り上がりウルルとなって赤い涙を流すようになったという。

この岩の印象的な赤色を説明する神話がもう1つある。トカゲの精アドノアティナと犬の精マリンディの物語だ。2匹は獲物をめぐってひっきりなしにけんかをしていた。だが、まったく力が互角だったので、どちらも相手を負かすことができなかった。ある日2匹はエアーズロックの真下で戦

マリンディの血が岩から流れ落ちたため、夕日を浴びると真っ赤に染まるようになった。

▼エアーズロックはドリームタイムと密接なつながりがある

ドリームタイム アボリジニの神話では、世界の創造の始まりのことをドリームタイムという。精霊たちが大地に形を与え、そこに動植物を住まわせた時代のことである。物理的な形には霊的な力がある。アボリジニの人々はそれを「ドリーミング」と呼んでいる。「ソングライン」と呼ばれる不思議な道があちこちの聖地を網の目のように結び、ドリームタイムは、伝承やダンス、芸術、儀式を通じて今も生き続けている。アボリジニの人々は、聖地と関わりのある神話を朗唱して、オーストラリアの広大な内陸部で迷うことなく進むべき方向を知るのである。

▲アボリジニの芸術は、たいてい風景とドリームタイムの神話がモチーフになっている。土の色の赤や茶、白（空の色）、黒（水の色）が特徴的だ

聖地

っていた。夕闇が迫るころ、マリンディが、決着をつけるのは翌日までお預けにしようと提案する。ところがアドノアティナはそれを拒否し、戦いを続けた。ついにアドノアティナはマリンディの首を押さえ込み、喉を締めつけて息の根を止めた。そしてマリンディの身体を食うためにエアーズロックの頂上に運び上げた。アドノアティナがマリンディの肉を引き裂くと、その血が岩から流れ落ち、夕日を浴びたウルルは真っ赤に染まるようになったという。

　オーストラリア各地に、聖地や遺跡に行ってその場所ごとにしかるべき儀式を正確に執り行えば、その地の精霊と直接話ができるという。ウルルでも、その目的のために行うさまざまな儀式やタブーが存在する。若者の通過儀礼など、エアーズロックの特定の場所で行うことが決まっている儀式もある。アナング族の人々は、ウルルに登るのは精霊への冒涜だと考えている。そのため、観光業者とのトラブルも起こっている。死亡事故も含めウルルに登った観光客の事故は驚くべき数に上る。アナングの人々は、これはドリームタイムの精霊たちが観光客を罰しているのだと思っている。

▲田園地帯の上空で回転する空飛ぶ円盤

UFO

レンデルシャムの森　　サフォーク州・イギリス・イングランド

レンデルシャムの森事件は、未解明のUFO事件のなかで史上最も有名なものの1つだ。

▲アメリカ人アーティスト、ミカ・リドバーグの『レンデルシャムの森』（1980年）

　1980年12月の身を切られるように寒い夜だった。午前0時をわずかに過ぎたころ、イングランド南東部にあるウッドブリッジ空軍基地に駐留するアメリカ兵たちから、上空に不思議な光を複数見たとの報告があった。同時刻、レンデルシャムの森の北側、ベントウォーターズ空軍基地でもレーダーで未確認飛行物体を捉えていた。
　ベントウォーターズ基地のチャールズ・L・ホルト中佐は部下を連れて調査に向かう。当初、その物体は墜落した航空機だろうと思われていた。ホルトのメモには、金属製と思われる光る物体がいろいろな色の光を発しているのを見た、と記されている。ジム・ペニストン軍曹は後に、それは差し渡し2～3mの三角形をした見たことのない乗り物だった、と証言した。
　それから数日間、彼らは詳しい現場検証を行った。その際、森では高い放射線量が検出され、上空に再び奇妙な光が現れるのが目撃された。
　彼らの証言に裏付けはなく、近くの灯台の明かりをUFOと勘違いしたのではないかとも言われた。事件後、彼らが提出した目撃報告は極秘情報として扱われたが、そのコピーがマスコミに流出して世間の注目を集めた。高線量の放射線が検出されたことから、暗い森の中に異常な物体が着陸したことは確かだろうと専門家たちは考えている。その答えが見つかることを期待して、人々は今もレンデルシャムに足を運んでいる。

> **訪れるなら**
> 霧が立ち込める冬至の早朝にUFOの出現場所を探索してみよう。

ウォーミンスター

ウィルトシャー・イギリス・イングランド

この閑静な町を襲った不気味な揺れは、相次ぐUFO目撃談の予兆だった。

1964年のクリスマスの朝、マージョリー・バイ夫人がミサに出席するためにウォーミンスターの教会まで歩いていると、突然、上から抑えつけるような激しい振動に襲われた。頭や首や肩にたたきつけるような衝撃波を受けた夫人は、恐ろしさのあまり教会の壁にもたれこんで空を見上げたが、何も見えなかった。

それから数カ月間、ほかにも多くの人たちが同じような体験をしたと訴え、そのうちの9件は地元新聞『ウォーミンスター・ジャーナル』の第1面を飾った。奇妙な振動を感じただけでなく、空に不思議な物体が浮かんでいるのを見たと証言した人も多かった。

このUFOは点滅する明るい光に包まれた葉巻型で、音もなくじっと宙に浮いていたという。1965年9月には、近くの村に住むある一家が、明るい光を放つ葉巻型の物体が30分間、空にじっと浮いているのを目撃したと語った。ジャーナリストのアーサー・シャトルウッドは、自宅からUFOを見たという自身の体験談も含めた、大量の目撃情報を1冊の本にまとめた。

一方、ゴードン・フォークナーという10代の少年がUFOの撮影に成功する。ゴードンは、今では有名になったこの白黒写真をシャトルウッドに渡した。シャトルウッドはそれをある全国紙に送った。たちまちイギリス中から、さらには海外からも、何千という人たちが不思議な現象を目撃しようとこの町に押し寄せた。

ウォーミンスター郊外のクレイドル・ヒルでは、それから10年間にわたって上空でUFOを目撃したという報告が相次いだ。1970年代、イングランドで最も人気のあるUFO観測地の1つとなったのである。

> UFOは点滅する明るい光に包まれた葉巻型で、音もなくじっと宙に浮いていたという。

▼ウォーミンスターはUFOのホットスポットだと言われている

UFOホットスポット

バーウィン山脈 スノードニア・イギリス・ウェールズ

1970年代、ウェールズの僻村の住民たちは、自分たちが見たものはUFOだったと確信した。

1974年1月の寒い雨模様の晩、スノードニア国立公園のバーウィン山脈を激しい揺れが襲った。マグニチュード4.5が記録されたが、はたしてそれが地震なのか、それとも宇宙から飛んできた物体が地球に激突した衝撃によるものなのかはわからなかった。隕石の落下を疑う人たちもいたが、揺れが収まった直後の空に奇妙な光が現れた。軍用機もしくは極秘の宇宙ロケットが墜落したのだという噂が流れる。

後に地元住民が証言したところによれば、この出来事のあいだ、家具が動き、建物は揺れ、照明は薄暗くなり、ペットは遠吠えしたりおびえてテーブルの下に隠れたりしたという。複数の赤い光のすじが高速で空を走り、途中で消えたという報告もあった。その光景は、大編隊の宇宙船が追跡し合っているように見えたという。住民の1人パット・エヴァンズは、重大な飛行機事故が起きたと思い、現場の特定に協力しようと考えた。

墜落現場とおぼしき場所に向かう途中、遠くで赤、黄色、白に色を変えながら光り、小刻みに振動している巨大な球体がはるか彼方に見えた。後に彼女は、その物体の両側に小さな白い光が見えたことを思い出している。

悪天候のためにそれ以上近づけず、警察の捜索隊の到着と入れ替わりにパットは村に引き返した。その後、軍関係者も合流し、墜落機の残骸を回収するあいだ、その地域は立ち入り禁止となる、という発表があった。実は宇宙人の遺体が見つかって、イギリス政府はUFOの不時着を隠蔽したのではないか――そんな噂が広まった。

▲1974年の闇夜の空を走ったものは流星群か、それともさらに忌まわしい存在か

▼人里から遠く隔たるバーウィン山脈。騒ぎはここで起こった

デッヒモントの森 リヴィングストン・イギリス・スコットランド

森林管理人が巨大な球体と接近遭遇したという。この話には一抹の真実が含まれている、と考える人は多い。

1979年11月のある朝、森林管理人のロバート・テイラーは、その日の仕事内容を考えながら国道M8号線を降り、林道にトラックを駐めた。そして愛犬を連れて森の中の険しい坂道を登りきったところで彼は凍りついた。樹間の空き地に、ザラザラした金属製の黒っぽい球体があったからだ。大きさは直径6mほど。表面にベルトのようなものが取り付けられている。

もっとよく見てみようと恐る恐る近づいていくと、その物体からとげとげした釘が突き出た小ぶりの球体が2個ころがり出てきた。1mほどの大きさで、外見は機雷に似ていた。その2個がそろって彼のもとへ転がってきて、足の両脇で止まった。犬がワンワン吠え始める。釘が彼のズボンを引っかけて左右へ引っ張った。彼の記憶によれば、そのときシューシューという音が聞こえ、息が詰まりそうなほどの刺激臭がしたという。

飼い主のズボンに、「釘」が引っかかり謎の球体へと引きずられるのを見て、犬は吠え続けた。

意識が戻ったとき、彼は草むらにうつ伏せに倒れていた。そばには犬もいた。両足が痛み、ズボンは裂けてしまっていた。奇妙な物体はどうやら空き地から姿を消してしまったようだ。彼は這うようにしてトラックに戻ったが、エンジンがかからないので、リヴィングストンの自宅までふらつきながら歩いて帰った。

その後、テイラーは警官を連れて現場へ戻った。飛行物体があったとおぼしき場所は地面がへこみ、釘のついた球体が転がった跡が残っていた。それ以外は何も見つからなかったが、ふだんからUFOの存在に疑いの目を向けていた男が話したことだけに、事実に違いないと多くの人々が考えている。

▲ロバート・テイラーの目撃証言をもとにした、画家による想像図

ニュルンベルク バイエルン州・ドイツ

1561年のある朝、このドイツ北部の町では、上空で星々が戦争を始めたかのようだった。

▲ニュルンベルク上空で起こった「戦い」を記録したハンス・グラゼルの版画

1561年4月14日の夜明けごろ、目を覚ました地元住民たちは言いようのない恐怖に襲われた。空を見上げると、閃光が走り、轟音が鳴り響き、大荒れに荒れている。だが暴れているのは嵐雲ではなく形のある物体だった。何千もの十字型や円筒型、球型の物体が空を飛び回っていたという。この奇妙な現象は、罪人を戒めるための神の御業だ、と多くの住民たちは思った。

目撃者たちは、この朝の出来事は1時間以上も続いたと証言している。この光景を、当時の画家ハンス・グラゼルが木版画に残している。それを見ると、円筒型の物体が、青と黒の球体や赤い十字型の物体、空飛ぶ円盤のようなものを無数に放出している。大きな円筒型のものが何本か太陽めがけて飛び、地上に墜落して厚い黒煙に包まれている物体もいくつかある。

当時、時事問題の紹介や啓蒙のために発行されていた「パンフレット」と呼ばれる小冊子にも、おそらくは神に遣わされたのであろう恐ろしげな亡霊が、朝の空を円筒形の物体で埋め尽したと書かれている。現代なら宇宙船だと言われそうなこれらの物体から、黒、赤、オレンジ、水色の球体が現れ、空中で無秩序に入り乱れながら飛び回った。筆者は、槍のような黒い物体が雲を切り裂いて空が暗くなると、ようやくこの異様な光景も幕を閉じた、と書いている。

空中戦は始まりと同様突如終わったらしい。ニュルンベルクの人々はきっと罪を悔い改めなくては、と思ったことだろう。

訪れるなら
夜空が過去のUFOの幻影で埋まると言われる、春先がよい。

ワロン地域　ベルギー

1990年、2機の超音速ジェット戦闘機F16が、ベルギー上空を飛ぶ宇宙船らしき物体を追尾した。

1989年10月から1990年の年末ごろにかけて、ベルギー上空を飛行する物体の目撃例は数千件に及んだ。およそ1万3500人（大部分はワロン地域の住民だった）がこの現象を目撃し、そのうち2600人の証言は正式に記録されている。その大半は、自分が見たのは三角形の飛行物体だったと語っている。

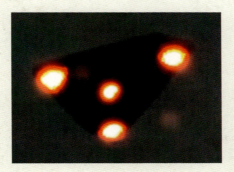

最初の目撃報告をしたのは、オイペン付近をパトロール中だった地元警察官たちだった。彼らは、三角形の宇宙船が空中に静止し、3本の強力な光線を地面に照射していたと話した。光線は、物体の角にある円形部分からそれぞれ発射され、底の中央には赤いライトが回転しながら光っていたという。

1990年3月、事態は新たな展開を迎える。この宇宙船の1つを、ベルギー空軍が、空中と地上両方のレーダーで捕捉しながらF16戦闘機に追跡させたのだ。パイロットたちの報告によれば、物体の飛行経路も高度の取り方も常識では考えられない異常なものだった。時速2000km出せる空軍ジェット機でさえ、1秒足らずで時速280kmから1800kmまで加速する宇宙船にはついていけなかった。しかも、空軍機の射程圏外に出るや、ぴたりと空中で停止するのだ。

1990年の年末まで、ベルギーでは同じようなUFOの目撃報告が相次いだ。報告書によれば、謎の宇宙船はブーンと低くうなる以外は何も音がしない。また、空中でホバリングしていたかと思うと急加速で高速に達する。こうした一般市民の目撃報告の多くが、空軍パイロットや警察官、航空管制官たちによって裏付けられている。

▲UFOらしき物体は三角形をしており、4つのまばゆいライトがついている、という点で目撃証言は一貫している

▼UFOの目撃報告の大半はワロン地域から寄せられた

ヘスダーレン

セールトレネラー県・ノルウェー

このノルウェーの渓谷地帯に頻繁に現れる奇妙な光球は、強硬なUFO懐疑論者をも悩ませる。

フォーロルホグナ山脈の氷におおわれた峰々の下にうねうねとした渓谷が広がっている。この谷で正体不明の光が発生するのを見た、という報告は、記録に残っているものだけでも1940年代から続いている。報告件数が特に多かったのは1981年12月から1984年の夏にかけて。週に15件から20件にのぼった。たちまち好奇心旺盛な旅行者たちがこの渓谷に押し寄せ、その光を見るために大騒ぎをして野宿をした。

ヘスダーレンの光はまばゆい白か黄色で、空中で停止したり浮遊したりしているという。ときには1時間以上見えていることもある。ほかにも、その渓谷からは説明不能な光が発せられている。

科学者たちはこれまでさまざまな解釈を試みてきた。谷底の粉塵雲が関係して何かが発火しているのだという説や、航空機や車のヘッドライト、宇宙から飛んできたさまざまな破片や残骸をUFOと見間違えたのだろう、という説もある。1983年の夏には、地元の複数の団体が、この現象を調査すべく国内の科学者や大学生の力を借りて「ヘスダーレン・プロジェクト」を立ち上げた。現地調査は1984年の前半に実施され、53個の発光体が観測されたが、その奇妙な光がなぜ、どのようにして現れるのかを特定するには至らなかった。

現在も、渓谷に奇妙な光が現れるという報告は続いているが、その件数は減少傾向にある。現在は年に10件から20件ほどだ。

▲光の発生は、地形、大気の状態、天候などの条件の組み合わせに関係するのだろうか

妖しい光 ヨーロッパの民間伝承には怪光が頻繁に登場する。金色の光が踊るように漂う「ウィルオウィスプ(右図)」は、「鬼火」、「ジャックランタン」とも呼ばれ、沼地や荒れ地をさまよう霊か、不注意な旅人を道に迷わせるために道ばたに潜んでいる妖精だと言われている。

イスタンブール トルコ

マルマラ海上空に現れた円盤状の物体は、音もなくじっと浮かんでいたかと思うと、高速で空を横切っていった。

2008年中ごろ、数日間にわたってイスタンブールのマルマラ海沿岸の住民たちから、UFOを見たという報告が昼夜の別なく殺到した。その物体はオレンジ色に光る楕円形か、あるいは両端で赤い光を点滅させている葉巻型の円盤だった。リゾート地のクンブルガズにあるイェニケント・コンパウンドという休暇村の警備員ヤルチン・ヤルミンは、目撃したものをビデオに撮り続けた。ズームレンズ付きの高性能ビデオカメラを使ったおかげで、彼の映像は高解像度で細部まで鮮明に見え、トルコではトップクラスのUFO画像だと評価されている。

撮影されたのは5月から9月にかけて、月が出ている晩の深夜から夜明け前だ。海の上空を浮遊する、金属製と思しきUFOを近距離から撮影した映像もある。中央のコックピットから外を見ている何者かの姿が映し出されたものまであった。

トルコの科学技術省と国立天文台は、この映像がニセモノであることを証明しようと詳しく調べたが、確証は得られなかった。日本、ロシア、ブラジル、チリの専門家による検証も行われた。しかし、現在もこの飛行物体の正体は未確認のままだ。2009年のある明るい月夜にも、UFOは再び撮影されている。

▲ビデオ映像には、飛行物体の中央にコックピットのようなものが映し出されている

UFOホットスポット

▼イスタンブールを越えて広がるマルマラ海。UFO目撃の舞台だ

シャグハーバー　ノバスコシア州・カナダ

港の上空に奇妙な光が見えたあと、正体不明の光る飛行物体が出現した。

1967年10月のある晩、ノバスコシアの住民たちは、港の上空に奇妙なオレンジ色の光が浮かんでいるのに気づいた。それから間もなく、爆弾が落下するような「ヒュー」という音が聞こえ、閃光に続いて大きな爆発音が響いた。低空飛行していた物体が港に墜落したのを目撃した人は、少なくとも11人いた。

彼らは重大な飛行機の墜落事故が起きたと思い、王立カナダ騎馬警察に通報した。ロン・パウンド巡査は自身でその奇妙な光を目撃し、すでに港に向かっているところだった。

パウンドとほかの3人の警察官が墜落現場に到着すると、岸から1kmほどの水上に何か物体が浮いていた。薄黄色の光を発するその物体は、氷のように冷たい波間を漂っていたが、その航跡には黄色い泡が浮かんでいた。

沿岸警備隊と地元の漁船が現場に急行したが、彼らが到着する前に光は消えていた。しかし、墜落した機体が沈んでいることを示す黄色い泡はまだ残っていて、救助に向かった人々もそれを見ている。ハリファックスの救助調整センターが、翌日オタワのカナダ軍司令部に提出した報告書の冒頭には、「正体不明」の物体がその晩シャグハーバーの水面に激突した、と書かれていた。

◀漁師たちは水上に奇妙な光を見たと言っている

モーリー島　ワシントン州・アメリカ

1947年6月、UFO事件の目撃者が「黒ずくめの男」に口止めされたと語った。

ハロルド・ダールは、息子と2人の乗組員、愛犬とともにモーリー島沖で流木を探しているときに、奇妙な物体が空中を飛んでいるのを見たと証言した。彼の話によれば、突然、大きな金属製の物体が6体現れ、自分たちの頭上を音もなく飛んでいたという。それはドーナツ型の円盤で、高度は水面から600m付近だったのではないか、とダールは推測している。どの物体も中央に穴が開いており、リング状の部分の外側には窓がずらりと並んでいた。

ダールによれば、どうやら1体は故障しているらしく、そのまわりを5体が旋回していた。そのうちの1体が別の1体に接触し、バランスを失って爆発。粉々になって墜落するまでの一部始終を、ダールは息子と一緒に目撃したという。破片の大半は湾内に落ちたが、一部は海岸に落下した。ダールは、白くて軽い金属の破片を拾って持ち帰った。

ダールによれば、事件の翌朝、自宅にやって来た黒ずくめの男に誘われて彼は近くの食堂に行ったという。朝食を食べながら、黒ずくめの男は、見たことをけっして他言しないようにとダールに警告した。これは脅迫だと感じ、家族に危害が及ぶのを恐れたダールは、あれはホラ話だったと言って目撃証言を撤回した。しかし後になって、実はUFOを目撃したのは真実だが身の危険を感じて証言を翻したのだ、といくつもの新聞社に語っている。

▲ダールは、ドーナツ型の飛行物体が船の真上で爆発したと語った

フラットウッズ

ウェストヴァージニア州・ブラクストン郡・アメリカ

1950年代、全米で相次いだ宇宙人目撃報告のなかで最も有名なのが「フラットウッズ・モンスター」だろう。

1952年9月12日、4人の少年がブラクストンのフラットウッズ小学校でフットボールをしていたところ、まばゆい火の玉が空から落下してきて、学校近くの丘に激突するのを見た。少年たちは1人の自宅へ駆け込み、母親のキャスリーン・メイ夫人に自分たちが見たものについて興奮気味にしゃべり立てた。夫人と少年たちは、州兵をしている一家の友人とともに落下物の正体を確かめに行った。現場に近づくと、光を放ちながらシューシュー音をたてている物体があり、鼻を刺すような金属臭がした。

後に彼らが語った話によると、赤い顔と光るオレンジ色の目を持ち、大きなひだが付いた緑色の服を着た身長5mの巨大な怪物に出くわしたという。体つきは人間そっくりだったそうだが、両腕については「なかった」という証言もあれば、「短くて太い腕にかぎ爪のような指がついていた」という証言もある。この怪物がフワフワ浮きながら近づいてきたので、彼らは一目散に逃げ出した。

彼らの話を裏付けるほかの目撃談もある。彼ら以外にも、燃える物体がフラットウッズ小学校の近くに墜落するのを見ていた人々がいたのだ。警察が現場検証したところ、自動車のタイヤ痕のような跡以外は何の物的証拠も見つからなかった。だが、少年たちが報告した通りのひどい刺激臭がし、気温が異常に高くなっていた。

事件後、この地域の多くの住民が、刺激性の煙や、ある種の放射線が原因とみられる呼吸器疾患を訴えた。

彼らは、赤い顔とオレンジ色の目をした身長5mの巨大な怪物に出くわした。

▲キャスリーン・メイは、フラットウッズ近くの丘の上で「フラットウッズ・モンスター」に遭遇した

セドナ　アリゾナ州・アメリカ

アリゾナの砂漠にあるこのパワースポットは、さまざまなニューエイジ信奉者のみならず、UFOをも引き寄せる。

赤い岩山と広漠とした空という壮大な景観を持つセドナは、アメリカのニューエイジ信奉者にとっては第一の聖地である。異常に強力な磁場やボルテックスと呼ばれるエネルギー波動が渦巻くスポット、さまざまな「パワー」で知られるこの地は、神秘主義やスピリチュアルなものに興味のある観光客に評判だが、UFOを見たという住民や観光客も多い。地元では、観光ツアーや土産物、会議など、UFOを目玉にした産業が盛んだ。

2012年1月、鮮緑色の大きな物体が南から飛んできて、ナヴァホ・ホピ保留地の方角へ高速で去っていくのがカメラでとらえられた。同月、まったく同じ形状の飛行物体が、シークレットキャニオン付近でも目撃された。

このような目撃例は2～5万年前からあっただろう。当時、近くの砂漠地帯に巨大隕石が落下し、セドナ全域にその破片が飛び散ったのだ。UFOが最も頻繁に現れるのは、ベルロック上空だというのがもっぱらの噂である。ベルロックはセドナの南にある奇妙な形をした岩山で、特に宇宙人が集中して現れるとか、「高次元の」エネルギーを有しているとか言われている。日中にはレンズ雲（空飛ぶ円盤の形に似たレンズ型の積雲）が頻繁に見られるが、地元では、宇宙船が大気圏内に突入するとこの種の雲ができると言われている。

多くのUFOファンが、セドナは宇宙船の発着所だと信じている。結晶シリコンと酸化鉄から成る赤い岩は、人間には見えない強力な光を発し、宇宙からの目印になっているという。

> 宇宙船が大気圏内に突入すると、レンズ雲ができると言われている。

▼セドナ北東部のクレーターは、何万年も前に巨大隕石が地球に衝突した跡だ

ガルフブリーズ フロリダ州・アメリカ

科学的アプローチによるいかなる試みも、この目撃証言がホラ話だと証明するに至っていない。

1987年の冬、多くの人々がフロリダ上空を飛んでいる不思議な物体を目撃した。ガルフブリーズの建設業者エド・ウォルターズは、3週間にわたって何度もこの飛行物体を目撃し、数百枚の高画質写真を撮影した。

事の発端は11月11日の夜、彼が自宅の居間で仕事をしていたときのことだ。ふと書類から視線を上げると、自宅の前でおもちゃのコマのような形の奇妙な物体が光っているのに気づいた。不思議に思って外に出てみると、その物体は道路のすぐ上に浮かんでいた。窓と扉のようなもの、そして底には光る輪が見えた。彼はすぐに家に戻ってポラロイドカメラを探した。写真を撮っていると、UFOから青い光線が伸びてきて彼の身体を宙に浮かせた。彼は壁に押しつけられて動けなくなる。「危害を加えるつもりはない」――そう言う声が聞こえたが、声の主の姿は見えなかった。気づくと彼は自宅の外に倒れていた。

12月2日、ウォルターズに再び宇宙人が接触してきたという。今度は自宅の裏庭に、大きな黒い目を持つ小さな生物がいた。それが逃げ出したので追いかけようすると、またもや青い光線に動きを封じられた。それから3年以上にわたり、200人ほどの目撃者から同じような接近遭遇の報告やビデオテープ、写真などが寄せられた。そのうちの30人は、ウォルターズの近所の住民たちだった。

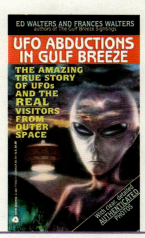

◀小さな町ガルフブリーズが、宇宙人との遭遇体験で世間の注目を浴びた

クリーヴランド オハイオ州・アメリカ

クリーヴランドで謎の球体が目撃されたが、この街にとってUFOの出現はこれが初めてではなかった。

2013年4月、オハイオ州クリーヴランドの上空に巨大な球体が現れた。この奇妙な丸い物体が空に浮いているところを、複数の目撃者がフィルムに収めている。通常の目撃情報と違って真昼の出来事だった。

その晩、1人の住民が暗視カメラでジェット機を撮影中、この物体をとらえている。彼の目の前で発光体は突然加速し、猛スピードで空の彼方へ消えた。ジェット機のような飛行機雲は見当たらなかった。UFO研究家たちがこのビデオテープを詳しく検証中だが、今のところまだ何の結論も出ていない。

これはクリーヴランドのUFO目撃事件のなかでも最新のものだが、いくつもある事件のうち最も有名なのは、「コイン・ヘリコプター事件」である。

1973年10月、搭乗者4名を乗せた陸軍予備軍ヘリコプターがコロンバスからクリーヴランドへ向かっていたとき、乗組員が恐ろしいスピードで迫ってくるまばゆい光に気づいた。衝突を回避するために操縦士が高度を下げた瞬間、その物体はぴたりと停止して彼らの頭上でホバリングした。そこから発せられた緑の光線が、走査するようにヘリコプターの正面風防をなめ、コックピットは緑の光に包まれた。

▲クリーヴランド市にはいくつものUFO目撃情報がある

アメリカ南西部の
五大UFOホットスポット

変化に富むダイナミックな地形と開放的な空間を持つアメリカ南西部。この土地はUFO ── 人の頭の中に存在するものも実在のものも ── の活動に適しているのか。目撃情報が特に集中する土地だ。

❶ **テキサス州マーファ**：テキサス州西部の高原に広がる砂漠にマーファという町がある。「マーファライト」という怪光現象で有名だ。直径1～3mの赤みがかったオレンジ色の球体が高速で移動する。最初は遠くで星が光っているような明るさだが、そのうちに懐中電灯ほどのまぶしさになり、点滅することもあるという。マーファの東方25kmの国道90号線沿いに、一般向けの観察ポイントが設けられている。

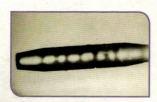

❷ **テキサス州レヴェルランド**：1957年11月2日午後11時、パトロール中の警察官A・J・ファウラーは、ペドロ・ソーシードーとジョー・サラズから通報を受けた。車で走行中、まばゆい光を放つ葉巻型の物体が向かってきたというのだ。その物体が近づくと、車のエンジンが急に停止したという。さらに似たような通報が相次いだ。全員が、オレンジ色から青緑色に変化しながら着陸する、卵型の飛行物体を見たと言っている。

③ **テキサス州パイニーウッズ**：1980年、ベティ・キャッシュと、友人、その孫の男の子が車で帰宅する途中、猛烈な熱を発するダイヤモンド型のUFOに遭遇した。頭上では軍のヘリコプターが何機も旋回していた。帰宅すると放射線障害の症状が現れ、3人は治療を受けたが、ベティは後に皮膚がんを発症した。彼女たちは賠償を求めたが、政府は責任を認めなかった。

④ **アリゾナ州ターキースプリングス**：森林伐採労働者のトラヴィス・ウォルトンは、1975年11月5日、ターキースプリングス近くのアパッチ・シットグリーヴズ国有林で宇宙人に誘拐されたと訴えた。6人の同僚たちの話によれば、彼らはウォルトンの頭上で光を発しながらホバリングしている円盤を見て、恐ろしさのあまり逃げ出したという。警察官を連れて現場に戻るとウォルトンの姿は消えていた。その5日後、ウォルトンは帰ってきて驚くべき話をした。

⑤ **テキサス州スティーヴンヴィル**：2008年、地元住民たちからUFOの目撃情報が多数集まり、スティーヴンヴィルの町は一躍有名になった。1月8日の夕刻、何十体もの大型宇宙船が空を埋めつくしているという通報が警察署に次々寄せられる。その大きさははフットボール場ほどだったという情報もあれば、全長1.6kmはあったという情報もあった。軍用機がUFOの編隊を追跡していたと多くの人が証言している。

UFOホットスポット

▼アリゾナのメサに代表されるような不思議な形の岩は、UFOの出現と関係があると言われることが多い

ロズウェル　ニューメキシコ州・アメリカ

あわせて読みたい：196ページ「エリア51」

アメリカ史上最大の物議を醸したUFO事件は、ニューメキシコを襲った嵐から始まった。

1947年7月、日中蒸し暑かったニューメキシコ州は、日が暮れてから激しい嵐になり、稲妻と雨と雷鳴に見舞われた。ロズウェル郊外のある牧場で羊の世話をしていたウィリアム・マック・ブレイゼルは、嵐の様子がいつもと違う感じがして胸騒ぎを覚えた。突然、すさまじい衝突音が鳴り響く。しばらく逡巡していたが、ブレイゼルは、今日は寝てしまおうと考えた。そして、何が起きているのか知らぬまま、嵐のあいだずっとぐっすり眠っていた。

翌朝、ブレイゼルは嵐による被害状況を調べに行った。すると、牧草地になにかの破片が大量に散らばっていた。彼はそれをいくつか持って帰り、近所の人に見せようと考えた。そして郡保安官のジョージ・ウィルコックスに通報する。

ウィルコックスはこの出来事をロズウェル陸軍飛行場に知らせた。飛行場の担当者は残りの破片の回収を手配した。7月8日、陸軍が空飛ぶ円盤、すなわちUFOを入手したという情報がリークされた。破片は気象観測用気球のものだと口裏を合わせるよう、多くの関係者に指示が下されたと言われている。数週間後、空軍に所属する看護師が、宇宙人の解剖に立ち会わされたと証言した。

空飛ぶ円盤のニュースは世界中の注目を集めた。今でも、ロズウェル事件は米政府による最大の隠蔽事件だと考える人たちが数多くいる。

▲ロズウェルは、UFO事件で世界的に有名になった

▼検死台に載せられた宇宙人のイメージ図

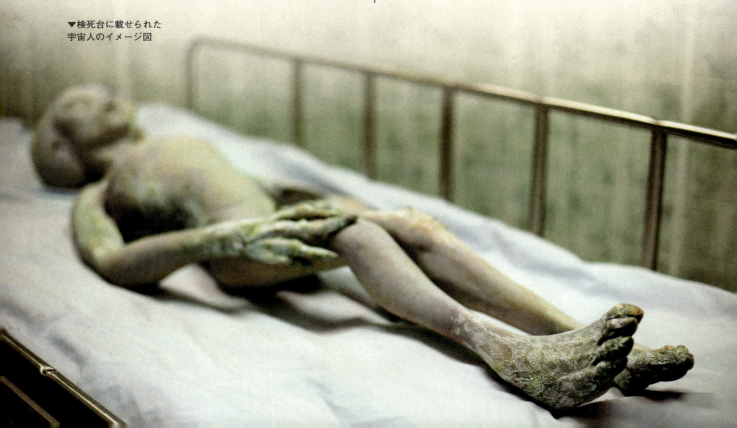

UFOホットスポット

ソコロ ニューメキシコ州・アメリカ

政府機関がソコロのUFO目撃情報を調査したが、何の結論も得られなかった。

1964年、警察官のロニー・ザモラはスピード違反の車を追跡中、轟音を聞き、遠くに青とオレンジの炎を目撃したと言っている。車を停めてそろそろと歩いていくと、車1台分の大きさがある、卵型の光る物体を発見した。その側面には何やら赤いマークがついていた。

ザモラが空軍とFBIの聞き取り調査で答えた内容によれば、物体に近づいたとき、2体の白いオーバーオールを着た小柄な人間のような生物が振り返り、物体の陰に隠れたという。ザモラがさらに近づこうとすると、大きなエンジン音が鳴り響き、物体の下側から青い炎が噴き出した。爆発すると思ったザモラは、わが身を守ろうと地面に突っ伏した。顔を上げたときには、物体は地面から浮き上がり、空の彼方へ消えた。警察の応援部隊が駆けつけたときにはすでに飛んでいく宇宙船は見えなくなっていたが、地面にへこみと焦げ跡があったという記録が残っている。

その晩は、ほかにも同様の目撃情報が寄せられていた。ポール・キースとラリー・クラッツァーは、南西方向からソコロへ車で向かう途中、炎と茶色の砂ぼこりが見え、卵型の物体が猛スピードで地平線に消えていったと報告した。コロラドから来た5人の観光客も、卵型の物体が低空飛行で自分たちの車の上を通過したと語っている。

▲目撃者たちは、卵型の宇宙船を見たと話した

ダルシー基地 ヒカリラ・アパッチ・インディアン保留地の地下に政府の秘密基地があり、宇宙人の遺伝子研究が行われているという噂がある。クローン作製などの実験のために、捕獲した宇宙人が収容されている、というのだ。行なわれていることの機密性を考えると、そこで働いているのは、国防省の諜報機関である国家偵察局の記章（右）を付けている人たちではないだろうか。

エリア51 ネバダ州・アメリカ

この空軍の秘密基地の科学者たちは、捕獲したUFOや宇宙人を使って実験を繰り返しているのか？

ラスベガスから130kmほど離れたネバダ砂漠の深奥部にエリア51はある。山々に囲まれた、砂ぼこりの舞う空軍基地だ。建設されたのは1955年だが、2013年までCIAはエリア51が存在することすら認めようとしなかった。この場所の詳細は今も高度なレベルの国家機密扱いとされ、周辺空域は、民間機はもちろん通常の軍用機も恒久的に進入禁止となっている。

では、この軍事施設でいったい何が行われているのだろうか。極度の秘密主義が、多くの奇想天外な噂を招いてきた。なかには、宇宙人がこの基地を使って人類と宇宙人のハイブリッド種をつくっているという説もある。

UFO研究家たちにいちばんよく支持されているのは、この基地は墜落したUFOを研究し、捕獲した宇宙船を保管する施設だという説である。多くの人々が地球外のものであると信じている、かの有名な1947年のロズウェル事件の回収物も保管されているという。ほかにも、宇宙人（生きている場合も死体も含めて）を研究する機関だとか、宇宙人との秘密会談を行う場所だと考える人たちもいる。アメリカ政府が1969年の月面着陸をここででっち上げた、という説もある。

たいていの空軍スポークスマンはこうした風評を公けに否定している。ここは兵器の開発とソ

エンジニアは宇宙人と一緒に仕事をしたと語った。

▼政府がここにエリア51を設けたのは、周囲に人が住んでいないからだ。公式の地図にこの場所は載っていない

接近遭遇 UFOハンターたちは、地球外生命体との接近遭遇を3段階に分類している。「第1種接近遭遇」はUFOを150m以内の距離で目撃すること、「第2種接近遭遇」はUFOが現場に残した焦げ跡などの物的証拠を見つけること、「第3種接近遭遇」は目撃者がUFOに搭乗するエイリアンを目撃することである。この分類のしかたは、天文学者でもあり、米空軍でUFO研究に携わっていたジョゼフ・アレン・ハイネックが考案したものだ。1977年に大ヒットした映画『未知との遭遇』で「第3種接近遭遇」という言葉が使われ、一般の人々にも浸透した。

UFOホットスポット

連製航空機のテストのための基地であるということしか認められていない。しかし、この基地で働いていたことのある何人かの人々が、ここでは何か奇妙なことが行われていると証言している。たとえば1989年、科学者のボブ・ラザールは、エリア51の関連施設で、捕獲した空飛ぶ円盤の分解に携わったという。また、1950年代にエリア51で働いていたという機械エンジニアは、J=ロッドと呼ばれる宇宙人とともに、基地内で空飛ぶ円盤のシミュレーター装置開発を手伝った、とあるドキュメンタリー映画の中で語っている。やはりかつてここで働いていたというダン・クラインも、J=ロッドと会ったことがあり、基地でまったく未知のウィルスのクローンをつくったと証言した。

▲人類は何十年ものあいだ宇宙人に強い興味を抱き続けている。それをテーマにした映画もたくさん制作され、人気を集めてきた

サン・クレメンテ <small>マウレ州・チリ</small>

アンデス山中の謎の石畳は、古代の宇宙船用滑走路なのか?

▲サン・クレメンテ周辺で報告されたUFO目撃例は、1990年代中盤以降だけで100件を超えた

訪れるなら
アンデス山中のUFO目撃報告が毎年ピークを迎えるのは12月と言われている。夏の真っ盛りだ。

　アンデス山麓のかつては平穏だった町、サン・クレメンテ。だが今は、毎日のようにUFOの目撃情報がマスコミに取り上げられている。チリでは、宇宙人をテーマにした会議が毎年開かれるので、世界中のUFOハンターがやってくる。サン・クレメンテは、その中でも特に「UFOの聖地」と呼ばれる場所だ。
　サン・クレメンテ上空で奇妙な光や未確認飛行物体を目撃したという報告が増加したのは1990年代になってからだ。2008年、政府は倍増する目撃情報に応え、地元住民がUFOをよく見かけるという地点を結ぶ30kmほどの「UFOトレイル(遊歩道)」をアンデス山脈に設けた。この道を歩いていくと、途中でエル・エンラドリリャド(レンガの道)という場所に出る。リオ・クララ渓谷をはるか下に見下ろす高所だが、火山岩塊がきちんと並んで石畳のようになっている。誰がつくったのかは不明だ。しかし、この平原にある石のブロックのうち、3つに2つは磁北を向き、残りの1つは夏至の日の出の方角を向いている。宇宙船を離着陸させるためにエイリアンがエル・エンラドリリャドをつくったと主張する人もいる。
　サン・クレメンテ付近で目撃されるUFOは光る球体で、低空でホバリングしていたかと思うと森や水の中に消える。ときには直径が2〜3mもある白と紫の光線と一緒に目撃されることもある。また、夜間、町の上空を編隊飛行し、闇に消えていく複数の光も報告されている。このような現象に関してチリ政府からは何の説明もない。

UFOホットスポット

マラカイボ　　スリア州・ベネズエラ

マラカイボの住宅の上に強烈な光が出現し、その家の住民全員が重い病気になった。

1886年の嵐の晩、マラカイボ郊外に住む一家が恐ろしい体験をした。背筋も凍るこの物語には、明らかに放射線障害と思われる症状が含まれている。人類が放射能というものを発見する10年近く前のことだ。

10月24日の晩、9人家族は強烈な光で目が覚めた。彼らは近所で火事が起きたと思い、避難しようと家から出た。しかし、外に出てみると、その光は家の真上に浮いている物体から放射されていたのだった。その物体からは、鈍い「ブーン」という音が途切れなく聞こえてきた。

未確認飛行物体などという言葉はまだ使われていない時代だ。彼らは世界の終りがやって来たと思った。そしてひざまずいて祈ろうとしたとたん、激しい吐き気に襲われ、上腹部と顔と唇が腫れ出した。数日のうちに髪の毛が抜け、皮膚はただれた。

> それは重度の放射線障害の症状だった。

彼らはこれを神の祟りだと思ったが、実際は重度の放射線障害の症状だった。近くの農場の家畜たちも病気になり、草木もしおれたり枯れたりした。

この奇妙な事件の詳細が世間に広まり、アメリカ領事も本国に報告書を提出している。その家の上に浮いていたまばゆい光は故障したエイリアンの宇宙船で、修復のために放射性のエネルギーを放出したのだと考える人もいる。

▲放射線を放出しながら浮いていた謎の光は、本当にUFOだったのだろうか？

プマプンク　ティワナク・ボリビア

この謎の巨大建築物の起源には地球外生命体が関与している、という興味深い説がある。

プマプンクは、インカ帝国の人々が「世界の始まりの場所」だと信じていた、大規模な寺院群遺跡ティワナクの一部である。インカ文明以前から存在するこの遺跡は、約6×38mの石のひな壇が設けられた土塁だ。巨石のブロックが剃刀の刃も差し込めないほどぴたりとくっついて並んでいる。

プマプンクがどんな目的でつくられ、どのようにして建設されたのかは、今も謎に包まれている。かつてのティワナクは、今は24kmほど離れてしまったチチカカ湖（150ページ参照）の湖岸にあった大きな港町で、プマプンクのひな壇は当時船着き場として使われたとも言われている。また、推定400トンもあるような巨石を運んで積み上げる技術は、プマプンクが建設されたと言われる西暦500年ごろのティワナクの技術よりはるかに進歩している、との指摘もある。しかも、これらの巨大なブロックを切り出した採石場はチチカカ湖の西岸にある。6世紀に使われていた簡素な葦舟で運べたとはとうてい思えない。当時の人々が、これらの巨石をこれほど遠い場所まで運び、これほど高く積み上げることが可能だったのだろうか。

なかには、打ち捨てられた大昔の石造りの埠頭をティワナクの人たちが発見したという説もある。20世紀初頭の冒険家アルトゥール・ポズナンスキーは、プマプンクは紀元前1万3000年ごろにつくられた海港だと主張した。彼の計算によれば、当時、遺跡に立つ2本の柱は、広場の中央から見ると日の出と日の入りの方角をそれぞれ指していたはずだという。また、自説の裏付けとして、石に刻まれている動物の像の多くは更新世に絶滅した動物であること、古代の海岸線の跡、海洋生物の化石の存在、そして海抜3800mもの高地に海港が存在することの異常さを指摘した。ポズナンスキーは、紀元前1万1700年ごろに更新世を終わらせた地軸の大きなズレが地殻

> 遺跡に立つ2本の柱は、日の出・日の入りの方角を指していたはずだ。

▼正確にカットされたプマプンクの巨石

UFOホットスポット

エイリアンがつくった？ 世界にはエイリアンがつくったと言われる古代遺跡がたくさんある。その1つがペルーのクスコ市街を見下ろすサクサイワマン城塞だ。巨大な城壁は、紙切れ1枚差し込めないほど隙間なく石材を積み重ねてできている。また、レバノンのバールベック遺跡にある神殿の3つの礎石は、建築用に使われた石としては世界最大だ。1つの重さはおよそ800トン——機械を使わず人力で動かすことなど、とうてい不可能に思える。

▲サクサイワマンの大きさと正確な技術は、宇宙人が関与した証拠だと言う人もいる

を大きく隆起させ、かつて栄えていた海港を海から遠く離れた山の中腹まで押し上げ、その衝撃で建物が崩れて巨石のブロックが散乱したと考えたのだ。

　ポズナンスキーの説から、地球外生命体が、高度な技術を用いて巨大な石材を切り出し、はるばる運んで古代の海港を建設し、条件の良い海沿いに建造物をつくったという説が導き出される。その後、この場所を打ち捨ててどこかに行ってしまったのか、誰かに滅ぼされたのか、とにかく地球外生命体はプマプンクから姿を消し、それから数千年の時を経てインカ帝国の人々がこの遺跡を発見したのかもしれない。

杭州市 浙江省・中国

杭州市上空に謎の物体が出現し、空港は閉鎖され、市民は通りにあふれ出た。

2010年7月7日午後8時40分ごろ、ある旅客機の乗務員が杭州市に着陸する準備をしていたところ、空港の上空にホバリングしているUFOを見つけた。やはりこの物体を目撃した乗客たちの話では、それはキラキラ光る点のように見えたという。すぐに航空管制センターは出発機を地上待機させ、到着機は急遽、着陸地を変更して近くの別の空港に向かわせた。空港の閉鎖は1時間以上にわたった。当時、空港内に足止めされた人々によれば、周囲は恐ろしいほどの沈黙に包まれていたという。当局は空港封鎖を、非常に間の悪いタイミングで軍用機の儀礼飛行が行われたため、と説明した。

その日、杭州市民も空の異変に気づいていた。空港が閉鎖される数時間前の午後、彗星のように尾を引いた金色に輝く物体が宙に浮いているのを多くの人が写真に撮っている。それは小刻みに振動しながら空中を移動し、それから突然、跡形もなく消えてしまった。空港閉鎖前には、空飛ぶ物体が赤と白の光線を地上に向けて照射しているのを見た、という人たちもいた。妻と夕方の散歩に出ていたある地元住民は、頭上でなにかがぴかりと光るのを感じた。見上げると、まばゆい白い光のすじが空を横断している。夫婦は慌ててそれを写真に収めた。

非常に多くの市民が目撃したこの事件を、明確に、つまり納得のいくように説明できた者はいまだにいない。地元当局は、その日一般市民や空港職員たちが見たと言っているものは、おそらく航空機に反射した太陽の光だったのだろうとコメントしている。

> この事件を明確に、つまり納得のいくように説明できる者はいない。

▲多くの杭州市民が空を横断する物体を写真に収めた

原舎ヶ浜 常陸国（現：茨城県）・日本

19世紀初期の文献が、極東の風変わりな接近遭遇の一部始終を教えてくれる。

日本の公的文書には、遭難して奇妙な国に流れ着いた漁師たちの話が、いくつも挿絵とともに収められている。だが、それとは違う話が存在する。1803年の春、原舎ヶ浜の村の近くで、奇妙な形の船が岸に打ち上げられた。その船は、縦3m、横5mほどの大きさで、金属のたがをはめて、紫檀の板を固定したもののように見えた。お椀型で、ガラスか水晶でできた窓がついていた。

奇怪な船の出現で村は大騒ぎとなり、ひと目見ようと村人たちが浜に押し寄せた。そして、この船は「うつろ舟」と呼ばれるようになった。文章に添えられた挿絵から船の形状がよくわかる。

船の中には、見たこともない文字や模様が描かれていた。だが、もっと驚いたことに、船には、髪と眉毛が赤い、白い顔の若い女性が乗っていた。18歳くらいで、奇妙な言葉を話していた、と文献には書かれている。木製の箱を抱え、それを誰にも触らせようとしなかった。女性がここにたどり着いた経緯を説明しようとしているあいだに、船は夕潮に流されてしまった。

それから数カ月のあいだに、お椀型の船と女性を描いた絵は国内各地に広まっていった。この船は宇宙船で、女性は異世界のことを伝えるために地球にやって来たヒューマノイド型宇宙人だった——そんな説も生まれた。

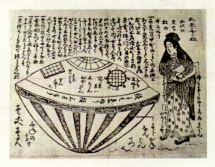

▲奇妙な船の出現を伝える文献の1つ

▼1803年の大潮が宇宙船を日本の海岸に運んできたのだろうか

バンディアガラの断崖

マリ共和国

あわせて読みたい：152ページ「ナスカの地上絵」

ドゴン族の口頭伝承によると、宇宙人の古代種がシリウスBから地球にやってきた。

マリの「バンディアガラの断崖」に暮らすドゴン族には、同じ地域に住む他民族とはまったく異なる複雑な文化がある。そのひとつが、「ノンモ」と呼ばれる地球外生命体が登場する古い創世神話だ。ノンモは、何千年も前にシリウス星系から地球にやって来たと信じられている。

ドゴン族の口頭伝承によれば、ノンモは夜空で最も明るく輝く星シリウスの伴星からやって来た水陸両棲のエイリアンである。今ではシリウスBと呼ばれるこの伴星は肉眼では確認できず、19世紀中ごろまで欧米の天文学者はその存在を知らなかった。

近年、ドゴン神話を裏付ける天文学上の発見があった。

ノンモは箱舟に乗り、コマのようにくるくる回転しながら地球に着陸したとドゴン族では言い伝えられている。空を降りてくるときに、激しい雷雨と烈風を引き起こしたという。ドゴン族を古代エジプト人の末裔だと信じている人たちからは、バビロニア、アッカド、シュメールの神話とドゴン族の伝承が似ている、という指摘もある。どちらにも水陸両棲の存在が登場し、その姿や性質もそっくりなのだ。エジプトの女神イシスもシリウスとつながりがあり、古代エジプトの多くの儀式では、シリウスの位置がとても重要な意味を持っていた。

ドゴン族の話では、シリウスBの存在だけでなくほかの天文学的知識についても、欧米の科学者たちが発見するずっと以前にノンモは教えてくれたという。ノンモが授けた知識のなかには、木星を周回する4つの大きな衛星のこと、土星にリングがあること、惑星は太陽の周囲を公転しているという事実（17世紀、イタリアのガリレオ・ガリレイは、この説を唱えたために異端審問で有罪となり、生涯自宅に軟禁された）も含まれていた。

この話は、ロバート・K・G・テンプルが1977年に発表した『The Sirius Mystery』（『知の起

▼砂ぼこりの舞うバンディアガラの断崖に描かれたドゴン族の岩絵

宇宙人の置土産 陰謀説を唱えることで有名なイギリス人作家デイヴィッド・アイク、イタリア人ジャーナリストのペテル・コロジーモ、スイス人作家のエーリッヒ・フォン・デニケンは、遠い昔に高い知性を持ったエイリアンが地球を訪れ、自分たちの存在証明として岩絵や彫像、ストーンヘンジのような建造物を残した、という説を展開している。フォン・デニケンは、1968年に発表した『Chariots of the God』(『未来の記憶』松谷健二訳、角川書店、1997年)の中で、ナスカの地上絵は、宇宙人が宇宙船着陸の目印にするために人間につくらせたものだと主張している。だが、ほとんどの考古学者は、彼の説には何の根拠もないと考えている。

▲北イタリア、ヴァルカモニカにある先史時代の壁画に描かれた人物。現代の宇宙飛行士のようには見えないだろうか

源——文明はシリウスから来た』並木伸一郎訳、角川春樹事務所、1998年)の中で紹介され、初めて世間の注目を集めた。その内容の大半は、フランスの民俗学者マルセル・グリオールと弟子のジェルメーヌ・ディーテルランが1930年代に行ったフィールドワークがもとになっている。400年前のドゴン族の古文書にはシリウス星系の位置関係が描かれている。また、シリウスの伴星の公転周期に合わせて60年ごとに行われる「シギ」と呼ばれる儀式については13世紀から記録している。この古文書を読んで、ドゴン族が高い知性を持つエイリアンと過去に接触したことは間違いない、と信じる人たちも多い。

近年、ドゴン神話を裏付けるような天文学関連の発見が続き、話の信憑性にますます拍車がかかっている。ドゴン族のあいだでは、シリウスBは3番目の星のまわりを回っていると言われてきたが、1995年、フランス人研究者のダニエル・ベネストとJ・L・デュヴァンが、一流の国際的な専門誌『Astronomy and Astrophysics(天文学と天文物理学)』に「シリウスは三重星か?」というタイトルの論文を寄せ、シリウス星系に第3の小さな星が存在することを示唆した。この可能性はいまだに排除されていない。

プレトリア

ハウテン州・南アフリカ

1965年、良識ある現実主義者だった2人の警官が、パトロール中に説明のつかない不可解なものを目撃した。

1965年9月17日午前0時を過ぎたころ、パトロール中の警察官ヨン・ロッケンとコース・デ・クレルクは、プレトリアとその東50kmほどのところにある町ブロンクホルストスプルートを結ぶ国道を走っていた。ふと、車のヘッドライトが前方の奇妙な物体を照らし出した。それは円盤型の乗り物だった。2人とも、そんなものは今までに見たことがなかった。

車から降りて、もっとよく見ようと近づく。その物体は赤銅色で、直径9mほどの大きさだった。突然何の前触れもなく、下部から伸びる長い金属製のチューブからごうごうと炎を吹き出して、それは猛スピードで飛び去った。離陸速度は今までに見たことがないほど速かった、とロッケン巡査は語った。1mほどの火柱がしばらくのあいだアスファルトの表面で燃え続けていた。あとで道路を検分してみると、たいへんな重さのものが乗っていたかのように一部が陥没し、激しく燃えた跡が残っていた。

政府はこの事件を真剣に受けとめ、現場から採取したサンプルを分析した。だが、その結果は一度も公表されず、事件に関する何の説明も行なわれていない。

◀物体は猛烈な勢いで飛び去り、アスファルトを焦がした

タッシリ・ナジェール国立公園

アルジェリア

何千年も前に地球を訪れた地球外生命体がサハラ砂漠に手掛かりを残したのか？

探検家にして民族誌学者、先史時代の洞窟絵画の専門家でもあるフランス人アンリ・ロート（1903～1991年）は、サハラ砂漠の奥地で800点以上に及ぶ見事な岩絵を発見し、言葉を失った。ロートは、そのなかに宇宙服を着たエイリアンを見つけ、これは古代人が宇宙人と接触した証拠だと確信した。

ロートが、ぽつんと周囲から孤立した岩山に古代人が描いたと思われる絵を発見したのは、第二次世界大戦直後の遠征中だった。そこには、飛び跳ねるアンテロープや疾走する馬、ライオン、象、房のついた長衣やエレガントなドレスをまとった赤い人物――男も女もいる――などが描かれていた。

さらによく見てみると、異様な姿の大きな人物の絵があった。後に「偉大な神マルス」と呼ばれるようになる絵もその1つだ。この岩絵は先史時代の人々が宇宙人と遭遇した証拠だというロートの説は、マスコミによって世間に公表された。その後、スイス人作家のエーリッヒ・フォン・デニケン（205ページ参照）が、宇宙服を着たエイリアンがかつて地球を来訪したという自説の裏付けとして、このロートの説を引用している。

▲岩絵は宇宙人に触発されて描かれた、とロートに確信させた「偉大な神マルス」

ブズニカ

シャウイア＝ウアディギャ・モロッコ

モロッコの寂しい道を走行中の車が冷気を帯びた渦巻にハンドルを取られ、運転手をヒヤリとさせた。

1954年9月15日の晩、ギタという男が海辺の町ブズニカ付近を車で走っていた。ふとバックミラーを見ると、ギラギラ光る金属製の物体が映っている。彼はとっさにハンドルを握りしめて頭を屈めた。数秒後、その物体は猛スピードで彼のそばを通り過ぎ、その直後に車は冷たい突風に襲われた。

車が風に吸い込まれて浮き上がってしまうのではないかと怖くなったギタが急ブレーキを踏むと、車は横滑りして路肩に乗り上げた。パンクしたタイヤを調べようと外に出ると、あの金属製の物体が南東の地平線に消えるのが見えた。ギタは肌を突き刺すような冷気に驚きながら、身を震わせた。コートジボワールの住民たちが、まもなく自分と同じような体験をすることを、ギタは知るよしもなかった。

同じ晩、コートジボワール、ダナネのフランス大使館の中庭でカクテルパーティーが開かれていた。ゲストのなかには、閣僚や国外で活躍するフランス人の面々も含まれていた。彼ら全員が赤く輝く物体を目撃している。暗いけれども雲一つない空に、丸い物体が音もなくそのシルエットを浮かび上がらせていたという。その物体は30分以上じっと動かず宙に浮いていたが、やがて楕円形に変形し、高速で地平線に消えた。

その少し後、アビジャンの北西250kmのスブレという町でも同じような現象が目撃されている。物体が高速で町に飛来し、数分間静止した後、突然発進して晴れ渡った空の彼方へ消えた。数多くの目撃者がいたが、スブレの市長もその1人である。

> 彼らは、暗いけれども雲一つない空にシルエットを浮かび上がらせている光体を見つめた。

▼家路を急ぐ男を恐ろしい体験が見舞った

UFOホットスポット

キンバリー　オーストラリア

この辺境の地の岩絵に描かれているのは創造の神か、それとも宇宙人か？

1838年、ジョージ・グレイ中尉率いる探検隊は、西オーストラリア、キンバリー地区のプリンス・リージェント川付近で洞窟群を偶然発見する。彼らは馬から降りて詳しく調べることにした。洞窟内には、人間に似た奇妙な者たちの絵がいっぱいに描かれていた。それらは皆、頭に丸いヘルメットをかぶっているように見えた。

アボリジニの神話によれば、この絵を生みだしたのは「ウォンジナ」たちだという。ウォンジナとは、強力な雲と雨の精霊で、地球を創造するために天の川を下ってやって来た。雷や稲妻、モンスーンを地上にもたらしたのもウォンジナである。彼らは天候を操って大地を豊かにする。しかし、ウォンジナが初めて口を開けたとき、そこから豪雨がほとばしり出て、行く先々のあらゆるものを破壊してしまった。神話によれば、ウォンジナは世界をつくり直し、二度と口を開かないと誓ったのだという。使い道のない口は退化し、やがて消えてしまった。

> ウォンジナの使い道のない口は、退化して消えてしまった。

アボリジニの口頭伝承では、ウォンジナが天地創造を終えたあとにこの岩絵ができたと伝えられている。彼らがひと休みしようと岩の上に寝そべったとき、岩に身体の跡がくっきりと残ったというのだ。岩絵のウォンジナは、身体に比べて頭が異様に大きく、黒くて大きな目を持ち、口がない。

この岩絵の人物はエイリアンを描いたものではないかと言う研究家もいる。ウォンジナは、雷を落として気に入らない相手を殺したり、サイクロンを呼び出して大地を荒廃させたりする復讐の神だ。このような研究家の言葉にウォンジナが気を悪くしたとしたら、たいへんなことになるかもしれない。

▲大きな目と大きな頭

ウェストール

メルボルン・オーストラリア

200人以上の生徒と教師は、運動場の真上でホバリングしているUFOに釘付けになった。

1966年4月6日の午前11時過ぎ、メルボルンのウェストールにある2つの公立学校で、UFOの集団目撃事件が発生した。体育の授業を終えたばかりの高校生たちが、空を飛ぶ銀灰色の円盤型宇宙船を見つけた。それは車2台分ほどの大きさで、ときおり形を変化させているように見えた。そして生徒たちの目前で運動場のほうに向かって降下してきたかと思うと、隣接する中学校の敷地の端でしばらくホバリングしたあと、見えなくなった。

すぐに200人以上が外に出てきて空を見上げた。すると突然宇宙船が戻ってきて、20分ほど皆の視界の中にいた。やがて今度は急上昇し、正体不明の航空機5機の追跡を受けながら空を駆け抜けていった。

「ヴィクトリア空飛ぶ円盤研究会」と「オーストラリア超常現象研究会（P.R.A.）」という2つのUFO研究団体がこの事件の調査に乗り出した。P.R.A.のメンバー、ブライアン・ボイルは軍の調査官たちに同行して現場に足を運び、周辺地域から目撃証言やサンプルを集めた。だが、この事件はいまだ謎に包まれている。

◀ウェストールで起こったことは、オーストラリア最大のUFO事件の1つに数えられている

バラゴラン谷

ブルー・マウンテンズ・オーストラリア

地響きと空を飛ぶ奇妙な物体が、この谷の不気味な噂のもとになった。

オーストラリア、ブルー・マウンテンズのバラゴラン谷は、自然が溢れる美しい地区である。だが、この静かな谷の下には宇宙人のテクノロジーを研究し活用するためにつくられた軍の秘密基地がある、というもっぱらの噂だ。この50年ほどのあいだに、この一帯では、UFOの目撃情報が600件以上にのぼり、ほかにも宇宙人にさらわれたという訴えを含む奇妙な事件が数多く報告されてきた。土地の人々による、円盤型宇宙船、赤と緑の球体、黄色の空飛ぶ円盤などの目撃報告はかなり昔から続いている。

1977年春、キャンプをしていた3人の少年たちが、谷底の地中深くから発せられる大きな軋み音を聞いた。やがて地面が揺れ出し、地震かもしれないと思った彼らは付近を調べてみたが、特に何も見つからなかった。そのまま揺れは続き、朝になって彼らは家に帰った。

1990年には、谷をハイキング中の高校生グループが、両脇から釘のようなものが突き出た銀色の球体が自分たちの頭上ですばやい動きを繰り返しているのを目撃した。その球体は、彼らの目の前で、道路から3mほどの空中をホバリングしたあと、ものすごい速さで森を飛び越えていったという。

▲自然溢れる人里離れたバラゴラン谷にはUFOがたびたび現れるという

▲聖ゲオルギオスの竜退治（15世紀の絵画）

神話と

伝説の舞台

ネス湖　ハイランド地方・イギリス・スコットランド

スコットランドで最も深い湖に、有史以前の首長竜が生き残っていると信じる人は多い。

長さ約32km、幅2km、深さ200m以上。ネス湖は、スコットランドのハイランド地方に開いた深い傷口のようだ。怪物「ネッシー」で世界的に有名な淡水湖である。

この怪物を最初に目撃したのは、紀元6世紀の聖コルンバとその弟子たちだ。湖岸を歩いていたこの聖人は、打ち捨てられた小舟が浮いているのを見つけ、泳いでいってこの舟を回収してくるよう弟子の1人に言いつけた。弟子が水に入ると、巨大な怪物が姿を現し、すさまじい咆哮をあげた。聖コルンバは十字架を掲げながら、怪物に向かって害をなすことなかれと命ずる。すると怪物はくるりと向きを変え、湖の奥底にもぐって姿を消したという。

ネス湖の怪物がさかんに話題に上るようになったのは1930年代のことだ。1933年4月、マッカイ夫妻というスコットランド人夫婦がネス湖の脇をドライブしていた。とその時、水面が波立っていることにマッカイ夫人が気づく。最初は水鳥がけんかをしていると思ったそうだ。だが、目を凝らしてよく見てみると、巨大な生き物が湖の中央で身をくねらせ、押し寄せる大波に躍り込んでいたのだという。

1934年にはネス湖の怪物の写真がマスコミに取り上げられるようになっていた。多くは明らかにいんちきだった。しかし、ロンドンの医師ロバート・ケネス・ウィルソンが撮影した、首が長く頭が小さい生き物の写真は人々の想像力を捕らえて大評判になり、この生き物の目撃報告や写真が急増する。この状況は現在も続いている。ネッシーは古代生物プレシオサウルスの子孫だと信じている人も多い。

> 彼女は、身をくねらせ、押し寄せる大波に躍り込む巨大な生物を見た。

▲典型的なネス湖の怪物の姿。首が長く頭が小さい生き物に見える

ドゥーン・ヒル　　アバーフォイル・イギリス・スコットランド

丘の上にぎしぎしと軋む1本の松の木が立っている。ここに妖精を追い求めた牧師の魂が封じ込められているという。

地元の人たちの多くはドゥーン・ヒルに近寄りたがらない。1692年にロバート・カーク牧師の魂を捕まえて閉じ込めてしまった妖精を恐れているからだ。カークはアバーフォイルの教区牧師だった。地元に伝わる民話に魅せられたカークは、「妖精の国」に関する本を出版した。この中で彼は、ドゥーン・ヒルが秘密の妖精の国への入口であると述べている。そして、毎日この丘を訪ねるうちに、妖精の王国の最深部に迫る魔法の通路を発見したと主張した。土地の人々のあいだに伝わる話では、ドゥーン・ヒルの妖精たちは、自分たちの神聖な世界に侵入されたことを怒り、もしカークが再びやってくるようなら捕らえてしまおうと考えたという。5月のある晩、カークは寝間着姿で丘へ歩いていった。そして、丘の頂上で倒れ、翌朝まで誰にも発見されなかった。捜索に出た人々は牧師を家に連れて帰ったが、彼はまもなく息を引き取り、自分の教会の墓地に埋葬された。だが妖精たちがカークの遺体を盗み出し、ひつぎには代わりに石を詰めたと信じられている。そして彼の魂は、ドゥーン・ヒルの頂上に立つ松の大木の中に閉じ込められたという。ドゥーン・ヒルを訪れた人たちは、白い絹の布に願い事を書き、それを木の枝に結びつける。妖精たちの怒りを和らげ、同時に願いを叶えてくれるように祈願するためだ。また、カークの魂が幽閉されているという松の巨木のまわりを7周走って回ると、妖精が姿を現すそうだ。

▲アーギュスト・マルムストレムの『踊る妖精たち』

コティングリーの妖精　1917年、妖精たちを撮影したという5枚の写真が発表された。16歳のエルシーとその従姉妹で9歳のフランシスが、イングランドのコティングリーにある自宅の庭の隅で妖精と出会い、写真に収めたという。作家のサー・アーサー・コナン・ドイルは、1920年に書いた妖精に関する記事の中で、この写真を証拠として利用している。彼は、これらの写真が超常現象を証明するものであると信じていた。

キャメロット　　サマセット・イギリス・イングランド

サマセットの片田舎にあるキャドベリーの丘。その奥深くにアーサー王と円卓の騎士たちが眠っていると言われる。

市の立つ町ヨーヴィル近郊にあるキャドベリーの丘には、鉄器時代に砦が設けられていた。ここが伝説の王アーサーの宮廷があったキャメロットだという言い伝えがある。キャドベリーとキャメロットを結びつけて考えた最初の人物は、16世紀の歴史家でヘンリー8世の相談役でもあったジョン・リーランドだ。彼はここをキャマラットと呼んでいた。考古学者によれば、キャドベリーがキャメロットだと言われるようになったのは、6世紀ごろある武装集団がここを拠点に活動し、その首領がアーサーと呼ばれていたからである。1960年代後半に、7ヘクタールの土地で考古学的調査が行われ、6世紀当時には相当堅固な要塞が存在したことが明らかになった。これはアーサー王が活躍していたと言われる時代である。アーサー王とその一党は今も丘の下の洞窟で眠りについており、有事の際にはいつでも目覚めて国のために戦う用意ができていると言われている。伝説によると、洞窟の入口は鉄の門で守られている。7年に一度、夏至のころ、バプテスマのヨハネの祭日に門が開き、アーサー王と家臣の戦士たちは馬にまたがって狩りに出かけるという。そしてサットン・モンティスの教会のそばにある泉まで早駆けして、疲れた馬に水を飲ませるのだそうだ。眠れる王と騎士たちの物語は多くの人々に知られている。19世紀に考古学者がこの地方を訪れた際には、ある住人に「王様を掘り出しに来たのかい？」と言われたという。

▲キャメロットだと言われるキャドベリーの丘

エクスカリバー　アーサー王の剣エクスカリバーには魔法の力が宿っているという。どのようにしてこの剣が王の持ち物になったのかについて説明する伝説はいろいろある。石に刺さっていた剣を王が引き抜いたという物語もあるし、「湖の貴女」と呼ばれる女魔法使いから授かったという話もある。貴女が王にこの魔法の剣を与えたと言われる湖沼もいくつかあるが、コーンウォール地方のドズマリー池もその1つだ（右）。

ディナスブラン城 デンビーシャー・イギリス・ウェールズ

ウェールズの山中にある城跡。騎士、巨人、隠された黄金にまつわる言い伝えがある。

鉄器時代の山城の跡に建てられたディナスブラン城、別名鳥城は、13世紀にはすでに廃墟になっており、土地の人々は悪霊が取り憑いていると信じていた。そのため、誰もこの城で過ごそうという勇気のある者はいなかった。ところがある時、ペイン・ペヴェリルという誇り高く見栄張りな騎士が、土地の人々の忠告に逆らってやろうと考える。

ペヴェリルは、この城で一夜を明かそうという盟約を15人の仲間の騎士たちと結び、血判を押して誓いを立てた。おおいに飲みかつ食べて騒いだあと、彼らは崩れかけた壁の内側で眠りにつこうとした。

伝説によると、まもなく城の立つ山の上で嵐が吹き荒れる。この嵐が、棍棒を振り回す邪悪な巨人ゴグマゴグを目覚めさせてしまう。この巨人は、城にやってくる好ましからざる人間どもを襲撃するのである。ペヴェリルは仲間を守って戦い、ゴグマゴグに致命的な一太刀を浴びせる。巨人は、今際の際に仇敵ブラン王について語った。ディナスブラン城をつくった王で、城を守るために巨人と戦って敗れたという。王は敗北を認め、城を捨てて逃げた。巨人は残ってこの要塞を好き放題に占拠し、土地の人々を恐怖に陥れたのだという。

瀕死の巨人は、息も絶え絶えに、ディナスブランの壁の下には金や宝石などの宝が埋められているとペヴェリルに話す。だが、その場所を口にする前に巨人は事切れた。財宝が発見されることはなかった。

▲ゴグマゴグは巨人のなかの巨人と言われる。イギリスの民話によく登場するキャラクターだ

▼ディナスブラン城の伝奇的な廃墟。ウェールズの名高い巨人の住処だった

グラストンベリー・トー

サマセット・イギリス・イングランド

グラストンベリー近郊、アーサー王伝説と深く関わる円錐形の丘。人々に畏敬の念を抱かせる魔力に満ちている。

かつては、ブルー川がグラストンベリー・トーを迂回するように流れていた。三方を川に囲まれたグラストンベリー・トーの周囲は沼沢地だった。この岩山がアヴァロン島だという言い伝えもある。妖姫モーガン・ル・フェイが、最後の戦いで傷ついたアーサー王を連れていった伝説の島だ。年代記編纂者のジェラルド・オブ・ウェールズによれば、1191年、アーサー王と王妃グィネヴィアの名が記されたひつぎがグラストンベリーの大修道院で発見されたという。19世紀にケルト神話への関心が高まると、この丘は、妖精の王グウィン・アプ・ネッズにゆかりのある場所だと考えられるようになった。またケルト神話に登場する異界アンヌンへの入口だとも言われた。アンヌンは、ものには形がなく時間の流れもない場所で、住んでいるのは精霊と魔物だけだという。ケルト神話を集めた『マビノギオン』という書物によれば、アンヌンの支配権をハヴガンと分け合っていたアラウンは、ハヴガンを倒し、アンヌンを単独で支配したいと望んでいた。そこでダヴェドの大公で、姿を変える力を持つプウィルをだまして1年間立場を交換させ、その力を利用しようと考える。

ある日、狩りに出かけたプウィルの猟犬たちが、獲物を仕留めようとしていたアラウンの猟犬たちを追い払ってしまう。すばらしい牡鹿を手に入れそこなった埋め合わせをしてもらいたいと言って、アラウンは、1年間自分はダヴェドを治めるからその間アンヌンを支配してくれとプウィルを言いくるめる。アンヌンを支配しているあいだに、プウィルはハヴガンを殺す。おかげで1年後王国に戻ってきたアラウンは、単独の支配者となることができた。14世紀の詩を集めた『タリエシンの書』では、アンヌンにあるという愉悦と不死を永遠に供与し続ける「豊饒の鍋」を求めて、この異世界を旅するアーサー王と円卓の騎士たちのエピソードが語られている。

> 岩山の頂上は、ケルト神話の異界アンヌンへの入口だと言われている。

▼グラストンベリー・トー。15世紀の教会の崩れかけた塔が目印だ

ロスリン礼拝堂 ミドロジアン・イギリス・スコットランド

エディンバラ近郊にあるこの古い礼拝堂には、異教の神々や堕天使、中世の騎士などの彫刻が隙間なく施されている。

1446年以来ずっとセントクレア家の所有だったロスリン礼拝堂を訪れて、想像力を掻き立てられない人はいないだろう。礼拝堂と、キリストが最後の晩餐で使用したという聖杯を探し求めるテンプル騎士団にまつわる数多くの伝説が残っている。ダン・ブラウンのベストセラー小説『ダ・ヴィンチ・コード』では、大詰めに、フランスからスコットランドに逃げてきたテンプル騎士団の騎士が、ロスリン礼拝堂の地下に聖杯を隠したのではないか、という可能性が示唆されている。ここに収められているセントクレア家の男子の遺体にはひつぎがない。きらびやかな騎士の正装をまとってそのまま横たわっている。近代の発掘調査では地下にあるこの納骨堂の一角が未調査になっているが、1980年代に調べられたところでは、納骨堂の壁の中に何か金属製の物体が密封されていることが明らかになった。礼拝堂全体に施された巧緻な彫刻は、象徴的で謎に満ちている。18世紀、ある見習い石工が、師匠がローマに行って留守のあいだにつくりあげたと言われる「徒弟の柱」には、精巧な彫刻が彫りつけられている。帰ってきた師匠は、そのすばらしい出来を見て激しい嫉妬に駆られ、その弟子を殺してしまったという。石の天井には213もの謎めいた図形が彫られている。歴史家たちは、それが何を象徴するものなのか長年頭を悩ませてきた。音楽を研究する科学者たちは、その点や線が、音によって引き起こされる振動を表す一種の記譜法なのではないかと考えている。

▲ロスリン礼拝堂の地下祭室

テンプル騎士団 このキリスト教武装集団は、武勇と財力ともに秀でていることでよく知られていた。彼らの存在は、初期十字軍の成功とは切っても切り離せない。しかし、騎士団内部で秘密の儀式が行われているという噂が疑惑を招く。1307年、テンプル騎士団に多額の借金があったフランス王フィリップ4世は、彼らが異端のペテン師でみだらな行為を行っていると訴える。その責めを受けて、騎士団のリーダーたちは火あぶりの刑に処せられた。

神話と伝説の舞台

シャーウッドの森 ノッティンガムシャー・イギリス・イングランド

イングランド中央部にある王室林。反逆者に身を落とした元貴族がこの森を歩き回り、世の悪を正す。

シャーウッドの森に隠れ住む逃亡者ロビン・フッドは、金持ちから金を奪って貧しい人々に分け与える、イングランドの民間伝承のなかでも有名なキャラクターだ。弓の名手で、「愉快な仲間たち」と呼ばれる無法者の一団とともに、悪辣強欲なノッティンガムの代官をやっつける。

伝説によれば、金品を奪おうと狙いをつけた金持ちに対しても、ロビンは思いやりを見せたという。財産について彼らがもし正直に真実を話せば、見逃してやったのだ。悪名高いノッティンガムの代官にすら慈悲をかける。

ロビン・フッドは実在したのだろうか？ 卑劣なやり方で父親を殺され、正当な相続権を奪われて盗賊生活を余儀なくされた若い貴族だったという説がある。ウェストヨーク

> ロビンは、卑劣なやり方で父を殺され、若き貴族から盗賊へと転落の人生を送ったのか。

シャーのカークリー小修道院には、「ロバード・フードここに眠る」という墓碑が刻まれた墓がある。ロビンが病を治療中、女子修道院の院長に毒を盛られて死んだという話も伝わっている。死を前に、彼は、修道院の窓から矢を射ってくれ、と忠実な友であるリトル・ジョンに頼む。彼は、その矢が落ちた場所に埋葬されたという。

初期の文献でロビン・フッドが登場するのは、1377年につくられた「ロビン・フードのうた」という詩だ。以降18世紀初頭までに200以上の詩、物語、民謡で取り上げられた。その後も、彼は、数えきれないほどの映画やテレビドラマ、演劇に登場している。

▲この義賊をテーマにした映画は数多くある。1991年の映画『ロビン・フッド』もその1つだ

サーンアバスの巨人

サーンアバス・イギリス・イングランド

ドーセットの白亜の丘に刻まれた雄大な巨人の姿。多産を願う古代の祭りや儀式の中心地だった。

ドーセット州のサーンアバスという村にほど近い丘の西斜面をおおいつくすように、堂々たる巨人の姿が刻まれている。この謎に満ちた巨人は何者か、どこから来たのか、その来歴を説明する伝説は数多くある。デンマークからやってきて村人を恐怖に陥れ、村人の飼う羊を食らっていた本物の巨人だったという話もある。サーンアバスの人々は、ある晩、力を合わせて丘の上で眠っている巨人を殺した。そして、そんな巨人がいたことを永遠に記憶に留めるために、その死体の輪郭をなぞって丘に刻みつけたのだという。この伝説には少し変わったバージョンもある。それによると、この巨人は夜になると生き返り、近くの小川までよろよろと水を飲みに下りてくるのだという。

巨大なペニスと睾丸を持つことから、サーンアバスの巨人には、多産を願う祭りや儀式がたくさんある。かつては地元の人々が、その頭の上に当たる草地にメイポールを立て、子どものない夫婦が受胎を促すためにそのまわりで踊ったそうだ。この巨人像の上でセックスをすれば不妊が直るとも言われていた。不妊に悩む女性がこの巨人のペニスのそばで眠って子どもを授かった、処女が巨人のまわりを3度回って恋人の心変わりを防いだといった話も数多く伝わっている。

歴史家によれば、この巨人のモデルはギリシャ・ローマ神話に登場するヘーラクレースだという。西暦180〜193年ごろに、地元の異教の神と融合したのではないかと彼らは考えている。

▲この不可思議な巨人の身長は 55m

アフィントンの白馬 バークシャー・ダウンズの端に、有史以前につくられた高度に様式化された馬の姿がある。深い溝を掘り、そこに砕いた白い石灰岩を詰めたものだ。近くの丘にあった鉄器時代の砦アフィントン城に住んでいた人々が、馬に対する崇拝のシンボルとしてつくったものだと考える考古学者もいる。イングランドにはこれと似たような馬の地上絵がほかにもいくつかある。

ブラーニー城 コーク州・アイルランド

大勢の人々がこの城を訪れて、魔法の石にキスするために、胸壁から仰向けになって身を乗りだすのはなぜだろう？

ブラーニー城を訪れる多くの人々がお目当てにしているのは、城壁のいちばん上に据えられている石だ。この石に口づけをすると雄弁になれると言われている。地元の人々は「しゃべくり上手」になるという言い方をする。この石に唇をつけるためには、胸壁のいちばん上まで行き、手すり壁に仰向けに寄りかかって上半身を空中に乗り出さなければならない。非常に不安定で危険な姿勢なので、城の案内をするスタッフに介添えをしてもらい、さらに手すりにしっかりつかまっていなければならない。この石は、エディンバラ城にある「スクーンの石」の片割れだとも言われている。スコットランドの王は、別名「運命の石」とも呼ばれる「スクーンの石」の上で戴冠式を行うのが伝統だった。それによって神から力が贈られると信じられていた。ブラーニー・ストーンが魔法の力を得ることになるきっかけは、かつての城主、マンスター王コーマック・マッカーシーとケルトの愛と美の女神クリイナだと言い伝えられている。マッカーシーは、ある訴訟に勝つためにクリイナの力添えを願った。女神は、法廷に向かう道の途中、最初に見つけた石に口づけをしなさいと指示する。マッカーシーが女神の言う通りにしてから裁判に出向くと、まれに見る雄弁さで弁論ができたのだという。おかげで感情を害することなく相手を惑わすことができたマッカーシーは、裁判に勝つ。ここから「口車に乗せる」という意味のblarneyという英単語が生まれた。成功に味をしめたマッカーシーはその石を持ち帰り、城の手すり壁にはめこんだ。

> 女神は、法廷に向かう道の途中で、最初に見つけた石に口づけをしなさい、とマッカーシーに告げた。

▼ブラーニー城は森がちな美しい田園地帯にある

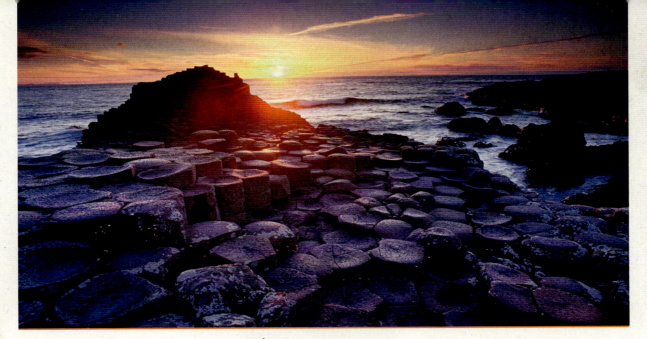

ジャイアンツ・コーズウェー

アントリム州・イギリス・北アイルランド

北アイランドの海岸に風変わりな石の階段がある。巨人たちがこれをつくったと言われている。

ブッシュミルの町からそう遠くないところにある断崖絶壁。その下に、ぴったりと組み合わさった4万もの石柱がある。高いものは12m以上。階段状にだんだん低くなってついには北大西洋の海底深くまで続いている。

この階段は、巨人がつくった土手道（コーズウェー）の残骸だと言われている。伝説によると、スコットランドの巨人ベナンドナー（赤い男）がアイルランドの巨人フィン・マックールに戦いを挑んだという。挑戦を受けたフィンは、スコットランドとアイルランドのちょうど中間地点で相まみえることができるように、間に土手道をつくった。

その土手道をやってくるベナンドナーを見たフィンは、相手が想像していたよりもはるかに大きいことに気づく。フィンがスコットランドの巨人に勝ったとする伝説もあるが、家に逃げ帰って隠れ、自分に赤ん坊の格好をさせると女房に言いつける、というバージョンもある。ベナンドナーは、フィンの家のドアをたたいて中をのぞく。そして途方もない大きさの「赤ん坊」（実はマックール）を見て度肝を抜かれ、大慌てで逃げ帰った。赤ん坊がこの大きさでは、その父親はそれこそ見上げるような大巨人に違いないと思い込んだのだ。フィンの家を飛び出したベナンドナーが土手道を渡ってスコットランドに逃げ帰る途中、そのすさまじい勢いに、道にはひびが入り、ぼろぼろに崩れて海に沈んだのだそうだ。

▲断面が六角形の石の柱が、まるで蜂の巣のようにぴったりと並んでいる

フィンガルの洞窟 ジャイアンツ・コーズウェーと同じように、スコットランド・スタファ島にあるこの洞窟の壁も六角形の玄武岩の柱でできている。高さは22m。フィンガルというのは、フィン・マックールのスコットランド名だ。ゲール語ではウアム＝ビンという。「美しい音楽の洞窟」という意味だ。作曲家のフェリックス・メンデルスゾーンは、この洞窟からインスピレーションを得て序曲『フィンガルの洞窟』を作曲した。

神話と伝説の舞台

クノッソス宮殿　クレタ島・ギリシャ

アテネの王子がミーノース王のクノッソス宮殿で牛の怪物を退治した。実はそれが悲劇の始まりだった。

紀元前2000年のクレタ島はミノア文明の中心だった。ギリシャ神話では、クノッソス宮殿の地下に、ミーノース王がダイダロスに命じてつくらせた迷宮（ラビュリントス）があったという。ここに半牛半人の怪物ミーノータウロスが幽閉されていた。迷宮はあまりにも入り組んでいて、ミーノータウロスはけっして外に出ることができなかった。アテーナイと戦争をして大勝利を収めたミーノース王は、ミーノータウロスに与える生け贄として、9年に1度、アテーナイの少年少女を7人ずつクレタに献上することをアテーナイの王に要求した。この儀式が3度目になったとき、アテーナイの王の息子テーセウスが怪物を退治してこようと申し出る。王子は生け贄の1人として、黒い帆を掲げた船で出発する。彼は、成功した暁には白い帆に替えて帰ってくると約束していた。クノッソスに到着したテーセウスを見て、ミーノース王の娘アリアドネーは恋に落ちる。彼女はテーセウスに2つの贈り物を与えた。1つはミーノータウロスを殺すための剣。もう1つは糸玉だ。彼女は、糸玉の端を迷宮の入口に結んでおき、糸をたどって戻ってくるように、とテーセウスに教えた。テーセウスは勇んで迷宮に飛び込んでいき、みごとミーノータウロスを刺し殺す。

糸を使って脱出したテーセウスは、ほかのアテーナイの若者たちとアリアドネー、その妹のパイドラーを連れて逃げた。ところがある海岸まで来ると、女神アテーナーが、アリアドネーとパイドラーは連れていくなと命じる。愛する人と別れて絶望に沈んでいたテーセウスは、アテーナイに到着する際に白い帆を上げるのを忘れていた。黒い帆を見た父王は息子が死んだと思い込み、崖から身を投げて命を断ってしまう。

▲テーセウスとミーノータウロス。クノッソス宮殿の壁画

▼伝説のミーノータウロスはクノッソス宮殿の地下迷宮に住んでいたと言われている

デロス島 キクラデス諸島・ギリシャ

海神と深い関係のある「浮島」デロス。ある女神がここで双子の神を産んだ。

ギリシャ神話では、ニュムペーのレートーがゼウスの子を身ごもったとき、ゼウスの妻ヘーラーは嫉妬に狂い、このニュムペーがどこに足を置こうともけっして休ませてはいけない、と大地に命じたということになっている。海の神ポセイドーンは逃げ惑いさすらうレートーを憐れみ、デロス島に連れていった。この島は海底とつながっていない浮島だったので、ヘーラーの命が適用されなかったのだ。

ニュムペーはデロス島のキュントス山中にある洞窟に身を寄せた。そして9日9晩かけて双子の神を産んだ。光と美の神アポローンとその妹の狩りの女神アルテミスである。

デロスとは「目に見える」という意味だ。伝説によれば、アポローンが誕生すると、海から4本の円柱がせり上がってきて、いつまでも同じ場所に見えるように島を支えたという。キュントス山のある岩の割れ目には、アポローンが発した最初の神託が収められていると言う。アポローンは、わずか4歳のときにアルテミスが殺したヤギの角で、自分自身を祀る祭壇をつくった。

島は、紀元前900年ごろからアポローン、レートー、アルテミス、ディオニューソスを崇拝する人々の重要な参拝地となった。紀元前4世紀になると、この4柱の神々を称えて毎年踊りと運動競技の祭典が開かれるようになる。

◀海の神ポセイドーンがレートーを救った

デルポイ パルナッソス山麓・ギリシャ

古代ギリシャの神託所のなかでも最も権威あるデルポイ。ここの神託はアポローン自身の言葉だという。

ゼウスの妻ヘーラーは、夫の愛人レートーが双子の神アポローンとアルテミスを出産したと知ると、レートーを追い回して殺すために蛇の怪物ピュートーンを遣わす。アポローンは母を守るため、この蛇の怪物をデルポイの洞窟に追い込んで殺した。

ギリシャ神話によれば、デルポイは大地の中心だという。世界の中心を探ろうと考えたゼウスに命じられて西と東の地の果てから飛び立った2羽の鷲が、ここで出会ったのである。神話では、ここに神託所を建造したのはアポローン自身だという。夏至の日の出と冬至の日没の方角を結んだ線が建物の中心軸になっている。ここには世界の中心を示す「オムパロス」と呼ばれる石が据えられている。

ギリシャ人たちは、殺された大蛇の名にちなんで、神託を告げる巫女をピューティアーと呼んだ。岩の割れ目から立ち上る瘴気でトランス状態になったピューティアーは意味不明の言葉を口走る。それを神官が解釈してアポローンの神託として伝えた。デルポイは、古代ギリシャ世界で最も重要な神託所となった。デルポイという名の語源は、ドルフィン（イルカ）と関係があるようだ。アポローンがイルカの姿に変身してクレタの船乗りたちを導き、自らの新しい神殿の場所を教えたと言われているからだ。またオムパロスは、地上に落ちてきた隕石ではないかとも考えられている。

▲神殿の神官に付き添われたピューティアーが、アポローンの神託を告げる

アクロティリ　サントリーニ島・ギリシャ

失われた都市アトランティス探求の中心となったサントリーニ島。ミノア文明に属する巨大都市が栄えていた島だ。

作家、地理学者、古典学者、考古学者。大勢の人々が、アトランティスはどこにあったのか、いや果たして実在したのか、長いあいだ議論を続けてきた。紀元前360年のプラトンの問答集で言及されている失われた文明だ。このギリシャ人哲学者は、アトランティスを、楽園のような島に栄える強大な海軍都市国家で、誰も見たことのないような巨大な神殿や霊廟が建ち並んでいる、と描写している。多くの考古学者が、この記述に当てはまるのは、古代のティラ（現在のサントリーニ島）にあるミノア文明で栄えた大都市アクロティリだと考えている。紀元前1627年の火山の噴火で壊滅した都市だ。プラトンのアトランティスに関する記述のもとになったのは、紀元前6世紀の詩人であり立法者であったソロンの残した言葉である。そのソロン自身は、古代エジプトに旅行した際に、神官からこの話を聞かされたという。プラトンによれば、アトランティスは海神ポセイドーンの支配する土地であった。ポセイドーンは人間の女クレイトに恋をした。ポセイドーンと結ばれたクレイトは5組の男子の双子をもうける。長子のアトラスは海の王となり、アトランティスの山とその周囲の島々を領土として与えられた。アトラスの弟たちもそれぞれ領土を分け与えられる。プラトンによれば、ポセイドーンは山を掘り抜いて宮殿をつくり、その宮殿から離れるにつれて幅の広くなる3つの丸い堀で囲んだという。アトランティスの住人たちは、後に山から北に向かって橋を架け、島のほかの部分への移動を可能にした。また海につながる壮大な運河を建設し、堀割の岩壁にトンネルを掘って山を取り囲む都市に船で行けるようにした。都市に入るため

> アトランティスは「不幸にしてたった一昼夜で」海に沈んだ。

▼多くの考古学者が、失われた都市はサントリーニ島にあったのではないかと考えている

プラトンのアトランティス プラトンの記述には2つの矛盾点があり、アトランティスの存在を探求する人々を悩ませてきた。地中海の入口であるジブラルタル海峡を指すと一般に考えられている「ヘラクレスの柱」が登場することと、アトランティスはアジアとリビヤを合わせたよりも大きいとプラトンが述べている点だ。ひょっとすると、「柱」は、地中海の東側にあったが現在は失われてしまった陸標を指すのかもしれない。また「アジアとリビヤを合わせた」というのは誤訳で、プラトンは「アジアとリビヤの間」と言ったとも考えられる。

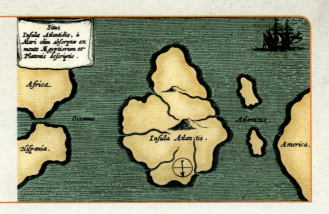

▲アトランティスの島の位置を記した古地図。紀元前1627年の火山の噴火でアクロティリは破壊された。噴火によって津波も起こったかもしれない

の門や通路にはすべて見張りがつき、それぞれの環状都市は城壁に守られていた。その壁は、赤、白、黒の石材を貴金属の鋲で留めてつくられていたという。プラトンは、アトランティスがどんどん強大になり大帝国に発展していったと言っている。アトランティスの存在を信じる人々は、アトランティス人が自分たちの科学技術をエジプト人に伝えたのではないかという仮説を立てている。なかにはマヤの人々もアトランティスの技術を継承したと主張する人もいる。プラトンは、アテーナイの人々がどのようにしてアトランティスの侵攻を食い止め、征服された土地を解放していったかについて語っている。アテーナイによる解放の直後に、地震、火山の噴火、洪水といった大災害がたてつづけに起きた。プラトンによれば、アトランティスは「不幸なことにたった一昼夜で海に沈んだ」という。

ミュケナイ
ペロポネソス半島・ギリシャ

神話と史実が錯綜する都市ミュケナイ。偉大な王アガメムノーンは、ここからトロイア戦争に出陣した。

紀元前1000年代のミュケナイは古代ギリシャ文明の中心地だった。その歴史から、後世、ギリシャ神話の礎石とも言うべきホメーロスの叙事詩『イーリアス』が生まれた。伝説のスパルタ王テュンダレオースには2人の娘がいた。クリュタイムネーストラーとヘレネーである。クリュタイムネーストラーはミュケナイの王となったアガメムノーンと結婚し、ヘレネーはその弟メネラーオスの妻となる。スパルタの王座はこのメネラーオスが継ぐことになる。ヘレネーがトロイアのパリスと出奔するまで、この地域の国同士の関係は安泰だった。アガメムノーンは、弟の妻ヘレネーを取り戻すため、トロイアと戦う。その戦争は10年にも及ぶ厳しいものとなった。ある牡鹿をアガメムノーンが殺したことを恨みに思った狩りの女神アルテミスは、船出をしようとする彼の軍船を足留めするために風を止める。女神の怒りを鎮めるために、アガメムノーンは娘のイーピゲネイアを生け贄に捧げると、戦争に勝利した。トロイア戦争が終わると、クリュタイムネーストラーは、夫の留守中に愛人にしていたアイギストスと共謀して、風呂でアガメムノーンを殺害する。イーピゲネイアを犠牲にしたことに対する復讐である。すると今度は、アガメムノーンの息子オレステースがクリュタイムネーストラーを殺す。オレステースは母殺しの罪を逃れるためアテーナイに逃亡するが、結局ミュケナイに戻り、クリュタイムネーストラーとアイギストスとの不義の子を殺し王座を手に入れた。

▲ミュケナイの入口

> **トロイアのヘレネー** 16世紀イングランドの劇作家クリストファー・マーロウは、ヘレネーの美貌を「千艘の船を出帆させるほど」と形容している。地上で最も美しい女性と言われたヘレネーは、無数の芸術作品のテーマとなってきた（右）。45人もの求婚者が彼女の愛を得ようと争った。トロイア陥落後のヘレネーについては、メネラーオスのもとに戻ったという説と、ロードス島で殺されたという説がある。

レンヌ＝ル＝シャトー　　ラングドック・フランス

ピレネー山脈のフランス側にある静かな村には、不可解な謎と神秘があふれている。

19世紀末、村の教区司祭ベランジェ・ソニエールは、自分の教会の修繕をしていたときに、暗号が書かれた羊皮紙が柱の中に隠されているのを発見した。暗号解読の手助けを求めてパリに出てきたソニエールは、知識を持つ若い司祭の協力を得て暗号を解いた。パリから戻ったソニエールは急に金回りが良くなる。それは彼の発見と関わりがあったようだ。ソニエールはその金を使って、教会を建て直し、新ゴシック様式の「マグダラの塔」を建設した。1917年にソニエールは亡くなった。彼が莫大な財産をどうやって手に入れたのか、その秘密を知る者は家政婦だったマリー・デルノーだけだった。死の床で、彼女はすべてを明かそうとしたが、発作に襲われてその秘密を語ることはできなかた。この教区牧師の金がどこから来たのかについては、さまざまな憶測が飛び交っている。失われた宝物を見つけたという説。キリスト教会をめぐる恐ろしい秘密が羊皮紙に書かれていて、それをもとに教会を脅迫していたという説もある。テンプル騎士団かキリスト教カタリ派、あるいはソロモン王の神殿の財宝をソニエールが発見したという人もいる。羊皮紙には聖杯に関する情報が記され、マグダラのマリアがキリストと結婚し子どももうけていたと書いてあったという人もいる。ソニエールが臨終の際にした懺悔はあまりにも衝撃的だったため、それを聞いた司祭は赦罪と最後の秘蹟を行うのを拒否したと言われている。謎をさらに深めているのは、1891年に彼の部下が発見した数枚の羊皮紙だ。「この宝は王ダゴベルト2世とシオンに属する」と読める文章が含まれている。ダゴベルトは7世紀に殺害されたフランク王国の王だが、シオンが誰を指しているのかはわかっていない。

> ソニエールの告白はあまりにも衝撃的だった。それを聞いた司祭は赦罪を拒否した。

▲1901年、ソニエールが建設した「マグダラの塔」

ヘルゼルロッホの洞窟　テューリンゲン・ドイツ

テューリンゲンの森にあるこの洞窟は、地獄の門でありヴィーナスの館である。

テューリンゲン地方の美しいハルツ山地にあるヘルゼルベルク山は、一面の緑の中から突如現れた「巨大な墓石」のように見える。この山の中に、岩をうがって流れる川がある。地下には、その川にくり抜かれた洞窟が網の目のように広がっている。その1つ、謎に満ちたヘルゼルロッホの洞窟は、よほど勇敢な探険家でもないかぎり近づくことすらかなわない危険な場所にある。

長い天然のトンネルの中を激しく渦巻く水が流れ落ちていく。そのすさまじい轟音は、地獄に堕ちた亡者たちの阿鼻叫喚だという人もいる。

あるいは、ヴェーヌスベルクで繰り広げられている乱痴気騒ぎの喧噪が聞こえてくるのだと信じている人もいる。ヴェーヌスベルクとは、地下に隠された女神ヴィーナスの官能と歓楽の殿堂である。吟遊詩人でもあった伝説の騎士タンホイザーは、ヴィーナスに誘惑されてこの洞窟に幽閉された。

7年を経てタンホイザーは洞窟から脱出し、土地の司祭に告解する。司祭は彼を法王のもとに行かせたが、法王は、「汝の罪はあまりに重く、我が杖に花が咲くような奇跡が起こらぬかぎり神の赦しは得られぬだろう」と言った。絶望したタンホイザーはヴィーナスのもとに帰っていく。ところが、なんと法王の杖に花が咲いたのである。

◀タンホイザーの伝説の一場面（16世紀の木版画）

カストルとポルックスの神殿

ローマ、フォロ・ロマーノ・イタリア

フォロ・ロマーノにあるこの神殿は、神の子の双子の力添えで得られた偉大な勝利を記念している。

カストルとポルックスの神殿は、紀元前5世紀末、産声を上げたばかりの共和制ローマが、レギッルス湖畔の戦いでラティウム人連合軍を破ったことに感謝するために建設された。伝説によれば、双子の神の子カストルとポルックスが、鎧兜に身を包み軍馬にまたがって戦場に現れ、ローマ軍に加勢したという。戦闘が終わると、2人はフォロ・ロマーノ近くにあるユートゥルナの癒しの泉で馬たちに水を飲ませ、共和国の勝利を宣言した。

この双子は、ゼウスと愛人レーダーの息子である。ゼウスは白鳥に姿を変えてレーダーを誘惑する。同じ晩、レーダーは夫のスパルタ王テュンダレオースとも同衾した。そして彼女はそれぞれの交わりから、カストルとクリュタイムネーストラー、ヘレネー（トロイアのヘレネー）とポルックスという2組の双子を身ごもった。

ローマ人がカストルとポルックスを崇拝するようになったのは、イタリア南部に根づいていたギリシャ文化の影響を受けたためだ。ローマ神話では、カストルとポルックスはロームルスとレムスに相当する。言い伝えでは、この2人がローマを建国したという。2人はどちらがこの都市を治めるかをめぐって争い、ロームルスがレムスを殺す。そして自分の名をとってこの都市をローマと名づけたという。

▲カストルとポルックス神殿の円柱の残骸

アララト山　アール県・トルコ

何世紀ものあいだ、人々はノアの方舟が実在することを示す証拠を求めて、雪を頂くアララト山の山頂を捜索してきた。

神話と伝説の舞台

ノアの方舟のエピソードは、ユダヤ教の聖典トーラーにも、キリスト教の聖書やイスラム教の聖典クルアーンにも登場する贖罪の物語だ。人間の悪しき行いに幻滅した神が、地上に洪水を起こして天地創造をやり直そうと考える。罪を犯した者たちを溺れさせ、すべての動物のつがいを1組ずつ残して初めから世界をつくり直すことにする。神は族長のノアを選び、方舟を建造して神の計画を実行に移すように命じる。洪水で水位が上がってくると、罪を犯した者たちも方舟に乗せろと押し寄せてきた。そんな者たちからノアの家族を守るため、神は獅子を護衛に据える。1年後、ノアの家族と動物たちは方舟を離れ、地上に散らばって子孫を増やした。

聖書では、方舟はアララト山に引っかかって止まったこ

とになっている。紀元3世紀の昔から、人々は、この山に方舟の痕跡がないかと捜索を行ってきた。1876年、イギリスの歴史家で外交官、探険家のジェイムズ・ブライスがのこぎりで切った板を発見する。場所は標高4000m、森林限界をはるかに越えた高地だ。1955年には探険家のフェルナン・ナヴァラが、アララト山の氷河に埋もれた長さ1.5mの木材を発見する。スペインの森林研究所は、この木材がおよそ5000年前のものだという分析結果を出した。最近では、2010年、中国の探険隊が7つの部屋らしきものに分かれた大きな木造の構造物を発見している。山頂付近の雪におおわれた火山性堆積物の中に埋もれていたものだ。方舟が存在したことの決定的な証拠だと彼らは主張している。

> 1876年、イギリスの探険家ジェイムズ・ブライスが、森林限界よりもはるかに標高の高いところで、人間がのこぎりで切ったと思われる板を発見した。

▲『方舟に乗り込む動物たち』（ヤーコプ・サーフェリー画）

バミューダトライアングル　　大西洋

この広大な海域は、昔から航空機や船が謎の失踪をとげることで知られている。

「**悪**魔の三角形」と呼ぶ人もいるバミューダトライアングルは、北大西洋のマイアミ、プエルトリコ、バミューダに囲まれた海域にある。ここで発生した異常な現象を記録に残した最初の人物はクリストファー・コロンブスだ。1492年の航海日誌の写本には、サルガッソ海付近で航海士たちが船の針路をうまく決められずに苦労したと記されている。陸上の鳥を数多く見かけ、海藻がたくさん浮いているのに陸地はまったく見えない。不思議なことが次々と起こるが、なかでも特に不思議だったのは、羅針盤の針が見当違いの方向を指したり、湖のように穏やかだった海が、無風状態のまま突如大荒れに荒れ始めたりしたことだ、とコロンブスは書いている。彼の船は、カリブ海を1週間以上漂流したあげく、ようやく陸地を見つける。過去100年間には、船ばかりでなく航空機もこの海域で消息を絶っている。1945年には、フォートローダーデールの東方で訓練を行うために飛び立った5機の軍用機と救助機が1機消えた。1機も帰投せず、さらに捜索救助に向かった航空機までが13人の搭乗員を乗せたまま行方知れずになった。強力なエネルギーの渦が船や航空機を消滅させると信じている人も多い。この三角地帯は失われた都市アトランティスがあった場所で、都市に動力を供給していたエネルギー結晶が船や飛行機の電子機器に干渉しているのだと言う人までいる。近年、北大西洋で古代のスフィンクスや墓地、ピラミッドが発見されていることを考えると、海に沈んだ都市のせいだという説もそれほど荒唐無稽なものではないのかもしれない。ほかにも、バミューダトライアングルには墜落したエイリアンの宇宙船が沈んでいて人類の科学技術の機能を妨害している、とか、地球外生命体が出入りする入口がある、といった説ま

> 船や航空機が消える原因は強大なエネルギーの渦だと信じている人は多い。

▼何世紀も昔から、数多くの船がバミューダトライアングルに沈んできた

ベストセラー 船や航空機が跡形もなく消えてしまう不思議な海域が存在するという考えを一般に広めた最初の人物は、ニューヨーク生まれの言語学者チャールズ・バーリッツだ。1974年発行のベストセラー『謎のバミューダ海域』(南山宏訳、徳間書店、1975年)は世界各国で1千万部を超える売り上げを記録した。この書物をもとに、1978年には映画も制作されている。バーリッツは、この謎を説明するさまざまな仮説について検討している。単なる自然現象の可能性、失われた都市アトランティスの崩壊によって生じたエネルギーの渦、海底に存在する巨大ピラミッドの影響、といった仮説だ。当時バーリッツはインタビューに答えて、自分は超自然現象を信じてはいないが、すべての現象が科学的に説明できるわけではないと言っている。

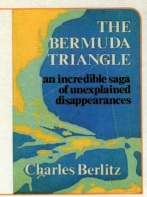

である。1970年、パイロットのブルース・ジャーノンは父親と一緒にバハマ諸島のビミニ島を目指して飛んでいたが、突然彼らの目の前に不思議な雲が現れ、ものすごい速さで広がっていったかと思うと、いきなりぐるぐる旋回するトンネルへと姿を変えた。何が起こっているのか考える間もなく、彼らはその回転するトンネルの中に引き込まれた。それを抜けると、今度は得体の知れないエネルギーが深い霧のように立ちこめ、まるで嵐のように荒れ狂っている場所に出た。このとき、飛行機の磁気コンパスはぐるぐると激しく回転していた。霧が落ち着くと、ジャーノンたちは予想していた場所から何キロも離れた場所にいることがわかった。しかも経過した時間内に飛行機で飛べる距離をはるかに超えるところまで来ていた。彼らの経験から、バミューダトライアングルはタイムトンネルなのではないかという憶測も生まれている。

▲バーリッツは科学的に説明のつかない話に魅せられていた。バミューダトライアングルの存在を信じていただけでなくアトランティス大陸の存在も信じていた彼は、この2つを結びつけようとした

バッドランズ　サウスダコタ州・アメリカ

怖いけれども心惹かれる土地。バッドランズは恐ろしい伝説の宝庫だ。

バッドランズには、荒れ狂う強風と雨に削られてできたビュートや尖峰、大峡谷、奇妙な形の岩がある。1万年以上も前から、いくつかの部族のアメリカ先住民がこの土地に住み、人の存在を拒む厳しい土地で、夏の猛烈な暑さと冬の雪に耐えながら細々と暮らしを立ててきた。

1870年代になると、ヨーロッパからやって来た開拓者がこの土地にも入り込み、もともと住んでいた人々を追い払ってしまった。カスター将軍に率いられた探検隊のメンバーがバッドランズの山中で金を発見し、ゴールドラッシュが始まる。その結果、先住民のあいだで語られるバッドランズにまつわる伝説に、この土地を征服しようと試みたカウボーイや金鉱掘りたちの迷信じみた物語が付け加えられる。「ウォッチドッグ（番犬）」と呼ばれるビュートはガラガラヘビたちのお気に入りの隠れ場所だ。その近くには泣きわめきながら人の死を予告する砂漠の鬼婆がいると言われている。さまざまに姿を変えるこの女の亡霊がいるのは、ウォッチドッグから1.5kmほど南にある丘。夜が明けると、風に吹かれてぼさぼさに髪を振り乱したその亡霊は、蛇やコヨーテに変身する。そして不毛の荒野にやってくる何も知らない旅人を餌食にするのだ。

◀ウォッチドッグ・ビュート近辺にいるガラガラヘビには要注意。蛇に姿を変えた亡霊かもしれない

キラウエア火山　ハワイ州・アメリカ

ハワイで最も活発な火山には、情熱的で危険な女神が住んでいる。

ハワイで最も活動の活発な火山キラウエア。その火口付近のハレマウマウ・クレーターに火と火山の女神ペレが住んでいるという。彼女は、命に限りのある人間の恋人ロヒアウを失った悲しみに暮れていた。時にはすさまじい怒りに駆られて爆発し、山腹に溶岩をほとばしらせる。

ハワイの神話では、いつまでも胸を痛めて苦しむ女神のもとに豚の神が訪れて求婚したという。そのおかげで女神の悲しみは紛らわされた。この豚の神は姿を変える力を持っていて、豚になったり、人間の男になったり、あるいは魚になったりすることもできた。豚の神は愛情を込めてペレの気を惹こうとした。それをうれしく思ったペレは、次第に豚の神に愛情を抱くようになる。彼らの恋の駆け引きはどんどん情熱的で危険なものになっていった。時にはペレがその炎と溶岩で豚の神を圧倒し、時には豚の神が霧と雨を招き、大地がびしょ濡れになったところにたくさんの豚を送り込んで土をぐちゃぐちゃに踏み荒らさせて仕返しをするといった具合だった。雨が降ると、あらゆるものが泥になり、ペレの炎も消えてしまう。

神話によると、ほかの神々はこのようなありさまを心配し始めたという。聖なる燃え木がずぶ濡れになってしまうことを恐れたのだ。神々はペレと豚の神の間に割って入る。ペレには溶岩を流し入れるための峡谷や岩の割れ目を与えた。これで溶岩が周囲に被害を及ぼすことがなくなる。一方豚の神には緑豊かな谷間を与えた。霧や雨がこの谷間にあるかぎり、溶岩の通りにかかることがないからだ。

▲ハワイの気まぐれな火と火山の女神ペレの像

ナイアガラの滝　オンタリオ州・カナダ／ニューヨーク州・アメリカ

すばらしい景観、ごうごうと滝壺にたたきつけられる水。虹の花輪に飾られた洞窟から霧の乙女が現れる。

数百年も昔から、ナイアガラの滝はさまざまな伝説を生みだしてきた。そのなかの1つにオンギアラにまつわる話がある。オンギアラはナイアガラ川沿いに住んでいた平和を愛する先住民の部族だった。ある時、この部族の人々が次々に謎の死を遂げ始める。人々は、滝の裏側に2人の息子とともに住んでいる雷の神ヒヌムを鎮めなければ救われないと考えた。

部族の人々は果物と花を満載にしたカヌーを滝の裏側に送り届けた。しかし、病に倒れる人々はいっこうに減らない。最後の手段で、人々は年に一度、部族のなかで最も美しい乙女を1人生け贄に捧げることにした。それでも部族にはたくさんの死人や病人が出続けた。

ある年、酋長の「鷲の目」の娘レラワラが人身御供に選ばれた。白い花の冠をかぶったレラワラは、白樺の樹皮でつくったカヌーに乗り込み、そのまま滝壺へと飛び込んだ。物語では、レラワラを腕に抱きとめたヒヌムの息子たちは恋に落ちたという。レラワラは、部族の人々がなぜ死んでいるのか、その理由を説明してくれたほうの息子とともに暮らそうと言う。話をしたのは弟のほうだった。それによると川底に住んでいる大蛇が、年に一度、腹が空くと村にやってきて川の水に毒を混ぜ、それで死んだ人間の遺骸を食らっているのだという。レラワラは、精霊の姿になって村に帰り、人々に蛇のことを教えたい、と弟に頼む。

おかげで次に大蛇が村にやってきたとき、部族の人々は蛇を迎え撃った。瀕死の大蛇は、逃げようとして滝の縁までやってくる。頭を一方の川岸に、尾を反対側の岸に載せた蛇のせいで、馬蹄形の滝ができあがった。レラワラの魂は洞窟に戻り、恋人と一緒に暮らす。以後彼女は霧の乙女として知られるようになったという。

> 年に一度、彼らは最も美しい乙女を生け贄に捧げた。

▼ナイアガラの滝の幻想的な風景

テオティワカン   メキシコシティ近郊・メキシコ

アステカ人は、廃墟となっていたこの古代都市を崇めた。神々がこの地で宇宙を創造したと信じたからである。

メキシコシティの約50km北に位置するテオティワカンは、メソアメリカ文明を代表する遺跡だ。紀元前200年ごろから人が住み始め、それから1000年ほどで瓦解した。最初にテオティワカンに住みついた人々のルーツはわからない。どんな言語を使っていたのかさえ不明だ。アステカ文明が始まるころ、この都市は打ち捨てられてから数百年の時が過ぎていた。だがアステカの人々はこの場所を聖地として敬い、テオティワカンと名づける。「神の場所」という意味だ。

アステカの伝説では、長期暦が区切りを迎え1つの時代が終わるたびに、神々がテオティワカンに集まって宇宙を再創造すると言われている。各周期ごとに新しい神が現れて太陽となる。これまで5回太陽は代替わりをした。暦の周期は大いなる破壊と闇によって終わる。5番目の太陽を選ぶとき、神々はテオティワカンに集まって、誰が自ら炎に身を投じて犠牲となり、太陽と月になるかを決めた。太陽の神に選ばれたのは大地の恵みの神テクシステカトル、月の神に選ばれたのは貧しい隠者のようなナナウアトルだった。

儀式が近づくと、2柱の神は身を清めるために捧げ物をした。テクシステカトルは高価な供物を用意し、ナナウアトルは自らの血を捧げ苦行を行った。とてつもなく大きなたき火が焚かれ、最後の犠牲の準備が整う。テクシステカトルが燃えさかる薪の上に身を投げるため、たき火に歩み寄る。だが近づくにつれてつのるすさまじい熱さに、テクシステカトルは突如ひるんでしまう。4度まで試みたが、ついに飛び込むことができなかった。ほかの神々はテクシステカトルの臆病さに愛想を尽かし、ナナウアトルを呼んだ。ナナウアトルは静かに立ち上がり、たき火の燃える台座まで歩いていくと、まったくためらいを見せずに炎の中に身を投じた。こんな貧しい神が自

> 太陽は全部で5回、代替わりした。そのたびに大いなる破壊が起こる。

あわせて読みたい 153ページ [マチュ・ピチュ]

▼主たる儀式はテオティワカンのこの場所を中心として行われていた

オルメカ文明 メキシコで栄えた最初のメソアメリカ文明はオルメカ文明（紀元前1500〜400年）だ。崇拝された神々の姿は、考古学者がオルメカ彫刻と呼ぶ神像として残っている。ドラゴンや羽根の生えた大蛇、鳥の怪物、魚の怪物、ジャガーと人間が合体したような姿の神のほか、トウモロコシや雨の神もいた。大規模な気候変動か火山の噴火が原因でオルメカの人々は築き上げた都市を捨て、その文明はほかの文明に吸収されていく。儀式として球技を行う（ときには人身御供が捧げられる）といった彼らの文化は、マヤ文明やアステカ文明にも受け継がれていった。

▲オルメカ文明の特徴である巨石人頭像。ぎょろりとした目でこちらをにらみつける

分よりもはるかに勇敢であったことを恥じたテクシステカトルも、走り寄って火に飛び込んだ。

　最初、世界は暗闇のままだった。だがやがて小さな火花が2つ光った。そしてどんどん光を増し、ついには2つの巨大な球体が天空を照らし始める。ほかの神々は心配になった。太陽が2つも現れて明るく燃えたら世界はどうなってしまうのだろう？

　やがて1人の神が、テクシステカトルの勇気のなさに腹を立てる。そして1匹のウサギをつかんでテクシステカトルの顔に投げつけた。するとその光はずっと暗くなってしまった。テクシステカトルは月になり、永久に太陽のあとをついて回り、けっして太陽のように明るく光ることはできない、と定められた。一方、ナナウアトルは空にじっとしていた。自らの身体を動かすパワーがなかったのだ。そこで風の神が残りのすべての神々を生け贄に捧げ、太陽が世界をめぐるのに必要な風のパワーをつくりだしたのである。

チチェン・イッツァ

ユカタン半島・メキシコ

かつて偉容を誇ったこの都市が崩壊したのは、蛇の影がきっかけとなって始まった一連の出来事のせいなのだろうか?

　西暦1000年ごろチチェン・イッツァにやってきたトルテカの人々は、自分たちの宇宙観をマヤ文明のそれと融合させた。その結果生まれたのが、見上げるように高いククルカンのピラミッドである。春分および秋分の日には、太陽に照らされた北の階段が投げかける影が、ククルカンと呼ばれる蛇の姿となって階段を這い下りていくように見える。トルテカの人々がその後どうなったかは謎に包まれている。彼らの文明が突然消滅してしまった理由もわからない。伝説によれば、美しいマヤの王女サク=ニクテが春分の行事に出席するためにチチェン・イッツァを訪れたとき、彼らの運命は定まってしまったのだという。サク=ニクテがピラミッドの脇に立って、下りてくる蛇の姿を見つめているとき、憧れの目つきで自分を眺めているチチェン・イッツァの王子カネクと目が合った。だが、サク=ニクテには隣国ウクスマルの王子ウリルという許婚がいたのである。カネクは、王女のかかえる予言者の1人から、サク=ニクテはいつか緑の花園で彼を待っているだろうと告げられる。ただし彼女の心を射止めるために戦わなければならないというのである。サク=ニクテとウリルの婚礼の日、カネクは、精鋭ぞろいの戦士60人を連れて押しかけ、王女を略奪した。怒り狂ったウリルはチチェン・イッツァに宣戦布告する。平和を愛するイッツァの人々は恐れおののき、家や寺院を捨てて、カネクと愛するサク=ニクテに付き従い都を出ていったのだという。

▲ククルカンのピラミッド

マヤの葬儀　マヤの人々は死を恐れ敬った。出産で命を落とした女や生け贄となった人々は、すぐに天国に行けると信じられていた。死者の口の中には、黄泉の国で食料にするためのトウモロコシが入れられた。特徴的な翡翠の仮面（右）は、複雑な葬送の儀式で使用された。マヤ文明は紀元9世紀に終わりを迎える。

アンコール・ワット

シェムリアップ近郊・カンボジア

アンコール・ワットの大伽藍を飾る華麗な彫刻が語るのは、ヒンドゥーの壮大な物語だ。

アンコール・ワットとは「山の寺院」という意味で、9世紀から15世紀にかけて東南アジアを支配したクメール朝の時代に、ヒンドゥーの神ヴィシュヌを祀る寺院として建立された。精緻な建築と多数の装飾的な彫刻からは、ヒンドゥー神話の伝説をテーマにした何百もの物語が読み取れる。

なかでも特に傑作と讃えられているのは、東の回廊にある「乳海攪拌」と呼ばれる神話を描いたものだ。ドゥルヴァーサという賢者が神々の王インドラ神に花輪を献上する。インドラがその花輪を彼の乗り物である白象アイラーヴァタの周りに飾ると、象はその花を踏みつけにした。侮辱されたと感じた賢人は、下位の神々に呪いをかけて不死の力を奪ってしまう。力を失った神々は困り果て、ヴィシュヌ神のもとに出向いて助けを乞うた。

ヴィシュヌ神は、力を取り戻すためには不老不死の霊薬を探し出して飲まなければならないと告げる。そのためには、大蛇ヴァースキの尾をからませた山で乳海をかき混ぜる必要があった。だが神々だけでは乳海攪拌をするだけの力が足りない。そこで敵対していた半神アスラの助けを求めた。

かき混ぜるのには大マンダラ山が使われたが、あまりにも大きな力が必要だったために、山は乳海に沈みかける。そこで大亀に姿を変えたヴィシュヌ神が背中で大マンダラ山を支え、無事攪拌は続けられた。やがて不老不死の霊薬が現れる。ところがアスラたちが裏切ってそれを盗んでしまった。そのためヴィシュヌ神がモヒニという美しい魔女に姿を変えて霊薬を取り戻す。アスラたちがだまされたことに気づいたときには時すでに遅く、ヴィシュヌ神は霊薬を神々だけに与え、神々は不死の力を取り戻したという。

▲アンコール・ワットはヴィシュヌ神の神聖な館である

▼精緻な彫刻が施されたアンコール・ワットの壁面

東南アジア
五大伝説の地

破れた恋、情念に駆られた犯罪、壁を這い上る怪物、トカゲの妹。東南アジアの国々は刺激的な伝説の宝庫だ。

❶ **キナバル山（ボルネオ島）**：渦巻くかすみをまとい、頂上付近にもくもくと雲の湧くこの山は、毎日表情を変える。山の名前は「死者の場所」という意味だと言う人もいる。亡霊がここに住んでいると信じられているからである。「中国の未亡人」という意味だという説もある。巨大な真珠を求めてこの山に登った中国の太子が、恋仲になったカダザン族の女を残して故国に帰ってしまう。恋に破れ悲しみに暮れる女が石になってしまったという伝説がもとになっている。

❷ **ランカウイ島（マレーシア）**：マカム・マスリの墓はランカウイ島で観光客に人気のスポットだ。伝説によれば、マカムは不義の疑いをかけられ、一族の者に短剣で刺される。瀕死のマカムの傷口からは無実を示す白い血が流れ出た。彼女は7代にわたってランカウイ島が不運に見舞われるようにと呪いをかけて死んだ。それから間もなく、王国はシャムに征服され、彼女の呪いは現実のものとなった。

▼ボルネオ島の熱帯雨林。もやを透かして朝日が昇る

❸ **シスターアイランド（シンガポール）**：言い伝えでは、シンガポールの海岸にミナーとリナーが住んでいた。ある晩リナーが彼女に思いをかけていた海賊にかどわかされる。妹がいなくなった寂しさに泣き暮らしていたミナーは海賊船を追いかけて泳ぎだしたが、溺れ死んでしまう。一方リナーは脱出を試みて海に飛び込み、姉と同じ運命をたどる。次の日、娘たちが溺れた辺りに突如島が現れたという。

❹ **ムラカ（マレーシア）**：1960年代、ムラカの女たちはオラン・ミニャク（油男）のニュースに震え上がっていた。夜中に処女を誘拐する怪物だ。ある新聞には、この怪物が壁を這い上り、家から家へと飛び移るのを見たという目撃証言が載った。超自然的な生き物だという説と、心と同様身体も真っ黒になるように油を塗りつけた邪悪な魔術師だったという説がある。

❺ **コモド島（インドネシア）**：コモドオオトカゲがなぜこの島に住みつくようになったのかを説明する古い神話がある。プトリ・ナーガと呼ばれる王女が双子を産んだ。男の子は人間でシ・ジェロングと名づけられ、女の子は大きなトカゲでオラーと呼ばれた。男の子は自分に妹がいることを知らなかった。だが何年かしてシ・ジェロングが狩りに出かけると、森の中から大きなトカゲが現れる。シ・ジェロングが槍を構えたとき、王女が現れて、このトカゲはあなたの妹なのよと告げたという。

夫婦岩　伊勢・日本

伊勢の海に浮かぶ2つの岩は、世界を創造した2柱の神イザナギとイザナミの和合を象徴している。

▲2つの岩を、稲藁でつくった注連縄(しめなわ)が橋のように結んでいる

訪れるなら
日没がよい。きらめく街の灯りが神秘的な雰囲気を醸し出す。

神道では、原始の海のはるか上方に天の浮橋が架かっていたことになっている。創造の神イザナギは天沼矛(あめのぬぼこ)と呼ばれる宝石で飾った槍を虚無に突き刺してかき混ぜた。イザナギが矛を引き上げると、そこからしたたった水から島ができた。イザナギは神妃イザナミとともにこの島に住んだ。最初に生まれた子は醜いヒルコであった。あまりに醜いので彼らはその子を船に乗せて海に流す。それから2人の神は四季、日本を構成する8つの島、木々、動物を創造した。

彼らが最後につくりだしたのは火の神だった。だがイザナミは火の神を産み落とすときに負ったやけどのせいで死んでしまい、黄泉の国に降りていった。深い悲しみにうちひしがれたイザナギは、妻を連れもどそうと黄泉の国にやって来た。イザナミは、黄泉の国の神々を説得して地上に戻る許しを得るまで自分の姿をけっして見てはいけないし、話しかけてもいけない、とイザナギに警告する。だがイザナギは我慢しきれず、魔法の櫛に火を着けて黄泉の国を明るく照らした。その光で彼が見たものは、イザナミの朽ちかけた遺骸だった。

永遠に死の女神となることを余儀なくされたイザナミは、イザナギを追いかける。イザナギは黄泉の国から脱出するが、イザナミは、復讐のために毎日1000人の人間を食い殺す、と宣言した。イザナギはそれに対抗して、それならばさらに多くの人間を生み出そう、と言い返す。このようにして生けるもの死せるものすべての存在が創造された。その後のイザナギは、淡路の島に庵を結んでずっと隠者の暮らしをしたという。

鶴岡八幡宮　鎌倉・日本

強大な戦いの神を祀ったこの神社には、かつて将軍や武士たちがしばしば参拝していた。

武神を祀った鶴岡八幡宮は、鎌倉でおそらく最も重要な神社だろう。建立したのは、軍事政権、鎌倉幕府を開いた源頼朝。さむらいと呼ばれる武士階級が台頭した時代には、血で血を洗う権力闘争と権謀術数の舞台となった場所である。大石段の左脇に最近まで立っていた樹齢1000年の銀杏の木は、「隠れ銀杏」という別名を持っていた。暗殺者がこの木の陰に隠れていたからだという。

八幡神は日本の守護神でもあった。この神は応神天皇の神霊だとも言われている。4世紀の軍事指導者だった応神天皇には、侵略者の上陸を阻むために潮の流れを変えてしまうといった超自然的な力も備わっていたという。

仏教の広まりとともに、鎌倉の八幡宮には仏教寺院も併設された。寺は19世紀半ばまで存在していたが、廃仏毀釈によって廃止される。それまで八幡宮は、神仏習合の神として崇められ、仏僧の姿で描かれることも多かった。

八幡宮では若者が成人への通過儀礼を行うことが長い伝統となっている。絵馬という祈願文を記した小さな木の板を社殿の脇に残していく。神に祈願文を読んでもらうためだ。絵馬という名前通り、馬の絵が描いてあるものが多い。かつては、裕福な商人が御利益を求めて本物の馬を寄進したこともあるという。

◀仏教と神道の性格をあわせもつ八幡神

神話と伝説の舞台

▼参拝者は八幡様にさまざまなものを奉納する

バガン

マンダレー・ミャンマー

イラワジ川が大きく湾曲した場所にパガン朝の王たちが建設したのは、たぐいまれな宗教都市だ。

▲何千もの寺院や僧坊、仏塔が見渡すかぎりに点在している

ヤシとタマリンドの木におおわれた肥沃な平原に広がるバガン。西暦1057年から1287年にかけて、パガン朝の王たちが建設した寺院と仏塔の町である。しかし、驚嘆すべき建築技術が花開いたこの都市ができて100年ほどで、パガン朝の国土の大半は地震とモンゴル人の襲来によって破壊し尽くされてしまった。4500ほどもあった寺院のうち、現在残っているのは約半数しかない。そこにはフレスコ画や彫刻、青銅や金の仏像が無数に残されている。

巨大なアーナンダ寺院が完成したのは1105年。その建設には悲劇的な物語が結い絡んでいる。ある日、チャンシッター王のもとに布施を求めて8人の僧がやってきた。王と話をした僧たちは、自分たちのナンダムラ石窟寺院はビルマのどの寺よりもはるかに美しいと言った。どれほど壮麗な寺院なのか、知りたくなった王は、僧たちを宮殿に招いてもっと話を聞こうとする。王の歓待ぶりにすっかり気圧された僧たちは、ヒマラヤの山中にある自分たちの寺について事細かに話してきかせた。どんな装飾がされているか、石組みはどうなっているか、大きさと形はどうか。はてはナンダムラ寺院の設計図まで書いてみせる。すると王は、バガン平原のまんなかに同じ寺を建ててはくれぬか、と僧たちに頼んだ。僧たちは大喜びでその依頼を受ける。ところが、本堂の建設が終わると、王は監督していた僧たちを殺してしまった。同じような寺院が二度とつくられることがないようにするためだった。

訪れるなら
モンスーンの豪雨を避けるなら11月から2月にかけて。

上都　内モンゴル・中華人民共和国

詩人コールリッジは、アヘンを吸って見た幻影をもとに、魔術的な夏の離宮、上都ザナドゥが登場する詩を書いた。

13世紀ヴェネツィア出身の冒険家マルコ・ポーロによれば、上都は広大な正方形をした都市で、クビライ・カーンの宮城がある内城と外城にそれぞれ町が広がっていたという。最高級の大理石が用いられ、装飾用に描かれたけものや鳥、樹木、花などの絵は旅人を驚嘆させ、その目を楽しませた。マルコ・ポーロは、移動式のカーンの住まいについても言及している。金箔や漆で飾った細い棒を骨組みにした幕営が、大理石の宮城内の広場にしつらえられている。天幕を支える柱にもやはり金箔が施され、そのてっぺんには黄金の龍が付いている。龍の尾が柱から伸び、龍の頭が梁を支える仕組みになっていた。夏の暑い盛り、クビライ・カーンは涼しいこの幕営で過ごしていた。そして8月になるとこの幕屋は片付けられ、カーンは大理石の宮城に戻るのだ。マルコ・ポーロの記述を読んで触発されたイングランドのロマン派詩人サミュエル・テイラー・コールリッジは、『クブラ・カーン、あるいは夢で見た幻影：断片』を書く。ここで描かれているのは謎に満ちた「壮麗な歓楽の都」ザナドゥだ。序文でコールリッジは、この詩がどのように生まれたかを書いている。1797年のある晩、マルコ・ポーロが描写したこの都の様子について読んだあと、彼はアヘンを吸って夢を見た。その夢をコールリッジは詩にしたのである。

◀「壮麗な歓楽の都ザナドゥ」

イフガオ族の棚田　フィリピン

たくさんの米の神に守られたイフガオ族の棚田は、まるで天まで届く緑の階段のようだ。

イフガオの山々に刻みこまれた棚田は、2000年前から続く古い灌漑システムだ。雲におおわれた山の上の熱帯雨林から水を引いてくる。地元の人々は棚田を世界七不思議に続く8番目の不思議だと言う。棚田は山の麓から始まり、らせん状に弧を描きながら数百メートルの高さまで達する。棚田の畔をつないでいったら地球半分の長さになると言われている。地元の人々に伝わる神話では、イフガオとは主神マトゥングランから授けられた米粒を意味するという。

また、洪水が40日間続き、世界中が水浸しになったとき、ウィガンとブガンという兄妹がこの山に避難したという伝説もある。世界で唯一生き残った2人がイフガオ族の祖先となったという。

イフガオ族の考える宇宙は6つの部分に分けられる。4つは上空に浮き、1つは大地そのもの、6つ目は大地の下に広がっている。日常生活のあれこれを司る神がそれぞれ存在し、例えば織物に関するだけでも、つむを回す神モンロロトや、かせを引っ張り延ばす神マミヨなど23もの神がいるという。

稲の害虫を退治する神は11柱。ブミギは毛虫を受け持つ。ルマダブは稲の葉を枯らす力を持っている。アムプアルは田植えを司るが、恵みを与えたあとには必ず供え物を要求する。ウィガンは豊作の神、プウォクは皆の恐れる台風を支配している。地下の世界では、ヨグヨグとアリオグが地震を起こす。

▲15世紀イフガオの米の神の像

ジャール平原　シエンクワーン・ラオス

かつてここにいた巨人族が、巨大な壺を山あいの高原のあちこちに置いたのだと言う人もいる。

ラオスの山岳地帯に、砂に半分埋もれた古代の壺が無数にある。まるで砂浜に散らばる貝殻のようだ。考古学者が最初に発見した当時は、壺の中には黒い土がいっぱいに詰められていて、その中にガラスのビーズや焼けた歯、人間の骨の破片などが混じっていた。骨は1つの壺に2人分以上入っていることが多かった。石壺のまわりにも、骨や土器の破片、鉄器や青銅器、陶製の重し、木炭などが散らばっていた。

壺は、数個から数百個のグループにまとまっている。なかには高さ3mもある壺もある。なんの装飾もないものがほとんどだが、数個だけ、人間の顔や動物の姿が彫られているものがある。

多くの考古学者が、この壺は紀元前500年から西暦500年のあいだのもので、古代人の埋葬または火葬に用いられたと考えている。しかし、地元の村人たちは、巨人にまつわる伝説を信じている。それによると、ある巨人の一族がラオスの山あいに住んでいて、クン・チェウンという名の巨人の王に治められていた。

長くむごたらしい戦争が続いていたが、ある戦闘に勝利したクン・チェウン王は、国民のために酒盛りを開こうと考える。そして米からつくった酒を保存しておくための壺をつくらせた。大きな壺は身分の高い巨人用で、いちばん大きな壺はクン・チェウン自身のための壺だった。

壺は粘土、砂、砂糖などの天然の物質や動物の身体を利用した材料でつくられたと言い伝えられている（実際には砂岩でできている）。地元の人々は、この付近にある洞窟が、この巨大な壺を焼くための窯として使われていたと信じている。

壺に詰められた黒土には人間の歯や骨片が含まれていた。

▲巨石の散らばるジャール平原には、訪れる者を魅了する独特の雰囲気がある

ヒマラヤ　ネパール／チベット

類人猿に似た恐ろしい生き物がヒマラヤ山中を徘徊している。雪に残る巨大な足跡がその証拠だという。

人間よりも背が高く全身毛むくじゃらのイエティが西洋文化の目に止まるようになったのは、19世紀末のことだ。1920年代には、多くの探検家が、この出没自在の怪物を探してヒマラヤ山脈の奥深くに分け入った。

1921年、イギリスの探検家チャールズ・ハワード＝ベリーが、標高6400mのラクパ峠を越えているときに、大股で軽快に歩く狼のような動物の足跡を発見したと報告した。ハワード＝ベリーのガイドをしていたシェルパ族によれば、この足跡は「雪の野人」という仏教伝来以前から存在する神のものだという。レプチャ族の人々はかつて「氷河に住む者」を狩りの神として崇めていた。またボン教信者は、この野人の血を儀式に使用したと言われている。

1925年には、写真家でイギリスの王立地理学会会員でもあったＮ・Ａ・トンバジーが、標高5000mのゼム氷河付近で、巨大な人間に似た生き物を目撃する。トンバジーは180mほどの距離を置いて約1分間、この生物をじっと観察した。それから2時間後、トンバジー一行は山を下りてこの生物の足跡を調べた。人間の足跡によく似ていたという。

欧米の人々のイエティに対する興味が最高潮に達したのは1950年代だ。1951年にエベレスト登山中のイギリスの登山家エリック・シプトンが、標高6000m付近で雪に残る大きな足跡の写真を撮影した。多くの専門家がこの写真の詳細な検証を行い、イエティ実在の証拠としては当時最高のものだと評価した者もいる。1954年、イングランドの新聞『デイリー・メール』に、パングボチェ僧院で見つかったイエティの頭部とされる物体から、探検隊が毛の標本を採取したという記事が掲載される。その毛は、薄暗いところで見ると黒と焦げ茶の中間ぐらいの色合いだが、日に当てるとアカギツネの毛のような赤茶色に見えた。

▲イエティは架空の存在か、それとも実在するのか？

▼雪におおわれたヒマラヤの峰々。シェルパたちは長年イエティの存在を信じてきた

ジュンズー湿原

アンゴラ／コンゴ民主共和国／ザンビア

ジュンズー湿原には空飛ぶ恐竜が跳梁跋扈(ちょうりょうばっこ)し、小さなカヌーを転覆させたり人々を襲ったりすると言われている。

　西アフリカの広大な沼沢地を飛び回っているというコンガマトー。「小舟を壊すもの」という意味だ。ものすごい速度で急降下してくるので、獲物はその姿に気づかない。大型のちょっと変わったクラハシコウの一種だとか、巨大なコウモリだと言う人もいるが、赤黒い体色の翼手竜によく似た生き物だという証言が最も多い。

　深い傷を負って湿原から帰り、コンガマトーに襲われたと明言する地元の人々もいた。目撃証言によれば、この生物は、なめし革のような翼と剃刀のように鋭い歯を持ち、くちばしとかぎ爪があるという。イギリス人の科学者が地元の人たちに翼竜の絵を見せたところ、彼らは怖じ気づいて後ずさりし、空を指さしたという。

　この生き物についてはさまざまな物語や言い伝えが残っている。水中から突然鵜のような不思議な生き物が飛び出してきて、水に跳び込みながらカヌーを転覆させ、鋭いくちばしを漁師の腹に突き立てたという話もある。

　ザンビアのカオンデ族の人々は、かつて「ムチ・ワ・コンガマトー」と呼ばれるお守りを持って歩いていた。彼らの話では、この生き物は巨大な赤いトカゲにコウモリのような皮膜の翼を付けたような姿をしているという。翼を広げた長さは1.5m。巨大なくちばしに歯が並んでいる。1930年代、翼手竜と同じ時代に生きていた深海魚シーラカンスがアフリカ沖で発見された。空飛ぶ恐竜も、ひょっとしたらまだ生き残っているかもしれない。

> コンガマトーは沼地を飛び回り、驚くべき速さで急降下してくるので、獲物はそれに気づかない。

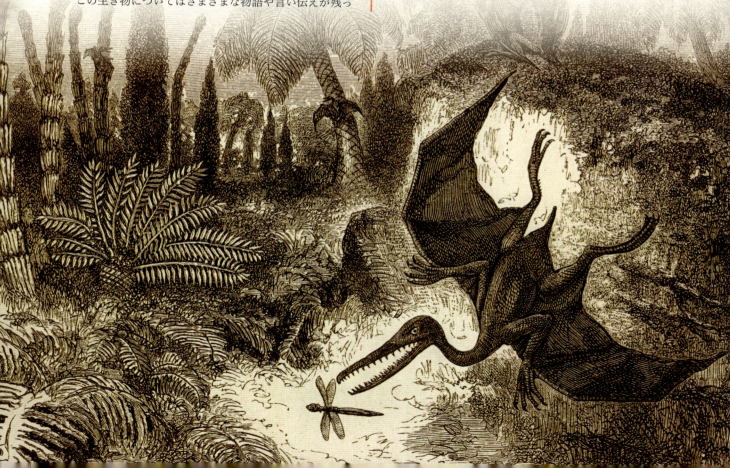

▼翼手竜によく似た姿の空飛ぶ生物

ワンダーガト
リフタスフェルト・南アフリカ

このすり鉢状の穴から続くトンネルは、人食い蛇が、海への抜け道として利用していると言われる。

▲石灰岩が落ち込んでできたすり鉢状のくぼ地ドリーネを、地下世界の入口や怪物のねぐらだとする伝説は多い

ナマ族の人々が「からっぽ」を意味する「ヘイツィ・アイビブ」と呼ぶこの石灰岩のドリーネを、19世紀にヨーロッパから来て開拓のためにリフタスフェルト一帯を探険した人々はワンダーガト（驚異の穴）と名づけた。すり鉢状の穴が真下に伸びている。直径4.5mのほぼ完璧な円形で、20mほど降りると横穴のトンネルにつながっている。このトンネルは65km離れた海岸まで続いているのではないかと考えられている。

巨大な蛇フロートスランクは、ワンダーガトに住んでいると言われる怪物だ。この蛇はうら若い乙女に姿を変えて男を誘惑し、海に誘い込んで溺れさせるのだと言う人もいる。原住民のサン族の人々は、この蛇は吐く息だけで生き物を殺すことができると信じている。19世紀、有名な金鉱掘りのフレッド・コーネルは、巨大な蛇のような生き物が荷物運搬用のラバをおびえさせているのを見つけた。コーネルは、ダイナマイトを何本かワンダーガトに放り込んでその生き物を殺そうとしたが、ダイナマイトは1本も爆発しなかった。

伝説では、ナミビアから国境を越えてリフタスフェルトにやって来た遊牧の民ナマの人々は、この蛇によって半人半木に姿を変えられてしまい、この土地から動くことができなくなったという。これらの木の「頭」は必ず北を向いている。ナマの人々が後にしてきた懐かしい土地を偲ぶようにその方角を見つめているのだ。数は少なくなったが、現在もこれらの木はリフタスフェルトの南斜面に生えている。遠くから見ると、確かに北方を見つめる人の姿に見える。

訪れるなら
5月か6月の日の出の時間に到着したい。そこからコーネルスコップに通じるハイキングロードを歩こう。

神話と伝説の舞台

バアルの神殿　ウガリット・シリア

シリアで発見された粘土板には、古い神バアルの冒険譚が記されていた。

1920年代のこと、シリア北部ラスシャムラで畑を耕していたシリア人の農夫が、奇妙な粘土板を掘り出した。町の郊外にある丘の麓に、青銅器時代の古代都市ウガリットが埋もれていた証拠であった。まもなく考古学者たちによって何百もの同じような粘土板が発見された。大半の粘土板には、カナンの神話に登場するバアル神を主人公にした叙事詩が記されていた。これらの物語は「バアル史詩集成」と呼ばれている。一連の物語は、バアル神がライバルのヤムを倒して王権を握るところから始まる。バアルを称えて宴が催されるが、翌日、妹であり恋人でもあった戦の女神アナトがウガリットの町の戦士たちを皆殺しにしたため、町の人々は恐れをなして町から逃げ出してしまう。バアルが、せっかくヤムとの戦いに勝ったのに、父のイルは自分の神殿を持つことを許してくれない、とアナトに不満を漏らすと、アナトはイルのもとに行き、もしバアルが自分の神殿を持つことを許さないのなら、その灰色の髪を血に染めてやると脅した。するとアナトの足もとから地震が起こる。イルは慌てて玉座の間から逃げ出した。この地震はきっと上なる神々のご意志に違いないと信じたイルは、ウガリットの神殿をバアルに与えた。物語は、バアルと死の神モートの戦いで終わる。バアルが永遠にモートの下僕と化してしまうことがないようにと、太陽の女神シャパシュはバアルに知恵を授ける。モートとの最後の闘いの際に、自分の身体を身代わりの身体とすり替えておくように、と助言したのだ。闘いのあと、バアルは山中に身を隠す。そのため神々はバアルが死んだものと思った。深い悲しみに沈んだアナトは、兄を探して冥界に降りていき、その命を返してほしいとモートに乞うた。だがモートはかかと笑って女神を相手にしない。怒った女神は剣をとってモートに襲いかかり、その骨を身体からつかみ出し、肉を細かく切り刻み、遺骸を鳥どもに投げ与えた。恨みを晴らしたアナトはイルのもとに帰る。だがそこで彼女を迎えたのはバアル自身だった。彼はついにウガリットの王となったのである。

▲いかずちを振るうバアル神像（青銅・黄金製）

▼青銅器時代の都市ウガリット

ペトラ　　マアーン・ヨルダン

ヨルダン南部にある岩を掘ってつくられた都市。その狭い入口をジンと呼ばれる精霊が守っている。

ペトラでは、非常に印象的な薔薇色の町並みを見ることができる。そこへたどり着くためには、深い岩の割れ目を通っていかなければならない。シーク（峡谷）と呼ばれるこの隘路（あいろ）は長さ2km、幅は場所によって3〜6m。両側の壁の高さは百メートル以上あり、空に向かってそそり立っている。

ペトラの基礎を築いたのは紀元前6世紀のナバテア人だ。それがやがてシリアにまで及ぶ交易帝国に発展する。商人たちのキャラバン隊は砂ぼこりにまみれてペトラに到着し、その荷を下ろす。ぴりりと刺激的な香辛料、没薬、乳香、宝石、絹などだ。

ナバテア人は月の女神アッラートを崇拝していた。アッラートは、メソポタミアの黄泉の国を支配する女神エレシュキガルと同一視されている。後にギリシャ神話の愛の女神アプロディーテーとなった神である。ナバテアの人々は、アッラートがイスラム教誕生以前にメッカで熱烈に崇拝されていたホバル神の母だと信じていた、という学説もある。

町の神殿の中には、ジンと呼ばれる精霊が潜んでいると言われている。古いイスラム教の文章にも登場するジンは、冥府に住み、その身体は、煙の出ない極熱の炎でできているという。時に善良、時に邪悪。場合によってはどちらでもない。シークの入口には両側に「ジンの石塊」と呼ばれる大きな2つの岩の迫り台がある。その偉容を眺めようと立ち止まったところ、姿のないジンの強烈な熱を感じたという見学者もいる。

▲ペトラは町全体が岩を削ってつくられた

変装と発見　スイス生まれの探検家ヨハン・ルートヴィヒ・ブルクハルト（1784〜1817年、右）は、1812年、ニジェール川の水源を探し求める旅の途中でペトラを発見した。ブルクハルトは、考古学的宝の山のような隠れ谷があって、地元の人々に厳重に守られているという話を聞きつけた。そこで彼は、アラブ人に変装し、谷の奥にある墓に参りたいと言ってその谷を訪れた。そしてペトラを発見したのである。

ノーランジーロック　アーネムランド・オーストラリア

ノーザンテリトリーに太古からあるこの岩には稲妻の精霊が住み、いつでも雷を落とせるように身構えている。

　ノーランジーロックはまるで木々の海で座礁した巨大な船のようだ。高原のほかの部分がすべて侵食されてなくなってしまい、この砂岩の塊だけが残されて地面から飛び出している。カカドゥ地方に住むアボリジニの諸部族にとって、ここは何万年ものあいだ聖なる場所だった。

　崖には大昔の岩絵が残っている場所がある。描かれているのは精霊ミミ。アボリジニの人々に狩りの技やカンガルーの肉の調理のしかた、火のおこし方を教えた精霊だという。長く引き伸ばされた胴体はあまりにも細いため、風が吹いただけでも折れてしまいかねない。そこで彼らは岩の割れ目に住むようになったのだという。

　モンスーンの季節にはアーネムランドを激しい雷雨が襲う。この地方の創世神話で中心的な役割を担うのが稲妻の精霊ナマルゴンである。その姿はバッタのようだ。ナマルゴンは荒れ狂う空を跳ね回り、斧を雲に打ち下ろして雷を呼び出す。白い帯のような稲妻が、くるぶしと頭と手に結びつけられている。ナマルゴンは地上にやってくると、木々をばらばらに引き裂き、家々の屋根をずたずたにする。

　神話によると、ナマルゴンとその妻バルギンジ（ノーランジーロックの岩屋にはその姿も描かれている）の子どもたちはアルジュルと呼ばれるバッタだという。毎年すさまじい数のバッタの子どもたちが生まれる。11月になるとこの青とオレンジのバッタがいたるところで飛び跳ねる。ナマルゴンの雷と夏のモンスーンの季節の始まりを告げるドラマチックな予兆である。

> その姿はバッタのようだ。荒れ狂う空を跳ね回り、斧を雲に撃ち下ろす。

▲精霊ミミは細長い身体で岩の割れ目に住んでいる

あわせて読みたい：176ページ［エアーズロック］

バイアメの洞窟　ニューサウスウェールズ州シングルトン・オーストラリア

ハンター川にある洞窟には、強大な創造神バイアメの古い岩絵がある。

シングルトンの南27kmのミルブロデール。とある私有地にあまり深くない岩屋がある。ここに、すさまじいまでに長い蛇のような両腕を広げた、創造神バイアメの絵が描かれている。3000年前に描かれた「空の父」と呼ばれるこのバイアメは、ワナルア族の人々の土地をまるごと抱きかかえることのできる巨大な存在だ。大きな目は鋭く、口はない。

ハンター川上流の谷間に住むワナルア族は、文化的にも環境的にも豊かなアボリジニの部族だ。彼らの描く絵から、バイアメがどのようにしてこの地を創造したかがわかる。神話によると、バイアメは川や山、森をつくるために天から降りてきた。人間たちに法と文化を授け、カンガルーやワラビー、エミューなどの谷間に住むすべての動物を創造した。そして谷の上空を旋回して飛ぶオオイヌワシを土地と人々の守護者に任じた。

ボラと呼ばれる成人の儀式を行う場所を最初につくったのもバイアメだ。少年を大人の男にするための秘儀を行う場所である。昔から女は、バイアメの絵を見たり、その聖地に近づいたりすることを許されなかった。

創造神話によれば、バイアメは世界をつくり終えると空に帰っていったという。イエンゴ山からジャンプして天に昇ったのだが、その勢いで頂上がつぶれてしまった。イエンゴ山の平らな頂は、遠くウォロンビ・バレーからも見ることができる。バイアメの結婚相手はビラン＝グヌル。これはしばしばエミューのことだと言われる。

▲バイアメは、鷲をこの土地と人々のトーテム、守護者とした

▼あらゆるものを抱きかかえるバイアメ。2本の木が額縁のようだ

神話と伝説の舞台

索引　INDEX

あ
アーヴィング、ワシントン　20, 30
アーサー王　122, 214, 216
アーブ　79
アイザックス、ラルフ　35
アウラングゼーブ1世　43
青木ヶ原樹海　114
アグラス　51
アクロティリ　224-225
アサバ　118
アサンボサム　82
アジャンター石窟群　159
アスワング　78
アダムズ、ジェーン　33
アタワルパ　153
アゾエ　82
アドノアティナ　176-7
アトランティス　224-225, 230
アフィントンの白馬　219
アポローン　223
アマテラスオオミカミ　166
アラウン　216
アラム・ムル　151
アララト山　229
阿娘　47
アルタミラ洞窟　127
アルテミス　223, 226
アレヴァーロ、シルヴィア　148
アンコール・ワット　237
イースター島　154-155
イエティ　245
イクー　111
イザナギ　240
イスタンブール　187
伊勢神宮　166
イフガオ族の棚田　243
岩絵　143
岩のドーム　169
インス、トーマス　38
インティ　150, 153
インティワタナの石　153
インドラ　157
インプンドゥール　83
インプンチェ　108
ヴァジュラヨーギニー　165
ヴァラントレ橋　92
ヴァレンティノ、ルドルフ　39
ヴィクトリアの滝　83
ウィザード島　142
ヴィシュヌ　237
ヴィラコチャ　150
ウィンチェスター、サラ　36
ウィンチェスター・ミステリー・ハウス　36
ヴェーターラ寺院　80
ウェストン　209
ウェップ、クリフトン　39
ヴェルサイユ宮殿の庭園　22
ウォーミンスター　181
ウォルターズ、エド　191
ウォルトン、トラヴィス　193
ヴォルフゼーク城　26
ウォンジナ　208
ウッドラフ　36
ヴュー・フォール　110
ヴュルツブルク　94
ヴリコラカス　66
ヴリシャデーヴァ王　165
エアーズロック　176-177
永楽帝　48
エヴァンズ、パット　182
エクス＝アン＝プロヴァンス　93
エクスカリバー　214
エクステルンシュタイネ　130
エディンバラ城　14
エドワード4世　17
エリア51　196-7
エル・エンラドリヤド　198
エルサレム　169
エルジェーベト、バートリ　61
エルツ城　27
エレファンタ石窟群　158
エンカイ　175
エンゴラステル湖　99
王家の谷　171
黄金の夜明け団　88
オエングス　125
オカイ　72
お菊　44-45
オクマルギ　143
鬼火　186
オバイホ　82
オビア　110
オリンピアのゼウス神殿　137
オルーク、ヘザー　39
オルカ・デル・インカ　151
オルメカ文明　235
女剣闘士　25
怨霊　45, 75

か
カーク牧師、ロバート　213
カアバ　168
カーリー　80
カクム国立公園　82
カスタラ　73
カステッロ広場　101
カストルとポルックスの神殿　228
カダン　60
カネアナ洞窟　145
カルヴァー・スタジオ　38
カルタゴ　41
カルナック列石　126
ガルフブリーズ　191
カワチ　152
ガンガー　162
ガン・キャウン　30
ガンジス川　162-163
ギイツネの神の森　174
キーラ山スカウトキャンプ　119
ギザのピラミッド　170-171
キシレヴォ　62
キナバル山　238
キャベル、リチャード　18
キャメロット　214
吸血カボチャ　63
吸血鬼の撃退法　69
吸血鬼の巣窟　54-83
　ヴィクトリアの滝　83
　ヴェーターラ寺院　80
　オカイ　72
　カクム国立公園　82
　カスタラ　73
　カダン　60
　キシレヴォ　62
　クリンガ　60
　クログリン屋敷　57
　郡庁舎　69
　ケアンゴーム山地　57
　コルカタ　80
　ジャイプル　81
　シャンボール城　64
　スナゴヴ湖　59
　セブ島　78
　チェイテ城　61
　テフェ　76
　テンプロ・マヨール　75
　ハイゲイト墓地　56
　パオロル山脈　73
　パトナ　81
　バプテスト教会　68
　パラクリート　72
　パラミン　73
　ハリウッド墓地　70
　ビジャリカ湖　75
　ピラニ　63
　プラン城　58
　プルブラカス岬　67
　ポンティアナック　77
　ミティリニ　66
　モカ　74
　ラーヴァナ寺院　81
　ラッツァレット・ヌオヴォ島　65
　ラファイエット墓地　71
　ラワン　79
恐怖時代　23
ギョレメ野外博物館　138-139
キラウエア火山　232
キリマンジャロ　175
キンバリー　208
キンバリー市立図書館　50
クーパー川に架かる橋　35
クノッソス宮殿　222
串刺し公ヴラド3世　58, 59
首なし騎士　30
クビライ・カーン　243
クフ王　170
クマエ考古学保全地区　136
グラームズ城　15
グラーヴァ、トードル　71
クラヌー　116
グラストンベリー・トー　216
グラゼル、ハンス　184
クランスウェル、アメリア　57
グランディエ神父　93
グランド、ユレ　60
クリーヴランド　191
クリフト、モンゴメリー　38
クリンガ　60
グレー、レディ・ジェーン　16, 17
グレーヴ広場　91
クレーターレイク　142
黒石　168
クロウリー、アレイスター　100
・クローフォード伯　15
クローリー、エリザベス　52
クログリン屋敷　57
郡庁舎　69
クンティラナック　77
クンブ・メーラ　163
ケアンゴーム山地　57
契約の箱　172
ケイン氏　37
ゲーデ　110
ゲティスバーグ　32
コイン・ヘリコプター事件　191
杭州市　202
ゴータマ・シッダールタ　161
ゴーフリディ神父、ルイ　93
コーラ　90
ゴグマゴグ　215
コティングリーの妖精　213
コナーラクのスーリヤ寺院　160
コノハナサクヤビメ　167
御霊神　45
コルカタ　80
コロセウム　25
コロンビア・ヒルズの岩絵　143
コロンブス、クリストファー　230
コンガマトー　246

さ
サーペント・マウンド　140
サーンアバスの巨人　219
崔氏　48-49
サク＝ニクテ　236
サクサイワマン　201
ザモラ、ロニー　195
サリームガル城砦　43
サン・クレメンテ　198
サンジェルマン伯爵　64
サンタナ、ドン・フリアン　40
サンティアゴ・デ・コンポステーラの大聖堂　134
サン・ミニアート・アル・モンテ教会の聖堂　135
シヴァ　162
シヴァの洞窟　158
ジェフリー・オブ・モンマス　122
紫禁城　48-49
「地獄の火」洞窟　88
シスターアイランド　239
シビュラ　136
シミルデギ、マリア　96
シャーウッドの森　218
ジャール平原　244
ジャイアンツ・コーズウェー　221
ジャイプル　81
シャグハーバー　188
シャスタ山　141
ジャハン・アリ、カン　164
ジャマイカ亭　19
ジャラカカ　76
シャルトルのラビリンス　128
シャンボール城　64
十字軍　169
ジュガンティーヤ神殿群　132
ジュンズー湿原　246
上都　243
浄蓮の滝　115
ジョーダン、エレノア　22
女郎蜘蛛　115
白の貴婦人　28
シワテテオ　75
ジン　249
神鏡　166
神話と伝説　210-251
　アクロティリ　224-225
　アララト山　229
　アンコール・ワット　237
　イフガオ族の棚田　243
　カストルとポルックスの神殿　228
　キナバル山　238
　キャメロット　214
　キラウエア火山　232
　クノッソス宮殿　222
　グラストンベリー・トー　216
　コモド島　239
　サーンアバスの巨人　219
　シスターアイランド　239
　シャーウッドの森　218
　ジャール平原　244
　ジャイアンツ・コーズウェー　221
　ジュンズー湿原　246
　上都　243

チチェン・イッツァ 236
鶴岡八幡宮 241
ディナスブラン城 215
テオティワカン 234-235
デルポイ 223
デロス島 223
ドゥーン・ヒル 213
ナイアガラの滝 233
ネス湖 212
ノーランジーロック 250
バアルの神殿 248
バイアメの洞窟 251
バガン 242
バッドランズ 232
バミューダトライアングル 230-231
ヒマラヤ 245
ブラーニー城 220
ペトラ 249
ヘルゼルロッホの洞窟 228
ミュケナイ 226
ムラカ 239
夫婦岩 240
ランカウイ島 238
レンヌ=ル=シャトー 227
ロスリン礼拝堂 217
ワンダーガト 247
スークーヤーン 73
スーパースティション原生地域 144
スーリヤ 160
スガラムルディの洞窟群 96-97
スコータイ歴史公園 156
スティーヴンヴィル 193
ストーカー、ブラム 58, 59
ストーンヘンジ 122-123
崇徳天皇 114
ストッケンフェルス城 26
スナゴヴ湖 59
スペインの異端審問 96-97, 98
スメラ修道院 139
スリーピー・ホロウ 30
聖イグナティオス 25
聖地 120-177
アジャンター石窟群 159
アラム・ムル 151
イースター島 154-155
伊勢神宮 166
エアーズロック 176-177
エクステルンシュタイネ 130
エルサレム 169
エレファンタ石窟群 158
オクマルギ 143
オリンピアのゼウス神殿 137
オルカ・デル・インカ 151
カネアナ洞窟 145
カルナック列石 126
ガンジス川 162-163
ギツネの神の森 174
ギザのピラミッド 170-171
ギョレメ野外博物館 138-139

キリマンジャロ 175
クマエ考古学保全地区 136
クレーターレイク 142
契約の箱 172
コナーラクのスーリヤ寺院 160
コロンビア・ヒルズの岩絵 143
サーペント・マウンド 140
サンティアゴ・デ・コンポステーラの大聖堂 134
サン・ミニアート・アル・モンテ教会の聖堂 135
シャスタ山 141
シャルトルのラビリンス 128
スーパースティション原生地域 144
スコータイ歴史公園 156
ストーンヘンジ 122-123
泰山 166
太陽の島 150
チチカカ湖 150
月の島 151
ティカル 146
ティルトアンプル寺院 157
ティワナク 147, 200-201
ナスカの地上絵 152, 205
涙を流すキリスト像のある礼拝堂 148
ニューグレンジ 125
バカウのワニ池 173
バゲルハットのモスク都市 164
ビッグホーンのメディスン・ホイール 140
富士山 167
ブッダガヤ 161
ボダナート 165
ボリショイ・ザヤツキー島 131
マチュ・ピチュ 153
マルカワシ 149
女神の神殿 132-133
メッカ 168
モン・サン=ミシェル 129
ラスコー洞窟 127
ルッドの教会 124
聖テーレマコス 25
聖パトリックの煉獄 90
セイラム 102-103
ゼウス 137, 223, 228
セーヴル 93
隻眼のテイグ 21
ゼクィエル 98
セドナ 190
セブ島 78
ゼブニッサ 43
セレマ僧院 100
戦勝記念の首 152
セント・ルイス墓地 105
ソコロ 195
ソニエール、ベランジェ 227

た
ターキースプリングス 193
ダーバン 118
ダール、ハロルド 188
タール川 107
ダイアー、ベルトラン 50
泰山 166
太陽の島 150
ダグザ 125
ダグラス、ジャネット 14, 15
ダッシュウッド、フランシス 88
タッシリ・ナジェール国立公園 206
ダッピー 111
ダドリー卿、ギルフォード 16
ダニエル・レディ農場 32
ダルシー基地 195
タルシーン神殿群 133
タンタウコ公園 108
タンホイザー 228
チェイス家の地下墓所 42
チェイテ城 61
チェスナットヒル・バプテスト教会 68
チチェン・イッツァ 236
チチカカ湖 150
地母神 133
チャールストン 35
チャンクトンベリー・リング 87
チュパカブラ 74
チュリル 73
鳥人 155
チョンチョン 108
月の島 151
ツタンカーメン 171
鶴岡八幡宮 241
ティカル 146
ティクティク 78
ティチューバ 102
ディナスプラン城 215
ティフォージュ城 92
テイラー、ロバート 183
ティルトアンプル寺院 157
ティワナク 147, 200-201
テーセウス 222
テオティワカン 234-235
テクシステカトル 234-235
デッヒモントの森 183
デビルス・トランピング・グラウンド 107
テフェ 76
デ・ムルガ、ホセ 29
デュドネ、アナスタシエ 72
デュ・バリー夫人 22
デュラハン 30
デルポイ 223
デロス島 223
テンプル、ロバート・K・G 204-205
テンプル騎士団 172, 217
テンプロ・マヨール 75
ドゥーン・ヒル 213
トット、アンブロジオ 146

独立記念館 33
トコロシェ 118
ドゴン族 204-205
トッテナム、アン 21
トッラルバ、エウジェニオ・デ 98
ドラキュラ 58, 59
ドラグスホルム城 28
トランシルヴァニア 58, 59, 64
ドリームタイム 176-177
ドルイド 122-123
トルテカ 236
ド・レ、ジル 92
トロイアのヘレネー 226, 228
トロヤポリ迷宮 131

な
ナイアガラの滝 233
嘆きの壁 169
ナスカの地上絵 152, 205
ナト、バルー 113
ナナワトル 234-235
ナナウエ 145
ナバテア人 249
ナマルゴン 250
涙を流すキリスト像のある礼拝堂 148
ナンダムラ 242
ニューグレンジ 125
ニューステッド・アビー 20
ニュルンベルク 184
人形島 40
ネス湖 212
ネフィリム 64
ノアの方舟 229
ノーランジーロック 250
ノルトキルヒェン城 27
ノンモ 204-205

は
バーウィン山脈 182
バートン、ハルダ 69
バートン、レイチェル 69
パーマー、アニー 109
バーリッツ、チャールズ 231
バアルの神殿 248
バールベック 201
バーンガル砦 113
ハイアット、ソフィア 20
バイアメの洞窟 251
ハイゲイト墓地 56
パイニーウッズ 193
ハイランド地方の白い魔女 57
バイロン 20
バウンド、ロン 188
パオルコ山脈 73
バカウのワニ池 173
バガン 242
バギーラタ 162
バゲルハットのモスク都市 164
バックファストリー教会墓地

18
バッツ、ケイト 34
バッテリーキャリッジハウスイン 35
バッドランズ 232
パトナ 81
ハバナ 111
バハラ 117
バプテスト教会 68
バミューダトライアングル 230-231
パラクリート 72
パラゴラン谷 209
原舎ヶ浜 203
パラマウント・スタジオ 39
パラミン 73
ハリウッド 38-39
ハリウッド・フォーエヴァー墓地 39
ハリウッド墓地 70
パリス、サミュエル 102
バリャドリッド 98
ハルハウス 33
バンコク 116
バンディアガラの断崖 204-205
パンテージズ劇場 39
ビーン、ソーニー 89
ビエンビエン 73
ビグチェン 75
ビジャリカ湖 75
ビッグホーンのメディスン・ホイール 140
ヒマラヤ 245
姫路城 44-45
ヒューズ、ハワード 39
ピラニ 63
ビロップ家邸宅 31
ファラント、デイヴィッド 56
ファン・デル・デッケン 51
フィオーレのヨアキム 135
フィップス、ウィリアム 103
フィンガルの洞窟 221
プウィル 216
風水 49
ブート 81
プーバンシー 57
ブーラン 93
ブーリン、アン 16-17
フォン・エーレンベルク、フィリップ・アドルフ 94
フォン・デニケン、エーリッヒ 205, 206
富士山 167
ブズニカ 207
仏陀 156, 159, 161
ブッダガヤ 161
フッド、ロビン 218
ブプウ 78
プマプンク 200-201
ブラーニー城 220
ブラーマバルシャ 81
ブラウン、ジュリー 104
ブラウン、マーシー 68
ブラゴイェヴィッチ、ペタル 62
ブラッセンブルク城 27
フラットウッズ 189
ブラトン 224-225

フラ・ナレット 156
フランクリン、ベンジャミン 31,33
ブラン城 58
フリアス 97
ブリッジタウン 111
プリンセス劇場 53
ブルクハルト、ヨハン・ルートヴィヒ 249
ブルプラカス岬 67
ブレイゼル、ウィリアム・マック 194
フレーム、ディトラ 39
フレデリク2世 28
ブレトリア 206
フロートスランク 247
ヘア、オーガスティン 57
ベイカー、フレデリック・「フェデリーチ」 53
ベヴェリル、ペイン 215
ヘーラー 223
ヘスダーレン 186
ヘックス・リヴァー峡谷の魔女 50
ペトラ 249
ペナンガラン 79
ベネヴェント 101
ヘラム 106
ベル・ウィッチの洞穴 34
ヘルゼルロッホの洞窟 228
ペレ 145,232
ペン、ウィリアム 33
ペンナン岬 89
ヘンリー1世 23
ヘンリー6世 17
ボアーン 125
ボヴェーリア島 24
ホウスカ城 95
ポー、エドガー・アラン 33
ボーヴァル、ロバート 171
ポール、マーガレット 16
ポーロ、マルコ 243
ボズウェル伯 28
ポズナンスキー、アルトゥール 200-201
ボダナート 165
ボディ 37
ボディ、ウィリアム・S 37
ボリショイ・ザヤツキー島 131
ポルターガイスト 42
ホルト、チャールズ・L 180
ポルトープランス 110
ポンティアナック 77
ポンパドゥール夫人 22,64

ま

マートルズ・プランテーション 36
マーファ 192
マーファライト 192
マカム・マスリ 238
マケマケ 155
マザー・シプトン 86
マザー・シプトンの洞窟 86
魔女と妖術使い 84-119
　青木ヶ原樹海 114
　アサバ 118

ヴァラントレ橋 92
ヴュー・フォール 110
ヴェルツブルク 94
エクス=アン=プロヴァンス 93
エンゴラステル湖 99
カステッロ広場 101
キーラ山スカウトキャンプ 119
グレーヴ広場 91
「地獄の火」洞窟 88
浄蓮の滝 115
スガラムルディの洞窟群 96-97
聖パトリックの煉獄 90
セイラム 102-103
セーヴル 93
セレマ僧院 100
セント・ルイス墓地 105
ダーバン 118
タール川 107
タンタウコ公園 108
チャンクトンベリー・リング 87
ティフォージュ城 92
デビルス・トランピング・グラウンド 107
ババナ 111
バハラ 117
バリャドリッド 98
バンコク 116
ブリッジタウン 111
ベネヴェント 101
ヘラム 106
ペンナン岬 89
ホウスカ城 95
ポルトープランス 110
マザー・シプトンの洞窟 86
マヤン 112
マンチャック・スワンプ 104
ラウダット 111
ルーダン 93
ローズホール 109
マチ 75
マチュ・ピチュ 153
マッカーシー、コーマック 220
マックール、フィン 221
マティルダ 23
ママ・キジャ 151
マヤデナワ 157
マヤン 112
マラカイボ 199
マリー・アントワネット 22
マリンディ 176-177
マルカワシ 149
マンチェスター、ショーン 56
マンチャック・スワンプ 104
ミーノータウロス 222
ミティリニ 66
ミュケナイ 226
ミラー、アーサー 103
密陽 47
ムナイドラ神殿群 132
ムラカ 239

夫婦岩 240
女神の神殿 132-133
メッカ 168
メル族 174
モアイ 154-155
モーバリー、アン 22
モーリー島 188
モカ 74
モズビー、ベンジャミン・F 70
モルトメール修道院 23
モンヴォワザン、カトリーヌ 91
モン・サン=ミシェル 129
モンテ・クリスト・ホームステッド 52
モンテスパン夫人 91
モンロー、マリリン 38

や

ヤーブロ、チェルシー・クィン 64
ヤラ・マ・ヤー・フー 119
ヤルミン、ヤルチン 187
ユーエル将軍、アイザック 32
UFOホットスポット 178-209
　イスタンブール 187
　ウェストール 209
　ウォーミンスター 181
　エリア51 196-197
　ガルフブリーズ 191
　キンバリー 208
　クリーヴランド 191
　杭州市 202
　サン・クレメンテ 198
　シャグハーバー 188
　スティーヴンヴィル 193
　セドナ 190
　ソコロ 195
　ターキースプリングス 193
　タッシリ・ナジェール国立公園 206
　デッヒモントの森 183
　ニュルンベルク 184
　バーウィン山脈 182
　パイニーウッズ 193
　パラゴラン谷 209
　原舎ヶ浜 203
　バンディアガラの断崖 204-205
　ブズニカ 207
　ブマブンク 200-201
　フラットウッズ 189
　ブレトリア 206
　ヘスダーレン 186
　マーファ 192
　マラカイボ 199
　モーリー島 188
　レヴェルランド 192
　ロズウェル 194,196
　ワロン地域 185
幽霊の出る場所 12-53
　アグラス 51

ヴェルサイユ宮殿の庭園 22
ヴォルフゼーク城 26
ウィンチェスター・ミステリー・ハウス 36
エディンバラ城 14
エルツ城 27
カルヴァー・スタジオ 38
キンバリー市立図書館 50
グラームズ城 15
ゲティスバーグ 32
コロセウム 25
サリームガル城砦 43
紫禁城 48-49
ジャマイカ亭 19
ストッケンフェルス城 26
スリーピー・ホロウ 30
チェイス家の地下墓所 42
チャールストン 35
独立記念館 33
ドラグスホルム城 28
ニューステッド・アビー 20
人形島 40
ノルトキルヒェン城 27
バックファストリー教会墓地 34
パラマウント・スタジオ 39
ハリウッド・フォーエヴァー墓地 39
ハルハウス 33
バンテージズ劇場 39
姫路城 44-45
ビロード家邸宅 31
ブラッセンブルク城 27
プリンセス劇場 53
ヘックス・リヴァー峡谷の魔女 50
ベル・ウィッチの洞穴 34
ボヴェーリア島 24
ボディ 21
マートルズ・プランテーション 36
密陽 47
モルトメール修道院 23
モンテ・クリスト・ホームステッド 52
ラ・セグラ 41
リーブ城 21
リナーレス宮殿 29
リベ島 46
ルーズベルト・ホテル 38
ロフタスホール 21
ロンドン塔 16-17
妖鳥 83

ら

ラーヴァナ寺院 81
ラヴォー、マリー 105
ラウダット 111
ラスコー洞窟 127
ラ・セグラ 41
ラッツァレット・ヌオヴォ島 65

ラ・ディアブレス 111
ラトナヴァティ姫 113
ラパヌイ 154
ラファイエット墓地 71
ラリベラの岩窟教会群 172
ラワン 79
ランカウイ島 238
ラングスイル 77
リース、バーナディン 70
リーブ城 21
リヴァス、カテイヤ 148
リチャード3世 17
リナーレス宮殿 29
リベ島 46
ルイ15世 22
ルー・ガルー 72
ルーズベルト・ホテル 38
ルーダン 93
ルッドの教会 124
ルネサンス 98
レヴェルランド 192
レートー 223
レラワラ 233
レンデルシャムの森 180
レンヌ=ル=シャトー 227
ローズホール 109
ロート、アンリ 206
ロズウェル 194,196
ロスリン礼拝堂 217
ロッヘフェーン、ヤコブ 154
ロビソネム 76
ロフタスホール 21
ロラード派 124
ロンドン塔 16-17

わ

ワルツ、ジェイコブ 144
ワロン地域 185
ワンダーガト 247

PICTURE CREDITS

Every effort has been made to credit the copyright holders of the images used in this book. We apologize for any unintentional omissions or errors and will insert the appropriate acknowledgment to any companies or individuals in subsequent editions of the work.

1 John Gay/English Heritage/Arcaid/Corbis **2** Bule Sky Studio/Shutterstock **4** Julie Dermansky/Corbis **6** Domingo Leiva **9** Archives Charmet/The Bridgeman Art Library, Copyright: SHLP/BPP **10** Last Refuge/Robert Harding World Imagery/Corbis **14** Leslie Garland Picture Library/Alamy **15** Alessandro Colle **16** Andrea Pistolesi **17** Royal Holloway, University of London/The Bridgeman Art Library **18** Lloyd WA Cosway **19** The Bridgeman Art Library **20** Pictorial Press Ltd/Alamy **21 t** Mary Evans Picture Library **b** shieldparanormal.com **22** Bernard Annebicque/Sygma/Corbis **23t** The Marsden Archive/Alamy **b** Giraudon/The Bridgeman Art Library **24** Getty Images **25 t** Alinari/ The Bridgeman Art Library **b** Giraudon/The Bridgeman Art Library **26–27** Stephen Cullum **26 t** Burg Wolfsegg, H. Rauchenberger **b** Alfred Schaffer, Panoramio **27 t** sellingpix **c** INTERFOTO/Alamy **b** Sibrikov Valery/Shutterstock **28 t** Wikimedia Commons **b** The Bridgeman Art Library **29** Archives Charmet/The Bridgeman Art Library **30 t** J. T. Vintage/The Bridgeman Art Library **b** Ron and Joe, Shutterstock **31** Wikimedia Commons **32 t** Photo © Civil War Archive/The Bridgeman Art Library **b** Medford Historical Society Collection/CORBIS **33 t** Mary Evans Picture Library **b** Antiquarian Images/Mary Evans **34** Wayne Hsieh **35** Alan Horsager **36** The Bridgeman Art Library **36** San Jose History Museum **37** Pete Ryan **38–39** Axel Koester/Sygma/Corbis **38 t** Getty Images **b** Getty Images **39 t** Moviestore collection Ltd/Alamy **c** Getty Images **b** Michael Nicholson/Corbis **40** Anne Lewis/Alamy **41** Fairfax Media via Getty Images **42t** GeA educatie **42b** Alfred Kubin **43** British Library/Robana via Getty Images **44–45** John W Banagan **45** Werner Forman Archive/The Bridgeman Art Library **46** Wikimedia Commons **47** Wikimedia Commons **48–49** chungking, Shutterstock **49** chungking, Shutterstock **50 t** British Library/ Robana via Getty Images **b** Delcampe Auctions **51** Kobus Tollig **52** Lario Tus **53** The Art Archive/Alamy **54–55** GEORGE BERNARD/SCIENCE PHOTO LIBRARY **56** Peter Phipp/Travelshots.com/Alamy **57 t** Lordprice Collection/Alamy **b** batcow.co.uk **58 t** Stefano Bianchetti/Corbis **b** Marco Cristofori/Robert Harding World Imagery/ Corbis **59 t** Bildagentur-online/Sunny Celeste/Alamy **b** Archives Charmet/The Bridgeman Art Library **60 t** Mary Evans Picture Library **b** The Art Archive/Alamy **61 t** Getty Images **b** A. W. Cutler/National Geographic Society/Corbis **62** Edmund Lowe Photography **63** The Bridgeman Art Library **64** Daniel Jolivet **65 t** Matteo Borrini **b** De Agostini Picture Library/G. Dagli Orti/The Bridgeman Art Library **66** listverse.com **67 t** Archives Charmet/The Bridgeman Art Library **b** matt griggs/ Alamy **68** The Bridgeman Art Library **69 t** Dan Beards **b** LUKE MACGREGOR/ Reuters/Corbis **70 t** Adam Sowers **b** Mr TinDC **71** Bettmann/CORBIS **72–73** Julie Dermansky/Corbis **72 t** Lonely, Shutterstock **b** sdominick **73 t** PICTURES IN PARADISE/THE KOBAL COLLECTION **c** Heather Leila **b** V.S. Anandhakrishna **74** Kain White **75 t** Authentic-Originals/Alamy **b** Deviant Art **76** Kevin Schafer/Minden Pictures/Corbis **77 t** Laurence Winram/Trevillion Images **b** Kurt Komoda **78** Topic Photo Agency/Corbis **79 t** Flickr/Kurt Komoda **b** Wikimedia Commons **80–81** Idris Ahmed/Alamy **80 t** V&A Images/Alamy **b** Deviant Art **81 t** ibnlive.in.com **c** Wikimedia Commons **b** Maximilian Weinzierl/Alamy **82 t** Zute Lightfoot/Alamy **b** Jeff J Daly/ Alamy **83** Walker Art Library/Alamy **84–85** Heritage Image Partnership Ltd/ Alamy **86 t** The Bridgeman Art Library **b** The Daniel Heighton Travel Photography Collection/Alamy **87** English Heritage **88 t** Robert Stainforth/Alamy **b** The Bridgeman Art Library **89** Giraudon/The Bridgeman Art Library **90 t** Mary Evans Picture Library/ Alamy **b** The Bridgeman Art Library **91** The Bridgeman Art Library **92–93** The Art Archive/Alamy **92 t** Leemage **b** Laurence Duris **93 t** Mary Evans Picture Library/ Alamy **b** Archives Charmet/The Bridgeman Art Library **c** mediacolor's/Alamy **94 t** Wikimedia Commons **b** Mary Evans Picture Library/Library of Congress **95** Giraudon/The Bridgeman Art Library **97** The Bridgeman Art Library **98 t** Bildarchiv Monheim GmbH/Alamy **b** Wikimedia Commons **99** Mary Evans Picture Library **100 t** Getty Images **b** ourinvisiblefriends.com **101 t** The Art Archive/Alamy **b** Alinari via Getty Images **102–103** Mary Evans Picture Library **103** Photos 12/Alamy **104** Radius Images/Alamy **105 t** Mary Evans Picture Library **b** Matthew D White **106** The Bridgeman Art Library **107 t** Mary Evans Picture Library **b** Mary Evans Picture Library **108** Cristián Godoy **109** © Lucinda Lambton/The Bridgeman Art Library **110–111** The Bridgeman Art Library **110 t** Getty Images Europe **b** Jad Davenport/ National Geographic Society/Corbis **111 t** Ronald Sumners **c** Photo © Holly Georgia Webster/The Bridgeman Art Library **b** Rolf Richardson/Alamy **112** epa european pressphoto agency b.v./Alamy **113 t** The Stapleton Collection/The Bridgeman Art Library **b** Parth Joshi **114** The Bridgeman Art Library **115 t** Mary Evans Picture Library **b** JTB MEDIA CREATION, Inc./Alamy **116** Kurt Komoda **117 t** David Forman/ Eye Ubiquitous/Corbis **b** René Mattes/Hemis/Corbis **118 t** Mary Evans Picture Library **b** Hemis/Alamy **119 t** Kurt Komoda **b** Alex Wallace/www.photonewzealand. com/photonewzealand/Corbis **120–121** © Illustrated London News Ltd/Mary Evans **122** © Charles Bowman /Axiom **123** Mary Evans Picture Library/Grosvenor Prints **124 t** © Look and Learn/The Bridgeman Art Library **b** June Cooper/Alamy **125** De Agostini Picture Library/G. Dagli Orti/The Bridgeman Art Library **126** Gamma-Rapho via Getty Images **127 t** Sisse Brimberg/National Geographic Creative **b** age fotostock/Alamy **128 t** Sylvain Sonnet/Corbis **b** De Agostini/A. Dagli Orti **129** Getty Images **130 t** Leemage **b** imagebroker/Alamy **131 t** Serguei Fomine/Global Look/ Corbis **b** Johner Images/Alamy **132** De Agostini/Getty Images **133** The Art Archive/ Alamy **134** The Bridgeman Art Library **135** Jim Zuckerman/Corbis **136** trotalo, Shutterstock **137 t** SuperStock/Alamy **b** De Agostini/Getty Images **138** Getty Images Europe **139** Izzet Keribar **140 t** Tom Till/SuperStock/Corbis **b** atlasobscura.com **141** Philip Wallick **142** The Bridgeman Art Library **143 t** Prisma Bildagentur AG/ Alamy **b** Michael Durham **144** Rick D'Elia/Corbis **145** Alvis Upitis/Alamy **146 t** National Geographic **b** Glasshouse Images/Alamy **147** De Agostini Picture Library/G. Dagli Orti/The Bridgeman Art Library **148 t** speroforum.com **b** Alain Keler/ Sygma/Corbis **149** Martin Araya **150–151** Eric L. Wheater **150 t** Ancient Art & Architecture Collection Ltd/Alamy **b** John Elk **151 t** De Agostini Picture Library/G. Dagli Orti/The Bridgeman Art Library **c** Dr_ATV **b** Hemis/Alamy **152 t** William Albert Allard/ National Geographic **b** STRINGER/PERU/X01495/Reuters/Corbis **153** WIN-Initiative **154** Marko Stavric Photography **155** farutac **156** PHOTO BY PRASIT CHANSAREEKORN **157 t** The Bridgeman Art Library **b** Photo © Luca Tettoni/The Bridgeman Art Library **158 t** Luca Tettoni/Robert Harding World Imagery/Corbis **b** The Stapleton Collection/The Bridgeman Art Library **159** Benoy K. Behl/National Geographic Creative **160** aravind chandramohanan/Alamy **161 t** Photo © Christie's Images/The Bridgeman Art Library **b** Tim Makins **162** Flickr Vision **163** Greg Vore/ National Geographic Creative **164 t** De Agostini Picture Library/The Bridgeman Art Library **b** Jill Schneider/National Geographic Creative **165** Patrick Horton **166 t** Panorama Media **b** Jochen Schlenke **167** akg-images/Erich Lessing **168** STR/ epa/Corbis **169 t** Richard Nowitz, National Geographic Creative **b** Bibliotheque Nationale, Paris, France/The Bridgeman Art Library **170** Sean Caffrey **171** Kenneth Garrett/National Geographic Creative **172 t** Robert Preston/Alamy **b** Robert Harding Picture Library Ltd/Alamy **173** The Bridgeman Art Library **174** Gary Cook/Alamy **175 t** oversnap **176–177** Robert Van der Hilst/The Image Bank/Getty **177** Art Gallery of South Australia, Adelaide, Australia/South Australian Government Grant/The Bridgeman Art Library **178–179** © L. Clarke/CORBIS **180** Micah Lidberg **181** Ben Brain/ PhotoPlus Magazine via Getty Images **182 t** Mary Evans/Natural History Museum **b** Vincent Lowe/Alamy **184** Wikimedia Commons **185 b** Niels Melander/Alamy **186 t** Cultura RM/Alamy **b** © David Slater 2010 **187 t** Maistora (Vladimir Dimitroff) **b** Wikimedia Commons **188 t** Mary Evans Picture Library **190** Stocktrek **191 b** Mary Steinbacher/Alamy **192–193** Michele Falzone **192 t** Flickr/Robert Thomson **193 b** Tony Rowell/Corbis **194 t** Stephen Saks Photography/Alamy **b** Chuck Pefley/Alamy **196** Panoramic Images **197** Science Picture Co. **198** Mary Evans Picture Library/ Alamy **199** National Geographic Image Collection/Alamy **200** Dmitry Burlakov/ Alamy **201** The Bridgeman Art Library **203 b** Mary Evans/Library of Congress **204** Religious Images/UIG **205** Wikimedia Commons **206 t** Mary Evans Picture Library **207** Rostislav Glinsky **208** Lonely Planet Images **209 t** Fer Gregory, Shutterstock **209 b** Keith McInnes Photography **210–111** The Gallery Collection/ Corbis **212** Antonino Barbagallo/Corbis **213 t** © Nationalmuseum, Stockholm, Sweden/The Bridgeman Art Library **b** SSPL via Getty Images **214 t** Stephen Spraggon/ Alamy **b** Wikimedia Commons **215 t** Illustrated London News Ltd./Mary Evans **b** Mary Evans Picture Library/Alamy **216** The Bridgeman Art Library **217 t** John Heseltine/ Alamy **b** Roger-Viollet, Paris/The Bridgeman Art Library **218** AF archive/Alamy **219 t** LatitudeStock/Alamy **219 b** Carys Davies **220** Reed Kaestner/Corbis **221 t** Gareth McCormack/Alamy **b** Jim Richardson/National Geographic Creative **222 t** Ian Dagnall/Alamy **b** Peter Philipp; Harald Jahn/CORBIS **223 t** Interfoto/ Sammlung Rauch/Mary Evans **b** Interfoto/Sammlung Rauch/Mary Evans **224** De Agostini Picture Library/G. Dagli Orti/The Bridgeman Art Library **225** Interfoto/ Sammlung Rauch/Mary Evans **226 t** RnDmS, Shutterstock **b** © Stefano Baldini/The Bridgeman Art Library **227**The Marsden Archive, UK/The Bridgeman Art Library **228 t** Interfoto/Sammlung Rauch/Mary Evans **b** Bettmann/CORBIS **229** Photo © Christie's Images/The Bridgeman Art Library **230** © Royal Naval Museum, Portsmouth, Hampshire, UK/The Bridgeman Art Library **232** 19th era 2/Alamy **233** Werner Forman Archive/The Bridgeman Art Library **233** The Bridgeman Art Library **234–235** Kari/ Alamy **235t** Martin Gray/National Geographic Creative **236 t** Russell Kord/Alamy **b** Werner Forman Archive/The Bridgeman Art Library **237 t** The Bridgeman Art Library **b** Robert Clark/National Geographic Creative **238–239** Louise Murray/ RobertHarding World Imagery/Corbis **238 t** BANANA PANCAKE/Alamy **b** Wikimedia Commons **239 t** jolemarcruzado **c** De Agostini Picture Library/A. C. Cooper/The Bridgeman Art Library **b** Mauricio Handler/National Geographic Society/Corbis **240** Dorling Kindersley/UIG/The Bridgeman Art Library **241 t** De Agostini Picture Library/The Bridgeman Art Library **b** Mary Evans /Library of Congress **242** Scott Stulberg/Corbis **243 t** Bibliotheque Nationale, Paris, France/The Bridgeman Art Library **b** The Art Archive/Alamy **244** Aurora Photos/Alamy **245 t** The Bridgeman Art Library **b** Alex Treadway/National Geographic Creative **246** © British Library Board. All Rights Reserved/The Bridgeman Art Library **247** sah/Image Source/Corbis **248 t** De Agostini Picture Library/A. Dagli Orti/The Bridgeman Art Library **b** The Art Archive/Alamy **249 t** Bruno Morandi/Corbis **b** Wikimedia Commons **250** Jason Edwards/National Geographic Creative **251** 19th era 2/Alamy

●著者

サラ・バートレット（Sarah Bartlett）

神話、占星術、トランスパーソナル心理学研究者。『伝説と神話バイブル』『タロットバイブル』（産調出版）等を含む20の著書あり。ロンドン・イブニングスタンダード紙、BBCラジオにて占星術を担当。

Copyright ©2014 Quintessence Edition Ltd.
Japanese translation right arranged with Quintessence Edition Ltd. through Japan UNI Agency, Inc., Tokyo

世界の伝説と不思議の図鑑
GUIDE TO THE WORLD'S SUPERNATURAL PLACES

発行日　2015年1月15日　初版第一刷発行
著　者　サラ・バートレット
翻　訳　岩井木綿子　翻訳協力　夏井幸子
　　　　（株式会社トランネット）
発行者　澤井聖一
発行所　株式会社エクスナレッジ
　　　　〒106-0032　東京都港区六本木7-2-26
　　　　http://www.xknowledge.co.jp/

問合せ先
編集 Tel 03-3403-1381／Fax 03-3403-1345
info@xknowledge.co.jp
販売 Tel 03-3403-1321／Fax 03-3403-1829

無断転載の禁止
本誌掲載記事（本文、図表、イラスト等）を当社および著作権者の承諾なしに無断で転載（翻訳、複写、データベースへの入力、インターネットでの掲載等）することを禁じます

MADE IN CHINA